LA

FEMME BIBLIQUE

DU MÊME AUTEUR :

LA FEMME DANS L'INDE ANTIQUE

ÉTUDES MORALES ET LITTÉRAIRES

— 1 vol. in-8° —

Ouvrage couronné par l'Académie française

Paris. Imprimerie de P.-A. BOURDIER et Cⁱᵉ, rue des Poitevins, 6.

LA
FEMME BIBLIQUE

SA VIE MORALE ET SOCIALE

SA PARTICIPATION

AU DÉVELOPPEMENT DE L'IDÉE RELIGIEUSE

PAR

Mlle CLARISSE BADER

DE LA SOCIÉTÉ ASIATIQUE DE PARIS

PARIS
LIBRAIRIE ACADÉMIQUE
DIDIER ET Cie, LIBRAIRES-ÉDITEURS
35, QUAI DES AUGUSTINS, 35.

1866

Tous droits réservés.

INTRODUCTION

Notre siècle assiste à l'un des spectacles les plus curieux, les plus intéressants que l'érudition puisse faire apparaître à nos regards : il est témoin de la résurrection du monde primitif. L'archéologue évoque les monuments antiques ; et ceux-ci, secouant la poussière où ils étaient ensevelis, se relèvent et revoient la lumière. Le linguiste, retrouvant les idiomes disparus, découvre la pensée des peuples qui ne sont plus, et la rend au fonds commun de l'esprit humain. Et l'imagination de l'historien, groupant les édifices qui surgissent de terre, reconstruisant les cités écroulées, leur redonne, en les repeuplant de leurs habitants, la vie morale qui les animait.

Devant l'apparente variété des civilisations primitives, le polygéniste s'est écrié une fois de plus : Sur divers points du globe sont nées des races humaines.

Devoir leur existence à la même force naturelle, telle est leur seule communauté d'origine.

Sous l'expression particulière au génie de chaque peuple, le polygéniste n'a-t-il donc pas découvert que, d'un hémisphère à l'autre, cette expression voilait la même pensée, que cette expression n'était qu'une des manifestations de l'âme de l'humanité?

De son côté, le rationaliste, voyant chez toutes les nations antiques le culte du bien, a dit : La vérité ne s'est pas fait uniquement entendre sur la terre d'Abraham, d'Isaac et de Jacob. La vérité est la voix de la conscience humaine; où l'homme a passé, cette voix a vibré.

Oui, reconnaissons-le avec joie, et que ceci soit la meilleure preuve de la commune origine des races : ce qui frappe, ce qui émeut, dans la reconstitution de l'antiquité, ce n'est pas seulement la beauté, la grandeur des monuments de marbre ou de granit; c'est aussi, c'est surtout cette voix de la conscience humaine qui s'élève des ruines du passé. A l'aurore de toutes les civilisations orientales plane la vérité. Mais quand on s'éloigne des premiers temps de leur existence, où la vérité s'est-elle conservée?

Est-ce sur la terre des Pharaons? Ses monuments attestent, en effet, que la justice y régna, même sur les rois, pendant leur vie, après leur mort! Mais les lois auxquelles les Égyptiens attribuaient la durée de leurs monuments en eurent aussi l'immobilité; et l'immobilité, même dans le bien, c'est la mort ! L'Égypte s'arrêta, ses institutions s'écroulèrent, et la licence succéda à la loi.

Pénétrons maintenant chez cette nation qui eut même renom de sagesse que l'Égypte, la Chine. Nous y trouvons, il est vrai, le culte de la raison, mais le culte immobile de cette raison humaine, bornée, qui, en se creusant sans cesse elle-même, ne rencontre que le néant.

Enfin, voici la poétique contrée où le génie des races aryennes se déploya dans son premier et radieux épanouissement. C'est l'Inde ! Ah ! nous comprenons l'enthousiasme qu'elle inspire ; cet enthousiasme, nous l'avons partagé, exprimé, et nous l'éprouvons toujours ! Oui, nous nous souvenons encore de notre étonnement, de notre bonheur, quand, transportée au sein des grands paysages de la nature tropicale, nous y vîmes les sentiments les plus délicats, les plus tendres, exprimés avec un exquis abandon, mais toujours soumis et souvent sacrifiés à la règle austère du devoir ! Cependant, tout en aspirant les parfums d'une exubérante végétation, tout en nous berçant de cette harmonieuse poésie où vibre l'écho de la beauté morale, nous nous sentions peu à peu oppressée par une mystérieuse puissance : l'inaction du peuple indien l'avait soumis au destin, et le devoir était devenu la fatalité.

Où donc la vérité se conserva-t-elle ? Elle se conserva là où le souvenir de son auteur se perpétua. Quand la justice, la raison, le devoir cessent d'avoir Dieu pour principe, la vie leur échappe, et avec la vie, la possibilité du progrès.

La vie, le progrès, c'est là ce qui caractérise l'idée religieuse, telle que la comprit le peuple de Dieu. Sans doute, les Hébreux ne surent pas toujours entendre cette idée dans toute sa pureté ; et, au nom même de Celui qui vint pour perfectionner la loi, nous protestons contre celles de leurs interprétations que réprouvent les droits imprescriptibles de la conscience. Quelle que fût l'inspiration divine à laquelle obéit l'Hébreu, il était homme, et devait mêler à l'esprit quelque limon terrestre. Mais de ce que le vase qui reçoit une eau vivifiante, y infiltre un peu de son argile, il ne s'ensuit pas que cette eau ait jailli moins pure de la source, ni qu'elle ne puisse recouvrer sa limpidité. Dans la Bible, l'idée religieuse confiée aux communs ancêtres de toutes les races se pose, se transforme, s'épure chez le peuple qui la garda, et reçoit du Verbe de Dieu ce caractère d'excellence, d'universalité, qui fera de l'Évangile le guide de l'humanité. Ainsi, la notion dont le Créateur accorda l'intelligence au premier homme est celle qui, perfectionnée par l'Homme-Dieu, ramènera les enfants d'Adam à leur unité première, et répondra aux plus légitimes, aux plus généreuses aspirations de leur âme libre et régénérée. Ne cherchons pas une autre *religion de l'avenir* que celle dont la naissance se rattache à notre extraction même.

La femme se mêla activement au mouvement d'élaboration, d'amélioration, d'expansion dont la Bible reproduit les phases. Le sujet de notre étude, la condition et l'influence de notre sexe chez la nation hébraïque, se lie donc étroitement à notre histoire religieuse.

Notre travail, au frontispice duquel nous avons placé la figure d'Ève, la femme-type, notre travail se divise en quatre livres : la femme devant la religion; — la jeune fille et le mariage; — l'épouse, la mère, la veuve; — la femme devant l'histoire.

Dans le premier livre, nous essayons de suivre l'idée religieuse depuis la révélation primitive jusqu'à la révélation évangélique inclusivement, et nous indiquons d'une manière générale la coopération de la femme au développement de cette notion.

Dans les deux livres suivants, nous esquissons les types de la jeune fille, de la fiancée, de l'épouse, de la mère, de la veuve, en signalant les modifications qu'ils subirent sous l'influence même de la transformation de l'idée religieuse.

Après cette étude de la femme biblique, considérée comme être collectif, nous suivons les applications de son caractère dans l'histoire du peuple hébreu et dans celle du Christ. C'est là l'objet de notre quatrième et dernier livre.

Nous nous sommes attachée dans le cours de ce travail à faire vivre la femme dans le milieu qu'elle traversa. Nous avons cherché à connaître les coutumes qui lui furent particulières ; la demeure, le paysage qui lui servirent de cadre. A cette intention, nous avons consulté les traditions talmudiques, les études de l'hébraïsant allemand Michaëlis et de M. Salvador sur les institutions mosaïques; les travaux archéologiques ou géographiques de MM. de Saulcy, Munk, du docteur américain Robinson [1] ; et le vaste répertoire anglais des antiquités bibliques, édité par M. Smith, et rédigé, non-seulement par des hébraïsants, mais encore par des égyptologues, des assyriologues, etc.

Ce n'est pas uniquement, en effet, dans leurs livres nationaux qu'il faut étudier les Hébreux. Les vérités bibliques ont laissé des traces dans tout l'Orient; nous en avons recueilli quelques-unes. — La vie même des Hébreux s'est mêlée à celle des Chaldéens, des Arabes, des Égyptiens, des Assyriens, des Perses. L'origine des habitants du Hedjaz nous autorisant à commenter par leurs coutumes celles de leurs ascendants, les patriarches hébreux, nous avons ap-

---

[1]. Nous regrettons que l'achèvement de notre essai, précédant la publication des résultats du voyage scientifique qu'a fait récemment en Palestine M. le duc de Luynes, ne nous ait pas permis de recourir aux découvertes dues à l'homme illustre qui donne et l'inspiration, et l'exemple des œuvres de l'intelligence.

pelé à notre aide cette poésie antéislamique dont la simplicité, la vigueur, la hardiesse et l'éclat sont merveilleusement appropriés aux scènes de la tente et du désert. Le séjour des Israélites sur la terre de Gessen nous a permis de demander aux vestiges de l'art pharaonique quelques indices de l'influence égyptienne sur les enfants de Jacob. Quand il nous fallait suivre les femmes de la Bible hors de leur patrie, les traditions des Ismaélites, les annales de la Perse nous livraient de curieuses révélations sur l'histoire de nos héroïnes.

Dans ces recherches, nos guides ont été, pour l'Arménie, le Mékhitariste Indjidji, dont les travaux ont été résumés en italien par Cappelletti; pour l'Arabie, MM. le baron Sylvestre de Sacy, Reinaud, Caussin de Perceval; les traducteurs de Maçoudi, MM. Barbier de Meynard et Pavet de Courteille; pour l'Égypte, MM. le vicomte de Rougé, Champollion-Figeac, Brugsch, Reginald Stuart Poole; pour la Chaldée, l'Assyrie, la Perse, MM. G. Rawlinson, Hœfer, Layard, Oppert, Fergusson, etc.

Ce n'est pas une vaine curiosité qui attire notre temps à l'étude des antiquités bibliques. Cette étude, c'est celle de nos origines morales, et c'est pourquoi elle agite les âmes comme une question actuelle.

Femmes chrétiennes, nous sommes toutes intéressées à suivre la formation de notre type, et à voir se dessiner dans la suite de l'histoire sacrée cette individualité dont nous devons à l'Évangile la pleine possession [1].

---

[1]. L'exposé de notre plan indique suffisamment que nous n'avons point voulu recommencer l'œuvre que le vénérable et éloquent archevêque de Paris a publiée sous ce titre : *Les Femmes de la Bible, principaux fragments d'une histoire du peuple de Dieu*, avec collection de portraits des femmes célèbres de l'Ancien et du Nouveau Testament, gravés par les meilleurs artistes, d'après les dessins de G. Staal. 2 vol. gr. in-8°.

LA
FEMME BIBLIQUE

PRÉAMBULE

L'HOMME SEUL DANS LE PARADIS TERRESTRE. — LA PREMIÈRE FEMME. — INSTITUTION DU MARIAGE. — L'ÉDEN DE MILTON ET CELUI DE LA GENÈSE. — PREMIÈRE INFLUENCE DE LA FEMME.

L'œuvre immense de la création semble achevée. La nature, radieuse de jeunesse, porte dans sa beauté immaculée la récente empreinte de son Auteur. Déjà l'homme en est le roi. Les cieux, abaissant autour de lui leur dôme d'azur, lui ont révélé leur magnificence; il a vu le soleil les baigner des teintes rosées du matin, les enflammer des rayons éblouissants du jour, les colorer des nuances pourprées du soir; il a vu la nuit, les noyant dans son ombre, faire jaillir de leur voûte les étincelles qui sont des mondes, et le globe dont la lueur argentée glisse mystérieusement sur la nature endormie.

L'Éden[1] lui a dévoilé la riante variété de ses sites; les forêts lui ont ouvert leurs profondeurs; l'arbre

---

1. C'est en Arménie que les traditions placent généralement le paradis terrestre. Cf. *Armenia di Cappelletti*. Firenze, 1841.

a incliné vers lui ses rameaux chargés de fruits. Le fleuve, déroulant sa ceinture de cristal, l'a abreuvé d'une onde pure de tout limon. La verdure a déployé devant lui son tapis velouté. Les fleurs lui ont envoyé leur parfum ; les oiseaux leur chant. La bête fauve a obéi à sa voix. La création entière lui a offert son hommage, le Créateur même est descendu vers lui ! Et cependant, entouré de cette atmosphère de paix, de joie et de bénédiction, il souffre ! Il a adoré, il voudrait aimer !

Dieu a compris les vagues aspirations du cœur d'Adam. « Il n'est pas bon à l'homme d'être seul [1] », dit-il.

Il n'est pas bon à l'homme d'être seul ! L'Être divin en qui se concentrent la puissance, l'intelligence, l'amour, avait néanmoins voulu que sa puissance se réfléchît dans une œuvre, et il avait créé le monde ; il avait voulu que la lumière de son intelligence éclairât un être vivant, que la flamme de son amour l'embrasât, et il avait créé l'homme, il l'avait animé de son souffle immortel. L'Être qui, de toute éternité, existe par lui-même, l'Être immatériel, l'Être qui se suffit à lui-même, n'avait pas voulu régner sur le néant : il comprit que l'homme, l'être né de la terre, l'être de chair et de sang, l'être pensant et aimant, ne pourrait exister qu'en se sentant vivre dans un autre soi-même.

« Il n'est pas bon à l'homme d'être seul », avait dit

---

1. *Gen.*, II, 18, traduction de *Cahen*.

le Seigneur. Il ajouta : « Faisons-lui une aide semblable
« à lui [1]. »

Et cette aide semblable à l'homme sera formée de
sa propre substance ; c'est par elle qu'il complétera son
existence désormais partagée ; avec elle seulement qu'il
sera vraiment lui. A l'homme la force qui dompte, à sa
compagne la grâce qui attire ; au premier la protection, à la seconde le dévouement. A tous deux le même
besoin de pénétrer le sens divin de leur existence,
d'adorer Celui qui du néant fit jaillir la vie, et de s'aimer en Lui! Il comprendra plus ; mais elle sentira
mieux! Dieu, séparant pour unir davantage, animant
deux vies du même souffle, a, de la même pensée, créé
la femme, institué le mariage dans son unité, dans son
indissolubilité, et posé, avec la famille, les assises des
sociétés à venir.

Elle entre dans la vie, la compagne plutôt pressentie
qu'attendue d'Adam. Dieu la présente et la confie à
l'homme, et celui-ci la salue de ce cri de bonheur qui
lui révèle à lui-même pourquoi il s'était senti seul en
présence de Dieu et de la nature :

« Cette fois, c'est un os de mes os, c'est la chair de
« ma chair [2]! »

L'être créé à l'image de Dieu, reconnaissant en sa
compagne le souffle sacré qui l'anime lui-même, appelle
d'un nom semblable au sien celle qui le rendra père

1. *Gen.*, II, 18, traduction de *Le Maistre de Sacy*.
2. *Id.*, II, 23, traduction de *Cahen*.

de l'humanité[1], celle qui lui inspire l'unique loi sociale qu'il ait léguée à sa postérité.

« Que celle-ci soit appelée femme, parce qu'elle a
« été prise de l'homme ;

« C'est pourquoi l'homme quitte son père et sa mère,
« s'attache à sa femme, et ils deviennent une seule
« chair[2]. »

Involontairement ici, le livre sacré nous échappe, et notre imagination se retrace les scènes qu'inspira l'esquisse de la Bible au génie chrétien de l'aveugle qui, ne voyant plus la terre, se représentait mieux le ciel. Avec Milton, nous pressentons les premières impressions de la femme, son étonnement du monde et d'elle-même; l'effroi, le trouble de la vierge, et la chaste et confiante tendresse de l'épouse. Avec Milton, nous la voyons, préludant à sa mission domestique, recueillir le lait des troupeaux, le miel des abeilles et les fruits de la terre. Avec Milton, nous errons sur les pas du premier homme et de la première femme dans ces paysages que son pinceau anime des feux éblouissants de la lumière orientale; nous les entendons, unissant leurs voix dans le même élan d'adoration, chanter le Dieu qui leur donna la vie, l'amour, la terre, et lui

---

[1]. « En hébreu, le nom de la femme *Ischa* est dérivé du nom
« de l'homme *Isch*. Une dérivation analogue n'existe pas dans les
« autres langues sémitiques ou helléniques. Toutefois, les anciens
« Latins disaient *vira* de *vir*, d'où sont restés les mots *virgo, virago*. »
(Note de Cahen.)

[2]. Gen., I, 23, 24, traduction de *Cahen*.

offrir l'hommage de ce qu'ils reçurent de lui! Ah! quittons ces pages, toutes frémissantes encore de l'enthousiasme du poëte, et reprenons le livre simple et sublime qui les inspira. Ici l'auteur sacré ne s'arrête pas à respirer les parfums de l'Éden, la fraîcheur de ses eaux; il n'en contemple pas les cieux de saphir, car il voit approcher le nuage qui, de ses flancs déchirés, fera ruisseler la foudre sur le premier, le dernier abri du bonheur humain. Il ne salue pas dans la femme la source de la vie, car il voit aussi en elle la source de la mort.

Tout, dans l'idéale beauté du type primitif de la femme, respire la délicatesse. Son âme sera-t-elle armée de la force qui manque à son organisation physique? Quelle sera sur son époux son influence morale? Le soutiendra-t-elle dans le sentier du bien, ou le fera-t-elle glisser sur la pente du mal?

Moïse jette sur cette question une sombre lueur. *Celui qui ne peut plus aimer*, torturé par le bonheur du premier couple, l'empoisonne en y mêlant le doute impie du présent, la fallacieuse ambition d'un avenir plus qu'humain. Inspirant à la femme de nouveaux besoins intellectuels, il lui indique le moyen de les satisfaire. L'homme, la femme, vivent et pensent; mais connaissent-ils le mystère de leur naissance, celui de leur intelligence? La nature leur est soumise; mais connaissent-ils les lois qui ont présidé à sa création?

Ils pratiquent le bien ; mais connaissent-il le mal ? Qu'ils acquièrent l'intelligence suprême, et par là ils égaleront ce Dieu qu'ils adorent et ne comprennent pas !

Et la femme, surprise, éblouie, tombe, et entraîne l'homme dans l'abîme. En cessant d'ignorer leur innocence, ils avaient appris à connaître le mal !

Alors éclate sur la femme le courroux céleste. Dieu, la frappant dans ses plus douces joies, dans ses plus ineffables espérances, lui fera, du mariage, un asservissement ; de la maternité, une douleur. L'homme, perdu par elle, par elle aussi connaîtra les luttes de la vie, lui qui ne les avait même pas soupçonnées, et la mort, mot à peine compris de celui qui, sur la foi de son innocence, avait cru à son immortalité !

La condamnation n'est pas encore prononcée que déjà un lointain espoir de pardon a adouci l'amertume du châtiment, et que Dieu, maudissant le principe du mal, s'est écrié :

« Je mettrai une inimitié entre toi et la femme, entre
« sa race et la tienne. Elle te brisera la tête, et tu
« tâcheras de la mordre par le talon [1]. »

Toute la destinée de la femme biblique n'est-elle pas en germe dans ce récit ?

---

1. *Gen.*, III, 15, traduction de *Le Maistre de Sacy*.

LIVRE PREMIER

LA FEMME DEVANT LA RELIGION

Dieu, le culte, la loi morale, l'immortalité
de l'âme

CHAPITRE PREMIER

RÉVÉLATION PRIMITIVE

La femme, fille de Dieu. — Vérité. — Travail. — Les premiers sacrifices. — Seconde influence de la femme. — Le déluge. — L'Ararat. — Le premier autel. — Alliance de Dieu et de l'humanité. — Peine du talion. — Unité d'origine et de foi. — Scission des races et division des croyances. — Panthéisme et polythéisme. — Souvenirs des anciennes traditions : Astlice, fille de Noé, la Vénus arménienne. — Abram et Saraï. — Leur mission. — Le Dieu de l'humanité : Élohim, Adonaï, El-Shaddaï, l'Éternel. — La vallée d'Hébron, le bois de Mamré, le désert. — Rapports familiers de Dieu avec les patriarches et leurs compagnes. — Sara, mère du peuple élu, et aïeule du Messie; Agar, tige des Arabes du Hedjaz, et aïeule de Mahomet. — Culte; la compagne du Sémite y avait-elle la même part que celle de l'Arya? — Moralité, humanité des patriarches. — Incertitude des croyances patriarcales sur l'état de l'âme après la mort; le scheol.

La femme, fille de Dieu, égale à l'homme devant Dieu, telle est sa première apparition dans nos annales sacrées. Ainsi la considère Moïse quand, répétant les antiques traditions de sa race, il évoque les scènes du monde primitif, et cherche dans la loi naturelle la base des institutions sinaïques.

Cette loi naturelle, cette révélation primitive, c'est la notion de ce qui *est*, c'est la vérité, reflet de l'Essence divine et lumière de l'âme humaine. Par la pénétration et par le culte de la vérité, l'être créé à l'image de Dieu se rapprochera de son idéal modèle ; et Dieu, la confiant à ses enfants, leur en accorde l'intelligence, leur en prescrit le respect.

Devant sa loi, il leur laisse la liberté. De même que l'homme, la femme peut choisir entre le bien, qui est le vrai ; et le mal, qui est le faux. C'est l'être moral et perfectible.

A la femme l'historien sacré rattache la première faute de l'homme, sa chute et son exil. Devant elle, devant celui qu'elle a perdu, se sont fermées les portes de cette divine patrie où tous deux s'étaient éveillés à la vie, au bonheur ! Des terres inconnues se sont présentées à leurs regards attristés, et ce sol inculte, qui ne leur paiera désormais que le prix de leurs sueurs, ne leur offrira qu'un repos assuré : le tombeau !

Mais de leur châtiment même naîtra leur régénération [1]. Dans leur lutte contre une terre rebelle à les nourrir, à les abriter, ils puiseront une force qui, décuplant toutes leurs facultés, leur fera mieux comprendre leur véritable grandeur. L'âpreté du combat leur aura révélé leur énergie, et leur triomphe leur puissance. Victorieux de la nature, ils auront appris à se vaincre eux-mêmes ; et le Dieu qui agrée les pre-

---

[1]. Rappelons ici les généreux accents qu'inspirait à une voix bénie la puissance régénératrice du travail : *Paroles de Mgr l'évêque d'Orléans*, prononcées dans sa cathédrale, à son retour de Rome, le soir du dimanche des Rameaux, etc., 1864.

miers-nés des troupeaux qu'ils élèvent, les prémices des plantes qu'ils cultivent, recevra avec plus d'amour encore le sacrifice de leurs passions, l'hommage de leurs vertus.

Tel devait être le premier culte de l'humanité déchue.

Le sang d'un homme a rougi la terre; et les descendants du meurtrier, se courbant sous la honte paternelle, n'en ont point rejeté le fardeau. Ici encore, le sombre législateur du Sinaï attribue à la femme la perte de l'humanité; et c'est par leur alliance avec les filles de Caïn que les enfants de Seth méritent d'être engloutis dans cet immense cataclysme dont, un jour, depuis les bords du Nil jusqu'aux bords du Gange, les peuples devaient conserver le lugubre souvenir.

L'homme, chassé de l'Éden, disparaîtra-t-il de même de l'univers ?......... Comme au temps du chaos, les eaux recouvrent le globe....... La nature rentrera-t-elle dans le néant ?........ Mais au sein des vagues erre un esquif; et sur cette arche flotte, avec quatre couples, ce qui reste à l'humanité de croyances et de vertus!

Les eaux se sont écoulées, et l'arche s'est arrêtée au sommet de ce mont qui domine la contrée où d'antiques traditions placent le paradis terrestre.

Jusqu'à notre siècle, une terreur superstitieuse préserva de l'empreinte de tout pas humain le pic mystérieux où avait reposé l'arche; où, disait-on, ses débris reposaient encore. Aujourd'hui, du haut des glaciers qui couronnent l'Ararat de leur ceinture éblouissante, le voyageur a pu jouir du spectacle qui se déroula aux regards de Noé et de sa famille, à mesure que la terre rejetait son voile liquide [1].

Au pied de la montagne, l'Araxe, le Gehon de l'Éden, descendant du Piuraghen avec une molle lenteur, accélère son cours, s'engouffre dans d'étroits défilés, se brise avec fureur contre les rocs, jusqu'au moment où, parvenu au bord de l'abîme, il s'élance hors de son lit, et, décrivant une ample courbe, roule au fond du précipice la masse impétueuse de ses eaux [2]. Sur les rives du fleuve se dessinent de verdoyants paysages [3]. Çà et là des lacs étendent leurs nappes limpides; et, à l'horizon, les glaciers de l'Alaguès étincellent sous les feux du soleil comme un diadème de pierreries.

Dans ce site enchanteur, sur le sommet culminant de l'Ararat, s'est élevé le premier autel que l'homme ait consacré au Dieu unique, éternel, infini. Là a été

[1]. Le docteur Parrot, savant russe, atteignit, le 27 septembre 1830, au sommet culminant de l'Ararat. Cf. pour la description de l'Ararat et des sites qu'il domine : *Arménie*, par M. Boré.

[2]. Cf. *Pomponius Mela*, liv. III, chap. v.

[3]. Au pied de l'Ararat, sur la rive droite de l'Araxe, la ville d'Érivan apparaît au sein d'une plaine verdoyante, et s'entoure d'une ceinture de forêts et de vignobles. Cf. la description imagée que fait d'Érouantaguerd, forteresse qui protège Érivan, l'historien arménien Moïse de Khorène : *Histoire d'Arménie*, traduction de Le Vaillant de Florival. Venise, 1841 ; livre second, chap. XLII. — Cappelletti et M. Boré ont esquissé, dans leurs descriptions de l'Arménie (ouvrages cités plus haut), quelques sites de la vallée de l'Araxe.

dressé l'holocauste d'actions de grâces. De là s'est élancée vers le ciel la prière de ceux qui allaient repeupler la terre. Et sur cette cime a plané, avec la bénédiction d'un Dieu apaisé, le signe de l'éternelle alliance, l'arc aux nuances irisées!

Près de son berceau même, l'homme reprend naissance. Dieu lui donne la terre, et tout ce qu'elle nourrit, et tout ce qu'elle abrite. Il lui donne tout, hors la vie de son semblable : Dieu, n'imposant aux enfants de Noé qu'un précepte, la multiplication de leur race, ne leur a prescrit qu'une loi, la peine du talion contre le nouveau Caïn qui attenterait à la vie de son frère. La peine du talion! Arme terrible que Dieu ne confiait qu'à l'enfance des sociétés! La vengeance pouvait être le droit du faible; le pardon est le devoir du fort.

Au pied de la tour de Babel [1], la famille humaine

[1]. « Cependant, à quelque distance de l'Euphrate, s'élevait encore
« un énorme massif de briques que MM. Fresnel et Oppert reconnurent
« pour les restes de l'altière pyramide désignée par l'antiquité sous
« le nom de tour de Bélus, et par la Genèse sous celui de *tour de*
« *Babel* ou Babylone. L'emplacement se nommait autrefois Bor-
« sippa, et la conjecture de nos deux savants français s'est trouvée
« justifiée par les inscriptions recueillies plus tard dans le même
« lieu, surtout par les deux cylindres que sir Henry Rawlinson y
« découvrit aux deux angles de la tour. Nous en possédons trois
« traductions : la plus ancienne est due à M. Oppert; les autres à
« sir Henry Rawlinson et à M. Fox Talbot. L'inscription est fort
« longue; en voici quelques passages : *Nabuchodonosor, roi de Baby-*
« *lone, serviteur de celui qui est, fils aîné de Napobolassar, roi de*
« *Babylone; moi, je dis : Le Seigneur Dieu m'a choisi pour achever*
« *la pyramide, merveille de Babylone. Un ancien roi l'avait com-*

s'est dispersée, emportant au loin les derniers débris de la révélation primitive, les rayons affaiblis de cette lumière divine qui brillait encore au regard de l'homme sauvé du déluge. Là où se dirigent les peuples, les monts et les bois sont les temples de Dieu ; et, du fond de l'Orient l'homme adore Chang-ti, l'Être suprême [1], jusqu'au jour où, las d'une maturité précoce, il ne cherchera plus d'autre appui que le vide, d'autre espérance que le néant.

« mencée : il n'était pas arrivé jusqu'à la cime ; puis l'œuvre avait été
« abandonnée après les jours du déluge. Les tremblements de terre
« en avaient séparé l'argile : les briques des parois s'en étaient déta-
« chées ; le seigneur dieu Méroduc m'avertit de les rétablir ; j'en ai
« respecté la place, je n'en ai pas changé la pierre angulaire ; j'ai
« refait les parois intérieures, et j'ai mis mon nom sur le monu-
« ment. » (Séance publique annuelle des cinq académies, du vendredi 14 août 1863, présidée par M. Paulin Paris, président de l'Académie des inscriptions et belles-lettres. Discours du président pour la proclamation du prix biennal, décerné au nom de l'empereur, sur la désignation de l'Académie des inscriptions et belles-lettres, à M. Jules Oppert.)

1. Cf. *Description générale de la Chine*, par *l'abbé Grosier*. Paris, 1785. Transcrivons ici quelques lignes de la belle étude de M. le marquis d'Hervey Saint-Denis sur l'art poétique et la prosodie chez les Chinois : « L'idée de la Divinité, qui revient souvent dans les poésies antiques, s'y montre constamment avec une grande noblesse. Il s'agit toujours d'un Dieu unique, le *Chang-ti* (souverain Seigneur), qui habite le ciel, où il reçoit près de lui ceux qui ont pratiqué la vertu sur la terre, qui tient entre ses mains les destinées du monde, à qui tous les hommes ont recours comme au dispensateur des récompenses ou des peines. Point de demi-dieux ni d'influences secondaires, mais des invocations d'une grandeur si simple que les missionnaires du dix-huitième siècle ont pu, non sans justesse, comparer la religion des anciens Chinois à celle des premiers Hébreux. » (*Poésies de l'époque des Thang*. Paris, 1862.)

La scission des races entraîne la division des croyances. L'esprit de l'homme, ne sachant plus qu'exceptionnellement s'élever à l'idée de Dieu, dissémine dans la nature entière la force créatrice; et l'imagination riante et enthousiaste de l'Arya, le génie rationnel du Chamite, animent d'une vie divine la terre et les cieux. La foi essentiellement monothéiste des fils de Sem subit elle-même l'influence des deux races congénères. Et le panthéisme devient le polythéisme, du moment où l'homme, s'éloignant de plus en plus par ses vices de l'Immuable Perfection, croit combler la distance qui le sépare de l'Être suprême par la création d'êtres chimériques n'ayant de la divinité que le nom, et incarnant jusqu'aux faiblesses de l'humanité.

Quelques souvenirs des antiques traditions se mêlent encore aux cultes nouveaux; et dans la contrée qui servit de port à l'arche, Astlice, fille de Noé d'après la tradition arménienne [1], reçoit le culte des descendants de Japhet. Dans la province de Taronia qu'elle avait habitée, dans la ville de Vahevajan, où, disait la légende, Noé avait offert le premier sacrifice post-diluvien, s'élevait le temple de la déesse. Quand le printemps, souriant à la terre qu'il ressuscitait, la couronnait de feuillage, la revêtait de fleurs, les enfants de Haïg [2],

1. La Bible ne mentionne aucune fille de Noé; elle ne cite que la femme et les trois brus du patriarche. Au sujet de cette légende, Cf. *Cappelletti*, ouvrage cité.
2. Haïg, descendant de Japhet, et père de la nation arménienne.

célébrant peut-être l'anniversaire de la cessation du déluge, répandaient une pluie de roses dans le temple d'Astlice, se lançaient mutuellement des gerbes d'eau, rendaient à des colombes leur liberté. Et ainsi semble être éclos le mythe de la Vénus grecque [1], de la Lakchmî indienne, de la Freya scandinave, ce mythe qui symbolise la beauté, la fécondité, naissant du sein des ondes.

Non loin du point de dispersion des peuples vivait un descendant de Sem. Tandis qu'autour de lui, les fils de la Chaldée, les premiers observateurs de la voûte céleste, saluaient dans le soleil le principe du monde, Abram ne contemplait dans le globe de feu qu'une des manifestations d'une puissance supérieure, qu'une des forces naturelles que le Moteur suprême fait concourir à l'harmonieux ensemble de l'univers.

La voix du Dieu qu'il adore l'arrache au sol natal. Une femme l'accompagne, et, selon une légende arabe, cette femme a su, la première, comprendre et partager la mission de son époux [2]. Tous deux vont déposer sur la terre de Canaan le germe de l'idée de Dieu. Le Seigneur renouvellera avec Isaac, leur fils, avec Jacob, leur petit-fils, le pacte d'alliance qu'il conclut avec eux, et désormais la vérité se transmettra sans interruption du père au fils, de la mère à la fille.

1. Cappelletti a comparé la Vénus grecque à l'Astlice arménienne.
2. Cf. *Maçoudi. Les Prairies d'or*, texte et traduction par *MM. Barbier de Meynard* et *Pavet de Courteille*. Publication de la Société asiatique de Paris. 1861, chap. IV.

Au début des annales sacrées, l'idée de Dieu et l'idée de l'humanité revêtent un sublime caractère d'universalité. Créateur de la nature entière, Dieu la soutient et l'anime. A son commandement, le matin succède au soir, et le soir au matin[1]. Il trace leur route aux globes qu'il a suspendus dans l'espace. Il retient dans son lit la mer frémissante sous le joug, et réduite, dans son impuissante fureur, à rejeter sur ses bords son écume blanchâtre. — Dieu parle, et le murmure de sa voix, le roulement du tonnerre[2], ébranlent sa *tente de nuages*[3], ce pavillon dont la foudre a déchiré les flottantes draperies. — Il donne la rosée à la fleur des champs, à l'herbe des prés. Il donne au reém[4] la liberté, à l'autruche, sa course rapide; au cheval, son hennissement et sa belliqueuse ardeur; à l'aigle, sa retraite inaccessible, son regard perçant; au behémoth[5], au léviathan[6], leur structure merveilleuse et l'empire des mers. A tous les animaux, aussi bien à l'insecte qu'à la bête fauve, il donne l'instinct de la conservation et la nourriture matérielle. A l'homme enfin il donne l'intelli-

---

1. « Chez les Hébreux, comme chez plusieurs autres peuples qui « avaient le calendrier lunaire, les jours commençaient par le soir « (*Lév.*, XXIII, 32), parce que le croissant se lève le soir. Dans le récit « de la création, on lit toujours : *Et il fut soir et il fut matin.* » *Palestine*, par *M. Munck*. Paris, 1845.
2. Cf. Job, XXXVII, 2-5, traduction de *Cahen*.
3. Id., XXXVI, 29, id.
4. Le buffle, Job, XXXIX, 9-12, id.
5. L'hippopotame, Job, XL, 15-24, id.
6. Le crocodile, id., id., 25-33, id.

gence et la sagesse qui la nourrit ; la sagesse dont lui seul est la source ; la sagesse, trésor plus précieux que *l'or d'Ophir, la perle, l'onyx, le saphir* ou *la topaze d'Éthiopie* [1] *!*

Effrayé de la force du Maître, l'homme l'a d'abord nommé *Élohim* [2] ; mais bientôt, pénétré de sa bonté, de sa justice, protectrices, omnipotentes, il l'appelle *Adonaï*, le Seigneur ; *El-Shaddaï*, le Tout-Puissant. Ignorant de l'origine de ce pouvoir bienfaisant qui a précédé, créé les générations, et les a vues se succéder, il salue du nom d'*Éternel* le Dieu sans commencement et sans fin.

Reconnaissant l'universalité de cette Providence qui veille à jamais sur tous les hommes, les patriarches ne considèrent en eux que le rameau sacré d'un tronc unique : Adam, Noé, chefs de leur race, sont aussi pour eux les pères de l'humanité ; et par le Christ, leur descendant, *toutes les nations de la terre seront bénies en eux* [3].

Princes et princesses sous leurs tentes, les patriarches et leurs compagnes vivent à l'abri de la protection

---

1. Cf. *Job*, xxviii, traduction de *Cahen*.
2. Les commentateurs ne s'accordent pas sur la signification de ce nom. D'après Cahen, on désignait par *Élohim* Dieu considéré comme la collection de toutes les forces. Cf. *Gen.*, note 1 de la traduction de Cahen, et *Jehovah*, by *William Aldis Wright* (*A Dictionary of the Bible*, edited by *William Smith*. London, 1863.)
3. *Gen.*, xxii, 18.

immédiate, visible, de leur souverain Maître. Arrêtons-nous dans le site qui fut témoin de leurs rapports les plus intimes avec l'Éternel.

Au nord des déserts de l'Arabie, au sein de la montueuse et stérile contrée située à l'occident de la mer Morte, le roc laisse passer entre ses deux bras une vallée qui, débouchant du nord-nord-ouest, va se perdre au sud-sud-est. Large d'abord, elle court entre des ceps abondants; et, en se rétrécissant, étage le long de ses pentes la ville d'Hébron. Ici, le sol, bien que rocailleux, se couvre d'une luxuriante végétation; et sur le penchant des collines et dans le sein de la vallée, croissent des vergers de vieux oliviers, des bouquets de grenadiers et de figuiers, des vignobles où mûrissent les plus beaux raisins de Canaan. Ici aussi, l'herbe a sa fraîcheur, et les pentes se tapissent de cette verdure si rare dans les contrées où le soleil darde ses ardents rayons. Sur ces gras pâturages erraient les troupeaux, richesse des antiques pasteurs. — Des blés assurent la nourriture de l'homme, et au milieu même d'un champ, un chêne dont la vaste circonférence atteste la vieillesse rappelle l'hommage reconnaissant que, sous les ombrages, les patriarches rendaient au Dieu qui fécondait leur sol.

A l'entrée de cette vallée s'élevait le bois de Mamré[1].

---

1. Cf. *Biblical researches in Palestine*, by *Robinson* and *Smith*. Boston, 1860. — M. de Saulcy identifie Kharbet-en-Nasara, la ruine

C'est dans ce site rempli de grandeur et de sérénité, c'est dans ce site que devait se dévoiler sous un aspect imposant et doux le Dieu qui conversait dans l'Éden avec l'homme et la femme, le Dieu qui conseillait en ami ses enfants déchus, le Dieu qui, sur le sommet de l'Ararat, faisait planer l'arc de paix et de réconciliation. — C'est là que le Dieu d'Abraham [1], réveillant le patriarche de son sommeil, le guidait hors de sa tente, lui faisait compter dans les étoiles jaillissant des profondeurs de la nuit le nombre de ses descendants, et assurait à l'un des peuples sortis de son sein la possession de cette terre cananéenne qui s'étendait au loin, et dont la vallée d'Hébron n'était qu'un repli. — C'est là que Sara aidait le vieux émir à exercer envers les messagers du ciel les devoirs de l'hospitalité, et que l'Éternel, devinant la secrète douleur de l'épouse stérile, lui accordait une divine maternité : celle du peuple qui devait conserver sa révélation, celle du Verbe qui devait la répandre dans l'humanité [2].

---

des chrétiens, avec l'emplacement du bois de Mamré. Cf. *Voyage en Terre Sainte*, par M. de Saulcy, 1865. Cet ouvrage, où la spirituelle vivacité de l'écrivain sait donner de l'attrait aux sérieuses recherches de l'archéologue, contient les importants résultats de la mission de M. de Saulcy, en 1863.

1. Treize ans après la naissance d'Ismaël, Dieu changea le nom du patriarche et celui de sa compagne. *Abram*, *père élevé*, devint *Abraham*, *père de la multitude* ; et *Saraï*, *ma princesse*, devint *Sara*, *princesse*. Cf. *Gen.*, XVII, 15 ; *Palestine*, par M. Munk.

2. Ce ne fut pas dans la vallée d'Hébron que naquit Isaac, mais

Quittons maintenant les vertes montagnes; dirigeons-nous vers la contrée qu'elles dominent. Plus de végétation, mais des sables brûlants; plus de sources rafraîchissantes, mais le vent du désert. L'homme n'y rencontre pas l'homme; mais il y sent toujours Dieu. Et c'est du sein de cette solitude que le Seigneur, séchant les larmes d'Agar, guide l'esclave chassée vers cette âpre contrée du Hedjaz où elle sera la tige du peuple libre et fier, farouche et généreux, chez lequel le génie de la nation arabe se déploiera dans son plus hardi et plus poétique essor [1].

Étrange rapprochement! de Sara, de la royale maîtresse de la tente, descendra le Christ, qui rendra à la femme sa dignité. D'Agar, de l'esclave, descendra le prophète de l'Islam, qui enlèvera à la femme cette liberté dont seul l'exercice imprime à un être humain sa valeur morale.

Également abrités par la même Providence, l'homme, la femme, l'imploraient dans leurs besoins avec une égale ardeur. Mais lui rendaient-ils alors le même culte, ce culte que Dieu acceptait, mais n'imposait pas? La femme du patriarche était-elle auprès de son époux quand il élevait une stèle et plantait un bocage au lieu

---

ce fut là que l'Éternel prédit à Abraham la naissance du fils de Sara. Cf. *Gen.*, XVII, XVIII.

[1]. Les Arabes du Hedjaz, ou descendants d'Ismaël, s'entèrent sur les Arabes de l'Yémen, ou descendants de Yectan, par le mariage d'Ismaël avec une fille des Yectanides. Cf. *Essai sur l'Histoire des Arabes avant l'islamisme*, par **M. Caussin de Perceval**. Paris, 1847.

où il avait invoqué Adonaï? De même que la compagne de l'Arya, assistait-elle son époux quand il présentait l'holocauste à la flamme dévorante? — Devant cette question la Genèse reste muette ; mais elle nous initie aux transports de reconnaissance qu'inspirait à la femme le Dieu qui l'avait bénie par la naissance d'un fils !

Et par-delà de la mort, que devenait cette Providence? L'âme, souffle de Dieu, retournait-elle à son principe? Quelle récompense attendait ceux qui avaient servi Dieu en aimant l'humanité, ceux qui avaient conservé le respect de la famille, pris la défense de l'opprimé, abrité sous leur tente le voyageur et le pauvre, consolé la veuve et soutenu l'orphelin? — Le patriarche qui pleurait sa compagne espérait-il la retrouver ailleurs que dans la tombe? — Quand, au milieu de ses douleurs morales, de ses tortures physiques, Job, faisant succéder à l'accent de la résignation, le sanglot du désespoir et le cri de révolte de l'innocence méconnue, semblait demander raison à la justice suprême d'un châtiment immérité, voyait-il dans la mort autre chose que la fin de ses souffrances? Croyait-il que la douleur fût la rançon qui ouvrit aux exilés d'ici-bas les portes de leur céleste patrie?... Ah! dans ce doute, dans cette incertitude, dut être le plus amer des châtiments imposés aux fils de la femme..... Pour les patriarches, la mort était le seuil du scheol, cette cavité souterraine où erraient les ombres... Là seulement ils devaient être réunis à leurs ancêtres jusqu'au jour où le Sauveur des vivants devait être aussi le Rédempteur des morts !

CHAPITRE DEUXIÈME

RÉVÉLATION SINAÏQUE

Les Hébreux sur la terre des Pharaons. — Influence des idées égyptiennes sur les croyances israélites. — Moïse à Héliopolis. — Jocabed, mère de Moïse, et le nom de Jéhova. — Les Hébreux au pied du Sinaï. — Le Dieu de l'humanité, Dieu national d'Israël. — La vérité placée sous la sauvegarde de la crainte. — Les femmes jurent l'alliance de Jéhova et du peuple élu. — Châtiment de la femme infidèle à ce pacte. — Moïse était-il déiste ? — Le tabernacle ; part de travail et de richesses qu'y apportent les femmes ; types égyptiens des miroirs d'airain et des bijoux des femmes. — Fêtes sabbatiques, basées sur la charité, l'égalité, la liberté. — Fêtes de pèlerinage ; leur sens symbolique, leur but politique moral, leur caractère agronomique. — Pendant la fête des Cabanes, es emmes entendent la lecture de la loi. — Les sacrifices n'apparaissent qu'au second plan du code mosaïque. — Sacrifices offerts par les femmes. — Le sacerdoce. Les femmes de la tribu de Lévi. — Influence de la loi mosaïque sur le caractère de la femme. — Moïse avait-il l'idée de l'humanité ? — Moïse et l'immortalité de l'âme.

La famine avait obligé les enfants de Jacob de quitter les collines et les vallées de Canaan, et de chercher, au sein des gras pâturages de Gessen, un lieu de refuge qui devint un jour leur maison d'esclavage.

Mêlés aux Egyptiens, ils en subissaient toutes les influences. Les filles d'Israël se laissèrent-elles, elles aussi, attirer au culte de leur nouvelle patrie ? De même que les prêtresses de Misraïm[1], saluaient-elles la puissance créatrice dans cette mystérieuse triade qui, se renouvelant à chaque degré de la vie universelle, formait les anneaux de la chaîne par laquelle le ciel s'unissait à la terre[2]? Ou, à ce panthéisme substituaient-elles le fétichisme des classes inférieures et personnifiaient-elles les symboles?

Non loin de Gessen[3], au pied de l'obélisque de granit rose du temple d'Héliopolis[4], un homme méditait. C'était un rejeton de la race hébraïque, de la race proscrite; et son nom rappelait qu'il avait été tout ensemble exposé et arraché au péril de son peuple: ce nom était *Moïse,* sauvé des eaux.

C'était à une femme, à la fille même du roi d'Égypte, qu'il devait son salut et son éducation philosophique[5]. C'était à une descendante d'Abraham, à une fille

---

1. La Genèse attribuant l'origine de l'Égypte à Misraïm, fils de Cham, l'Ancien Testament donne généralement à cette nation le nom de son fondateur.

2. Cf. au sujet de la triade: *Égypte,* par *M. Champollion Figeac.* Paris, 1858.

3. Cf. pour la situation d'Héliopolis par rapport à la terre de Gessen: *On* (*Héliopolis*), by *Reginald Stuart Poole* (*Dict. of the Bible,* edited by *Smith*).

4. Les traditions égyptiennes recueillies par Manéthon, Artapanus, s'accordent sur la naissance de Moïse à Héliopolis. Cf. *Moses,* by *Arthur Penrhyn Stanley* (*Dict. of the Bible*). Cf. aussi *Josèphe,* Réponse à Appion. — Le Nouveau Testament dit que Moïse fut élevé dans toute la sagesse des Égyptiens. (*Act.,* VII, 22.) Héliopolis était le siége d'un collége sacerdotal où étudièrent Platon et Eudoxe. Cf. *Strabon,* XVII, 1.

5. Cf. la note précédente.

d'Israël, qu'il devait sa naissance et le sujet de ses méditations religieuses.

A l'ombre du sanctuaire d'Ammon-Ra[1], il pouvait entendre l'initié prononcer le nom d'un Dieu suprême dont le soleil n'était que le symbole; mais déjà cette conception devait lui sembler matérielle, car une mère pieuse [2] lui avait appris à dégager de son œuvre l'Être qui existe par lui-même, et dont le nom : *Celui qui est*, Jéhova, se trouvait exprimé dans le nom de la fidèle Israélite : Jocabed [3].

Ce nom, ce nom de Jéhova, devait être révélé à Moïse dans sa sublime signification quand, exilé, le fils de Jocabed errait au sein des déserts de l'Arabie ; quand, appelé par la voix du ciel à délivrer ses frères de la servitude de l'Égypte, l'idée de Dieu et l'idée de la patrie se confondirent en lui et enflammèrent son cœur d'une étincelle de ce feu qui jaillissait du buisson d'Horeb.

Sur l'une des cimes de ce même rocher devait se sceller l'alliance de Dieu et des descendants de Jacob.

---

1. Le Soleil, dont le célèbre temple était à Héliopolis.

2. The nurture of his mother is probably spoken of as the link which bound him to his own people. (*Moses*, article précité du *Dict. of the Bible*.) On parle probablement de son allaitement par sa mère comme du lien qui le liait à son propre peuple.

3. The name of his mother, Jochebed, implies the knowledge of the name of *Jehovah* in the bosom of the family. (*Id*.) Le nom de sa mère, Jocabed, implique la connaissance du nom de *Jéhova* dans le sein de la famille.

Les tribus d'Israël, arrachées au joug de l'étranger, s'acheminaient vers la terre où reposaient leurs ancêtres. Au commencement même de leur pèlerinage, elles allaient recevoir la loi qui devait les régir. Pour rendre l'homme digne de la liberté, il faut lui apprendre à plier sous le joug du devoir.

Hommes et femmes d'Israël se pressaient, palpitants de terreur, dans une vallée qui s'engouffre entre des montagnes de sombre granit dont les cimes nues, déchirées, se dressent, hardies et menaçantes. — Au fond de la scène, un roc, dominant ces âpres sommets, élève perpendiculairement son front hautain; ce roc, c'est le Sinaï[1].

Au pied de la montagne, un torrent roulait ses eaux[2]. Soudain à ses sourds mugissements se mêlent les éclats du tonnerre. Le roc tremble; et, sur un rideau de flamme, dessine ses formes aigues. La gloire de l'Eternel approche............

Où sont ici les cimes sereines et majestueuses de

---

1. On ne s'accorde pas sur le pic qu'il faut identifier avec le Sinaï. Lepsins croit que c'est le Serbàl; et Ritter, le Jebel Mûsa dans le Jebêl Katherin. Mais il n'existe au pied de ces pics nulle vallée assez étendue pour avoir pu contenir le camp des Israélites. Robinson, identifiant l'Horeb des moines avec le Sinaï, place la promulgation de la loi sur le pic es-Sussafeh qui domine er-Rahàh, vaste plaine s'étendant au pied de l'Horeb. C'est dans cette plaine qu'il groupe les Israélites. Nous avons adopté son opinion. Cf. *Biblical researches*: et le *Sinaï*, by *Henry Hayman*. (*Dict. of the Bible.*)
2. Cf. *Robinson's Biblical researches*.

l'Ararat, et la fraîche et riante vallée d'Hébron? Où est la ceinture irisée qui semblait unir le firmament à la terre? Où est la douce voix du ciel, bénissant le patriarche et consolant sa compagne?

Mais sur le sol aride du Sinaï s'épanouit aussi le fruit que Moïse nomme avec une expressive poésie *le miel du rocher* [1], et c'est de ce roc austère et désolé que descendra la parole divine qui nourrira l'âme d'un peuple.

Le Dieu de l'humanité devient le Dieu national des enfants d'Israël. A la révélation naturelle, loi de l'humanité naissante, succède la révélation écrite, loi du peuple de Dieu, et germe de la révélation messianique, loi de l'humanité virile. Jéhova impose des devoirs au peuple auquel il confie sa parole; il enhardit au combat le peuple qui sera la verge dont il frappera les nations coupables; et c'est pourquoi tout semble symboliser la lutte de l'homme contre le mal, dans ce tumulte de la nature que domine la voix de Dieu.

Quand elles virent la gloire de l'Éternel, quand elles entendirent sa voix, que durent-elles éprouver, ces femmes enthousiastes qui, guidées par Miriam la prophétesse, suivaient leurs pères, leurs frères, leurs époux, en partageaient les dangers, en chantaient les triomphes?

Et devant la loi que promulguait l'Eternel, et devant

---

1. Le miel du palmier. Cf. *Deut.*, XXXII, 13, et note de Cahen. C'est apparemment la datte.

le code que, sous l'inspiration divine, transcrivait Moïse, la femme était égale à l'homme. Par trois fois elle devait être appelée à sanctionner le pacte d'alliance [1]. Fils et filles de Jéhova, tous sont soumis aux mêmes lois, et menacés des mêmes châtiments. De plus, l'idolâtrie de la femme entraînant celle de l'homme, Dieu punit la première avec plus d'âpreté que la seconde.

« Allons, » aura dit à un Israélite la douce voix de sa fille, de sa femme, « Allons, servons d'autres dieux, « que tu n'as pas connus, ni toi ni tes pères [2]........ »

Pas de pitié alors. L'infidèle mourra ; elle mourra, et c'est le bras de son père, de son époux, c'est ce bras naguère protecteur, aujourd'hui meurtrier, qui la conduira à un trépas ignominieux, la lapidation ! — Que les entrailles du père ne se révoltent pas ! Que le cœur de l'époux ne se trouble pas ! Que la première pierre soit lancée à la femme coupable par la main de celui qu'elle aurait voulu attirer aux cultes étrangers ! Et que cette main ne tremble pas : le peuple fera le reste......

Ah ! sans doute, la lapidation attendait aussi l'homme infidèle à Jéhova ; mais, du moins, une amère et poignante douleur lui était épargnée : il ne recevait point de la main chérie d'une mère, d'une compagne, le premier coup d'une mort flétrissante !

---

1. Sous Moïse, *Deut.*, XXIX ; sous Josué, *Josué*, VIII ; et au retour de la captivité, *Néh.*, VIII.
2. *Deut.*, XIII, 7.

Jéhova veille à la fois sur le crime, pour le châtier ; sur l'innocence, pour la protéger. *Comme un homme porte son fils* [1], Jéhova a porté *sur des ailes d'aigle* [2] son peuple à travers le désert ; et sa main, qui soutient et anime le monde, sait aussi essuyer les pleurs d'une faible femme.

Juste, il punit la faute ; clément, il pardonne au coupable qu'il a châtié, et la prière de Moïse peut appeler sur Miriam la miséricorde divine.

Non, Moïse ne croyait pas, ainsi qu'on l'a dit de nos jours, que la liberté de l'homme fût entravée par la Providence. Il ne croyait pas que, soutenu par le Tout-Puissant, l'homme se sentît plus faible. Il ne croyait pas que les mots Providence, fatalité, fussent identiques : la Providence veille sur l'homme, la fatalité l'entraîne, et soustraire l'homme à la première, c'est le soumettre à la seconde. Non, Moïse ne croyait pas que Dieu dût s'absenter de son œuvre, que le cri d'une âme souffrante dût se perdre dans le vide ; et, au besoin, la puissance surnaturelle de la prière lui eût révélé l'action de la Providence !

L'immixtion permanente et visible de Jéhova dans la vie de l'homme, imposait à celui-ci le devoir de la reconnaître, non-seulement par un culte moral, mais

---

1. *Deut.*, 1, 31.
2. *Ex.*, xix, 4 ; *Deut.*, xxxii, 11, 12.

encore par un culte matériel. Cependant le temps n'était plus où, du haut des collines et du sein des forêts, l'homme pouvait sans danger adresser au Créateur l'hommage de sa gratitude. La multiplicité des bocages sacrés était devenue l'une des sources de l'idolâtrie. Désormais il fallait qu'un culte unique fût voué au Dieu essentiellement un, et que ce culte devînt le lien fédératif, le centre religieux et politique des tribus d'Israël.

Jusqu'à ce que l'établissement des Hébreux sur la Terre de promission leur permît de consacrer à Jéhova une résidence de pierre, Moïse, groupant autour d'un sanctuaire portatif les tribus d'Israël, donna, dans le Tabernacle, le type du temple futur.

Quand, pendant la halte, l'habitacle était dressé au milieu du camp, un carré oblong, entouré d'un rang de colonnes au fût argenté, au soubassement d'airain, limitait le lieu de l'adoration. Des courtines de lin retombaient sur les colonnes, et, à l'orient, une tenture brodée de laines bleue, écarlate, cramoisie, se déployait à l'entrée du parvis. Au milieu de cette enceinte se dressait l'autel des holocaustes ; plus loin, vers la gauche, un bassin d'airain servait aux purifications. Enfin vers le fond du parvis, s'élevait une tente de poil de chèvre recouverte de peaux de thahasch [1] et de peaux de bélier teintes en rouge : c'était le Mischcàn, le Taber-

---

1. Thahasch, animal inconnu. D'après le Talmud, ce serait une espèce de fouine. Cf. *Palestine*, par *M. Munk*, p. 156.

nacle. — On y pénétrait en soulevant une portière semblable à celle du parvis. Là, les ais lamés d'or qui formaient la clôture de l'édifice, les colonnes qui séparaient le *Saint* du *Saint des saints*, disparaissaient sous les merveilleuses tentures dont les Hébreux avaient dérobé le secret aux Égyptiens [1], et dans lesquelles les fils teints du lin et de la laine reproduisaient, en mariant leurs riches et éclatantes nuances, des figures de chérubins et des parterres de fleurs [2].

Dans le *Saint* aussi bien que dans le *Saint des saints*, l'or recouvrait tous les objets du culte. L'or animait de ses fauves et ardents reflets la table des pains de proposition, l'autel des parfums, l'arche qui renfermait les tables où le doigt de Dieu avait gravé la loi. — Dans l'or avaient été ciselés les vases, les cuillers, les tubes de purification ; et ce candélabre travaillé au repoussé, et dont les sept branches supportaient au sommet de leurs tiges des calices s'arrondissant en pommeau, s'allongeant en amande, s'épanouissant en fleur. — Dans l'or aussi avaient été sculptés ces deux chérubins qui, de leurs ailes étendues, protégeaient l'arche sainte, et entre lesquels Dieu parlait à Moïse [3].

---

1. C'est le travail des Gobelins. Cf. *Ex.*, xxvi, note 1 de Cahen ; *Histoire de l'art judaïque*, par M. de Saulcy, 1864 ; *les Tapisseries d'Arras*, par M. l'abbé Von Drival, 1864.
2. Cf. *Josèphe*, Ant. Jud., liv. III, chap. v.
3. Pour la description du tabernacle, Cf. *Ex.*, xxiv-xxvii et xxxv-xxxviii ; *Palestine*, par M. Munk.

A ce temple les femmes avaient consacré leurs travaux, leurs richesses. De leurs mains elles avaient filé la laine, le lin, le poil de chèvre des courtines et des tentures [1]. La matière du bassin d'airain provenait de la fonte de ces miroirs arrondis dont la terre des Pharaons nous a livré de curieux modèles [2]. Naguère peut-être, le miroir à la main gauche, le sistre à la main droite, les descendantes de Jacob avaient-elles, en cette attitude hiératique, adoré les dieux de Misraïm [3]. Peut-être le manche de ce miroir reproduisait-il encore ou la fleur du lotus, ou la souriante figure d'Hathor, la Vénus égyptienne, ou plus généralement le masque horrible de Bes, dieu Typhon qui présidait à la toilette des Égyptiennes, et servait de repoussoir à leur beauté [4]. — Moïse accepta-t-il sans difficulté ces profanes objets? L'Exode n'en dit rien ; mais une légende talmudique raconte que l'austère législateur, hésitant à vouer au culte cette offrande, en appela au tribunal de Dieu.

« Ce don, aurait répondu le Seigneur, me plaît
« plus que tous les autres [5]. »

Dieu jugeait digne de lui être consacré ce qui avait reflété l'une de ses plus suaves créations.

1. *Ex.*, xxxv, 25, 26.
2. Voir au Musée du Louvre, monuments égyptiens, salle civile.
3. Cf. au sujet de cette attitude des Égyptiennes, *Cyrille d'Alexandrie*, cité par William Aldis Wright (*Dict. of the Bible*, etc., *Mirror*).
4. Cf. l'étude précitée de M. Wright ; et *Notice sommaire des monuments égyptiens exposés dans les galeries du Musée du Louvre*, par le *vicomte de Rougé*. 1865.
5. *Méditations bibliques*, par *S. Bloch*, 1860.

Les objets du culte devaient aux femmes une partie de leurs ornements [1]. Les filles d'Israël avaient sacrifié à Jéhova les joyaux qu'elles avaient emportés de la maison d'esclavage, et qui, sans doute, reproduisaient les emblèmes des divinités de l'Égypte. Les types probables de ces bijoux sont encore sous nos yeux [2] : d'élégantes fleurs de lotus, des vases à libations, sveltes et

---

1. *Ex.*, xxxv, 22.
2. Au Musée du Louvre. — Nous n'avons osé émettre cette conjecture qu'après l'avoir soumise au juge le plus compétent en pareille matière, à M. le vicomte de Rougé. Voici ce que voulut bien nous répondre l'illustre égyptologue, dont la parfaite bienveillance ne manque jamais aux travailleurs qui y font appel :

« Je crois que vous êtes dans le vrai en cherchant dans les bijoux
« égyptiens le modèle de ceux que portaient les femmes des Hébreux
« au temps de l'Exode. Il y a même une preuve assez convaincante,
« quant au style égyptien des arts sémitiques à cette époque ; c'est
« que les plus anciens monuments de l'art phénicien portent tous un
« cachet évident d'imitation égyptienne. Ceux qui se montrent dé-
« rivés d'un type assyrien sont classés par les archéologues à une
« époque postérieure. L'histoire confirme bien cette division : vers
« le dix-huitième siècle avant notre ère, commença la domination de
« l'Égypte sur toute la Syrie. Quoique interrompue par des révoltes,
« cette suprématie ne s'en conserva pas moins pendant cinq siècles
« au moins. L'Assyrie ne commença que beaucoup plus tard à in-
« fluer sur les destinées de la Palestine et des régions voisines. On
« peut donc considérer comme certain que la couleur locale avait
« dominé les arts du dessin chez les Hébreux pendant leur longue
« servitude chez un peuple au comble de la puissance. Il est bien
« difficile de déterminer une époque exacte pour les bijoux qui ne
« sont pas dans la salle historique, parce qu'ils ne portent pas d'in-
« dication précise ; mais le style égyptien n'a pas varié sensible-
« ment sous le second empire, et vous ne courez pas le risque d'ana-
« chronismes dangereux en vous servant des diverses pièces exposées
« dans nos vitrines comme objets de comparaison dans la recherche

allongés ; des lézards, des poissons sacrés finement gravés, s'entrelacent au second rang d'un collier entre un rang d'olives et un rang de grains d'agates ; — un lion, ou des griffons, reposant entre des bouquets de lotus, composent des bracelets d'un admirable style ; — une gracieuse tête de gazelle, ou l'égide de la déesse Pacht [1], décore une boucle d'oreille ; — un fil d'or, maintenant un scarabée, s'enroule à une bague ; ou, sur le double chaton d'un double anneau, une gravure d'un art exquis représente une femme adorant Osiris [2].

Devant les monceaux d'or et de pierreries que les filles d'Israël offraient au sanctuaire, le législateur dut arrêter le zèle généreux de ces femmes [3] qui, se dépouillant de leurs plus chères parures, anéantissaient les souvenirs matériels de leurs fêtes nuptiales. Les adoratrices du veau d'or s'étaient-elles rappelé que, récemment, une partie de leurs bijoux avaient servi à la fonte de l'Apis du désert; et leur sacrifice était-il une expiation ?

Les patriarches, élevant en tout lieu des stèles en l'honneur d'Adonaï, lui rendaient en tout temps leur

« qui vous occupe. Les bracelets eux-mêmes, quoique un peu plus
« anciens, sont encore parfaitement du style qui devait régner au
« temps de Moïse. »

1. La déesse Pacht est la créatrice de la race asiatique et la vengeresse du crime. Cf. *Notice sommaire des monuments égyptiens exposés dans les galeries du Louvre*, par le *vicomte de Rougé*.
2. « Osiris, type et sauveur de l'homme après sa mort. » *Id.*
3. *Ex.*, xxxvi, 5, 6.

hommage. En établissant un sanctuaire central, Jéhova fixa les époques où les enfants d'Israël, unis en une même foi, devaient s'unir en un même culte.

Le Décalogue ne sanctionne qu'une loi cérémonielle: l'observance du sabbat[1]. Symbole de la création, le sabbat représentait le repos du Seigneur quand l'univers fut, à sa voix, sorti du chaos, et rappelait aux Hébreux, entourés de peuples panthéistes, le dogme d'un Être suprême distinct de son œuvre. Son but moral, c'était le soulagement du travailleur, de l'esclave, de la bête de somme même, qui, par le repos d'un jour, pouvaient combattre l'influence meurtrière d'un labeur sans relâche. Le Décalogue et le code mosaïque développent tous deux l'idée religieuse que symbolisait le sabbat, et l'idée philanthropique que réalisait cette divine institution :

« Souviens-toi du jour de repos pour le sanctifier.

« Six jours tu travailleras et feras tout ton ouvrage.

« Mais le septième jour, repos consacré à l'Éternel
« ton Dieu, tu ne feras aucun ouvrage, ni toi, ni ton
« fils, ni ta fille, ni ton esclave, mâle ou femelle, ni
« ton bétail, ni ton étranger qui est en tes portes.

« Car en six jours l'Éternel a fait le ciel et la terre,
« la mer et tout ce qui s'y trouve, et s'est reposé le
« septième ; c'est pourquoi l'Éternel a béni le jour de
« repos et l'a sanctifié[2]. »

1. Le sabbat est antérieur à la promulgation de la loi. Cf. *Ex.*, xvi.
2. *Ex.*, xx, 8-11, traduction de *Cahen*.

Dans les entretiens de Dieu et de Moïse se trouve complétée l'idée mère du sabbat :

« ...... Au septième jour tu te reposeras, afin que
« se reposent ton bœuf et ton âne, et que le fils de ton
« esclave et l'étranger reprennent des forces [1]. »

« Tu ne feras aucun ouvrage », répète dans le Deutéronome le législateur du Sinaï, « .... afin que ton
« esclave, mâle ou femelle, se repose comme toi.

« Tu te souviendras que tu as été esclave au pays
« d'Égypte, et que l'Éternel ton Dieu t'en a retiré à
« main forte et bras étendu ; c'est pourquoi l'Éternel
« ton Dieu t'a ordonné de faire le jour de sabbat [2]. »

Le soulagement de l'opprimé était le principal hommage qu'exigeât du peuple délivré le Dieu libérateur.

Le sabbat de la semaine était le premier degré du cycle sabbatique qui comprenait le repos du septième jour, le repos du septième mois [3], le repos de la septième année, le Jubilé enfin, repos de la cinquantième année.

Le mois sabbatique, annoncé par la fête des Trompettes, renfermait une des solennités les plus touchantes du culte mosaïque : c'était la fête des Expiations [4]. Consacrée au jeûne, au repentir, elle purifiait de leurs

1. *Ex.*, XXIII, 12, *id.*
2. *Deut.*, v, 14, 15, *id.*
3. Le premier jour de chaque mois était célébré par des sacrifices additionnels : c'était la néoménie. Cf. *Nomb.*, XXVIII et XXIX.
4. Elle se célébrait au dixième jour de ce mois.

fautes les enfants d'Israël ; et seul un bouc emportait, à travers le désert, les péchés des coupables. Le repos du corps n'était pas le seul dont jouissent les Hébreux pendant les fêtes du mois sabbatique [1] : par la paix de la conscience, ils acquéraient le repos de l'âme.

Au mois sabbatique de la septième année s'ouvrait l'année sabbatique, pendant laquelle la terre devait se reposer aussi bien que l'homme, et abandonner au pauvre et à la bête des champs ses richesses naturelles. Une période de sept années sabbatiques amenait le Jubilé, cette fête suprême de la liberté et de l'égalité.

Au dixième jour du septième mois, pendant la fête des Expiations, les sons éclatants de la trompette faisaient tressaillir ceux qui avaient perdu leur liberté, ceux qui avaient aliéné leur patrimoine .....

Dror! liberté [2] ! s'écrie-t-on.

Ce signal c'est, pour le pauvre, la fortune; pour l'esclave, la délivrance. Chacun rentre dans son bien, chacun reprend possession de soi-même....

Idée sublime qui faisait succéder aux réparations morales du jour de pardon les réparations matérielles de la fête de Réhabilitation !

Maintenant l'esclave hébreu peut accepter une liberté à laquelle il avait cru peut-être renoncer à ja-

---

[1]. Le premier jour seul de ce mois était consacré au repos; mais dans le même mois se célébraient les réjouissances de la fête des Cabanes.

[2]. *Lév.*, xxv.

mais. Naguère, la septième année de son service révolue, il aurait pu quitter son maître. Mais de ce maître il tenait son bonheur. Chez lui il avait obtenu une compagne, consolation du présent; des enfants, espoir de l'avenir. Sa femme, étrangère en Israël, ses enfants appartenaient à son maître; mais lui, il aurait pu partir, et, libre, fonder une famille nouvelle....... Alors, maudissant la délivrance qui l'eût éloigné des objets de sa tendresse, saluant l'esclavage qui le retenait auprès d'eux, il s'était écrié :

« J'aime mon maître, ma femme et mes enfants; je « ne veux pas sortir libre [1]. »

Et devant les juges, le maître avait percé d'un poinçon l'oreille de son serviteur, et celui-ci avait reçu, avec bonheur sans doute, la marque flétrissante d'une longue servitude.

Mais au bruit des fanfares du jour de rédemption il part! Il part, car sa femme, ses enfants l'accompagnent [2]; et, rentrant dans la demeure de ses pères, il reconquiert à la fois et la liberté, et la possession du foyer domestique.

Quittaient-ils tous sans regret la maison d'esclavage, ces serviteurs qui avaient appris à bénir la main d'un maître? Ici est une femme âgée. Elle a vendu son temps, ses soins, à ceux dont elle était l'esclave; mais elle leur a donné ce qu'ils n'eussent pu payer : son dé-

1. *Ex.*, xxi, 5, traduction de *Cahen*.
2. Cf. *Josèphe. Ant. jud.*, liv. IV, chap. vIII.

vouement et son affection. Elle aussi, à l'expiration de son service, elle a crié à son maître : « Je ne veux pas « sortir d'auprès de toi, car je t'aime ainsi que ta mai- « son [1]. » Elle aussi, elle a reçu le stigmate d'un volontaire esclavage..... Est-ce la liberté, est-ce l'exil, que lui annoncent les trompettes du Jubilé?

Ailleurs est une jeune Israélite. Appauvri, son père l'a vendue. Celui auquel elle appartient lui doit ou sa main ou la liberté [2]. Elle part, et il ne la retient pas!

De même que l'homme, la terre est libre. Ni la charrue ne l'entr'ouvre, ni la semence ne la féconde. Le jour et les années de repos sanctionnaient ainsi les droits de Dieu sur le temps et sur la terre [3]. A celui qui est stable dans l'éternité appartient seul le temps. A celui qui possède l'infini appartient seul la terre. L'homme, passager dans le temps, n'est sur la terre que l'hôte de Dieu.

Trois fêtes solennelles, symbolisant les principaux événements de la vie du peuple élu, et célébrant les époques agronomiques de la nature, devaient réunir au sanctuaire central les tribus d'Israël, imprimer à leur vie politique l'unité si difficile à établir dans une constitution fédérative; et, par le culte de Jéhova, affermir en elles l'idée de la patrie.

1. *Deut.*, xv, 16, traduction de *Cahen*.
2. *Ex.*, xxi, 7-11.
3. Cf. *Sabbatical year*, by *Francis Garden*. (*Dict. of the Bible.*)

L'obligation de se rendre aux fêtes de pèlerinage n'était pas imposée aux femmes : les unes n'eussent pas aisément supporté les fatigues de trois voyages annuels; d'autres étaient retenues dans leurs demeures par leurs devoirs de maîtresses de maison, de mères de famille. L'Eternel ne convoquait devant lui que la population mâle [1]; mais il permettait aux femmes qui pouvaient accompagner leurs pères ou leurs époux de s'associer aux réjouissances des fêtes nationales [2]. A ces solennités étaient même appelées et la veuve et l'esclave, en commémoration du temps où, proscrits, les Hébreux se nourrissaient, sans jouissance et sans consolation, du pain de l'étranger.

Aux pénibles souvenirs de la servitude d'Egypte était intimement liée la plus solennelle des fêtes de pèlerinage : la Pâque. Les femmes étaient admises à ce festin, qui rappelait aux Israélites le dernier repas qu'ils firent dans la maison d'esclavage; elles goûtaient aux herbes amères, symbole de la captivité du peuple hébreu; aux pains sans levain, symbole de son départ précipité; à l'agneau pascal enfin, symbole de sa délivrance.

C'était au printemps que se célébrait la Pâque. Commençant au quatorzième jour d'Abib [3], le mois des

---

1. *Ex.*, xxiii, 17; xxxiv, 23; *Deut.*, xvi, 16.
2. *Deut.*, xii, 12, 18 (ces deux versets s'appliquent en général aux réjouissances de tous les sacrifices); xvi, 11, 14.
3. En général, chez les anciens Hébreux, les mois sont déter-

épis, cette fête ouvrait les récoltes, et nul ne pouvait couper l'orge avant que fût offerte à Jéhova, pendant le seizième jour du mois, la première gerbe de la moisson. A la récolte la plus précoce de l'année se joignait le souvenir du temps où, esclaves, les Hébreux ne possédaient même pas le champ que fécondaient leurs sueurs.

Sept semaines après l'ouverture de la moisson de l'orge était inaugurée la récolte du blé. C'était la Pentecôte, la fête des Semaines, l'anniversaire de la promulgation de la loi. Deux pains faits avec la fleur de la farine de froment étaient déposés sur l'autel. Par l'association de ce rite au souvenir de la scène du Sinaï, ne semble-t-il pas que Moïse ait voulu une fois de plus enseigner aux Hébreux que le pain matériel n'est pas la seule nourriture de l'homme, et que la loi de Dieu est le véritable aliment de l'âme?

Inaugurées par des fêtes religieuses, les moissons se terminaient par la plus riante des solennités de l'année : la fête des Cabanes, la fête des Tabernacles.

Au quinzième jour du mois sabbatique, à l'époque où dans les granges s'amassaient les céréales, dans les pressoirs les raisins ; hommes et femmes d'Israël dé-

---

minés par l'adjectif ordinal : premier mois, deuxième mois, etc. Cependant ils sont parfois désignés par des dénominations expressives : abib, le premier mois, le mois de la maturité ; assif, mois de la récolte, etc. Le calendrier des Israélites, rédigé après la captivité de Babylone, est tout talmudique. Cf. la Notice sur le calendrier talmudique, jointe au *Lévitique* traduit par Cahen.

sertaient leurs demeures. A la main de chacun s'épanouissait un faisceau où se mariaient le fruit du cédrat, les spathes du dattier, une branche du saule de rivière. Dans les rues, sur les toits en terrasse [1], les Hébreux construisaient avec les rameaux de l'olivier, du myrte, du palmier, des huttes de feuillage. En souvenir de leur séjour sous les tentes du désert, ils devaient pendant sept jours habiter ces fraîches et légères cabanes. Ils devaient, à la rentrée de leurs récoltes, évoquer l'image du temps où ils erraient sans autre abri que la tente, sans autre champ que le désert.

Dans l'année sabbatique, cette fête revêtait un caractère plus auguste. On lisait à tout le peuple assemblé la loi qui le guidait pendant qu'à travers les solitudes de la péninsule Arabique il cherchait sa patrie. Alors les femmes étaient obligées de se rendre à la fête de pèlerinage, et de retremper dans l'audition de la loi leur foi religieuse et leur force morale [2].

Fêtes sabbatiques, fêtes de pèlerinage, toutes les solennités des Hébreux célébraient à la fois Dieu, la patrie, l'homme et la nature.

Les droits de Dieu sur la terre furent l'origine des sacrifices. Le patriarche offrait librement au Seigneur les premiers-nés de son bétail, les prémices de son champ. — Le Décalogue, loi purement morale, ne ren-

1. *Néh.*, VIII, 15.
2. Cf. *Deut.*, XXXI, 10-13.

ferme aucune prescription concernant les sacrifices, et ce n'est qu'au second plan du code mosaïque qu'apparaissent les lois rituelles. Moïse pouvait craindre que le peuple encore grossier qu'il formait, perdant de vue le sens spirituel des sacrifices, ne crût que des liens matériels suffisaient pour l'unir à Jéhova; et cependant le moment n'était pas venu encore où l'esprit de l'homme pouvait, sans le secours des sens, s'élever à l'idée de Dieu.

Jéhova, tout en sanctionnant donc les sacrifices, ne consentit à les recevoir qu'au sanctuaire central. Il permit que, fière d'une récente maternité, une femme, apparaissant au seuil du tabernacle, lui offrît pour l'holocauste un agneau d'un an, et joignît à ce sacrifice d'adoration l'offrande expiatoire d'un jeune pigeon ou d'une tourterelle [1]. Il permit que, repentante d'une faute involontaire envers lui ou envers l'humanité, une femme fît suivre du sacrifice de péché ou de délit la confession et la réparation de son erreur [2]. Il accepta les prémices de la pâte que pétrissait la maîtresse de maison [3]. Il agréa aussi le sacrifice pacifique qu'à la suite d'un vœu une jeune fille, une épouse, une mère,

---

1. *Lév.*, xii, 6-8. Pauvre, la femme pouvait offrir pour l'holocauste et le sacrifice expiatoire deux tourterelles ou deux pigeonneaux.
2. *Nomb.*, v, 6-9. La subtile distinction des sacrifices de péché et de délit n'a pu être suffisamment établie par les hébraïsants et les théologiens.
3. *Nomb.*, xv, 18-21, et note 20 de Cahen.

venait lui offrir. Naguère, dans un moment de folle terreur ou d'ardente espérance, une femme avait juré de vouer à Jéhova ou ses biens, ou sa personne, ou son fils même, si le malheur s'éloignait d'elle, si le bonheur s'en approchait. Un père, un époux, avait été informé de ce serment et ne s'y était pas immédiatement opposé [1]. L'Éternel avait exaucé la prière de sa servante; et celle-ci, ne voulant point se racheter de son vœu [2], avait offert ses richesses à Jéhova; ou, après avoir observé l'abstinence du nazir, sacrifiait jusqu'à sa chevelure sur l'autel des holocaustes [3]; ou, plus courageuse encore [4], avait consacré son fils à Celui qui lui avait accordé l'orgueil et le bonheur de la maternité.

La promulgation de la loi, l'institution du tabernacle, des fêtes, des sacrifices, nécessitaient la création d'un ordre religieux qui conservât les saintes traditions, aidât le peuple à les commenter, se vouât au service du sanctuaire, fît agréer à Jéhova l'hommage collectif que lui rendait aux jours solennels la communauté israélite, et offrît sur l'autel l'holocauste, les sacrifices de péché et de délit, le sacrifice pacifique et les sacrifices non sanglants.

---

1. Passé ce moment, le père, l'époux, n'avait plus le droit de s'opposer au vœu d'une fille, d'une femme. *Nomb.* xxx, 4-17.

2. Cf. pour le droit de rachat, *Lév.*, xxvii.

3. Le nazir qui, pendant les jours de son abstinence, laissait croître sa chevelure, la coupait quand son vœu était accompli. Le chap. vi du livre des *Nombres* est consacré au naziréat.

4. Comme la mère de Samuel.

Les enfants de Lévi furent voués au service du tabernacle; et, au sein de leur tribu, la famille d'Aaron reçut les attributions sacerdotales, le cohénat.

Les filles de Lévi ne participaient point à la mission religieuse de leurs pères ou de leurs époux [1]. Mais plus que toutes les filles d'Israël, elles devaient conserver intacte leur renommée [2]. Nul soupçon ne devait avoir effleuré la mère du cohène [3]; et celui-ci ne pouvait associer à sa vie que la vie immaculée d'une jeune fille [4], ou de la veuve d'un prêtre [5]. — A la fiancée du pontife on ne demandait ni fortune, ni rang; on n'exigeait d'elle que la chaste auréole de la vierge [6].

Ce n'était pas un ordre semblable aux castes sacerdotales de l'Égypte et de l'Inde, que cette tribu de

---

1. A propos des miroirs d'airain, l'*Exode*, xxxviii, 8, dit qu'ils furent offerts par les femmes assemblées à l'entrée de la tente d'assignation. Des commentateurs concluent que ces femmes étaient vouées au service du temple. D'après la version grecque et la version chaldaïque, ce service eût consisté dans la prière et le jeûne. Cf. *Palestine*, par M Munk, p. 156, et note 8 de *Cahen*; *Ex.*, xxxviii. — Les femmes de la famille du cohène n'avaient d'autre privilége que celui de pouvoir goûter à la poitrine et à la cuisse des animaux offerts par les Israélites pour le sacrifice pacifique. Mariée à un homme étranger au sacerdoce, la fille du cohène perdait ce droit; mais veuve ou répudiée, elle en jouissait de nouveau, si, n'ayant point d'enfant, elle retournait chez son père. Cf. *Lév.*, x, 14; xxii, 12, 13; *Nomb.*, xviii, 11.
2. Déshonorée, la fille du cohène était brûlée. *Lev.*, xxi, 9.
3. *Palestine*, par *M. Munk*.
4. *Lév.*, xxi, 7, *Éz.*, xliv, 22.
5. *Éz.*, id.
6. *Lév.*, xxi, 13, 14.

Lévi qui s'alliait par le mariage aux autres tribus d'Israël, et dont les membres partageaient avec le plus humble des Hébreux le droit d'enseigner la loi.

A tout homme, en effet, était accessible la Thorah [1]. A toute femme aussi était ouvert ce code divin qui, saluant en elle la fille de Dieu, disait : Respect à la femme ! Respect à la jeune fille dans sa pureté, à l'épouse dans son honneur, à la mère dans son autorité, à la veuve dans son délaissement !

En ce livre de vie, la femme s'initiait à la connaissance, à l'observation de la vérité, qui était la base de la loi ; à la pratique d'une justice souvent implacable, mais qui n'excluait pas l'inspiration d'une ingénieuse charité. Nourrie de la parole sainte, aspirant le souffle de liberté qui y circule, chaleureux et vivifiant, elle s'y abreuvait aussi de ces deux sentiments qu'elle ne sépara jamais : la crainte de Dieu et l'amour de la patrie ; ces deux sentiments dont l'union lui faisait voir dans l'indépendance de son pays l'indépendance de sa foi !

Des sources auxquelles le législateur doit retremper l'âme du peuple qu'il régénère, Moïse n'en scella qu'une : la tolérance ! Mais celle-là devait jaillir sous la pression, non de la crainte, mais de l'amour. Elle devait ruisseler, non du Sinaï, mais du Calvaire.

Manqua-t-il cependant à Moïse l'idée de l'humanité ?

---

1. La loi.

Quand il ordonnait le massacre des habitants de Canaan, cédait-il à l'amour de la patrie, à la haine de l'étranger? Non, l'homme qui rappelait dans la Genèse la commune origine des peuples, l'homme qui, en souvenir de la captivité d'Égypte, prescrivait aux Hébreux d'aimer et de respecter l'étranger établi au milieu d'eux, cet homme n'immolait pas les droits de l'humanité à un étroit esprit de nationalité. — Ce n'était pas le Cananéen qu'il haïssait : c'était l'erreur que personnifiait l'indigène; et jaloux de conserver intact le dépôt des traditions divines, il frappa ceux qui pouvaient l'altérer. Il sacrifiait tout à une idée.

Déjà il prévoyait le jour où les Hébreux auraient perdu la foi antique. Il devait voir les filles de Moab et de Midian attirer à leurs croyances en même temps qu'à leurs charmes les fils d'Israël. Et l'on comprend tout ce qu'il y eut d'amertume dans ce dernier adieu qu'il laissa à ce peuple qu'il avait sauvé; à ce peuple que, pendant quarante années, il avait dirigé, soutenu; à ce peuple auquel il aurait voulu insuffler son âme, et qui pour prix de son sacrifice, de son amour, de son génie, lui avait donné l'ingratitude, et lui réservait l'infidélité.

Cependant, au moment où il va disparaître pour toujours derrière les rocs du mont Nébo, il sent que l'idée dont il a déposé le germe pourra s'altérer parfois, mais s'anéantir, jamais! Avec un de ces accents de tendresse émue qui, en ce sombre génie, ressemblent aux rayons de soleil se jouant pendant l'orage, il s'écrie : « Bonheur à toi, Israël[1] ! » Oh oui ! Israël, bonheur à toi, car tu portes dans ton sein une idée qui régénérera le monde !

Alors le législateur peut mourir, car il a compris que son œuvre lui survivrait à jamais ! Il peut mourir, car, du fond des sanctuaires de l'Egypte jusqu'aux cimes de l'Horeb, il avait entrevu une vérité qu'il n'osa confier au peuple grossier qui en eût matérialisé le sens : l'immortalité de l'âme !

1. *Deut.*, XXXIII, 29.

CHAPITRE TROISIÈME

RÉVÉLATION PROPHÉTIQUE

Les Hébreux sur la Terre de promission. — Le prophétisme dégage le sens spirituel de la loi mosaïque, et prépare, avec l'avénement du Messie, le règne de la vérité sur toute la terre. — Les prophétesses; leur part dans le développement des idées messianiques. — Les premières prophétesses célèbrent le Dieu vengeur. L'image de la Divinité se rassérène dans l'hymne d'Anne, mère de Samuel, dans les Psaumes de David; — unit la tendresse du père à la sévérité du juge dans les prophéties d'Isaïe et de Holda; — s'assombrit de nouveau dans les menaces et les plaintes de Jérémie. Ézéchiel pressent dans le Christ le Bon Pasteur. — La Jérusalem nouvelle. Prophéties concernant le rôle des femmes à l'avénement du règne messianique. — Prières, complaintes, chants et danses des femmes. — Les femmes au temple, — aux assemblées qui se tiennent chez les prophètes, — aux fêtes de pèlerinage. — Prédominance de la loi morale sur les sacrifices. — Le prophétisme devient le véritable sacerdoce des Hébreux. — Il s'élève à l'idée de l'humanité. — Les femmes proclament les premières l'immortalité de l'âme.

Les Hébreux étaient entrés par la force des armes dans cette Terre de promission où les appelait la voix de Dieu. Mais une main puissante eût seule pu établir l'homogénéité au sein de ces tribus habituées à l'indépendance du régime patriarcal, et les liens religieux qui les unissaient ne tardèrent pas à se relâcher sous l'influence des cultes polythéistes que, contrairement aux ordres de Moïse, les Israélites avaient laissés subsister autour d'eux. A l'heure du péril, le peuple élu, privé de l'action décisive d'un gouvernement central, cédait aux attaques des peuples étrangers, et le Cananéen même asservissait Israël. Alors un homme, une femme, reprenant la pensée de Moïse, rappelait momentanément les vaincus à l'idée de Jéhova, à l'amour de la patrie ; et sous l'inspiration et la conduite du *Juge*, du *Schophêt*, les Hébreux, en recouvrant leur foi, reconquéraient aussi leur indépendance.

Au gouvernement des Juges succéda le pouvoir des Rois qui, glorieusement inauguré, devait néanmoins amener le schisme politique et religieux de dix tribus, et l'asservissement des deux royaumes divisés, Israël et Juda.

Mais, dans la gloire des armes ou dans la force des institutions politiques, n'était pas la véritable mission des Hébreux. Et le dernier des juges avait posé les fondements d'un ordre qui, destiné tout d'abord à contre-balancer la prépondérance de la royauté, devait dégager le sens libéral de la loi mosaïque et préparer le règne du Messie : ce fut l'ordre des *Prophètes*.

Déjà au temps de l'Exode apparaît la mission religieuse du prophète ; et, incident digne de remarque, elle est pour la première fois directement attribuée à

Miriam, sœur de Moïse [1]. Il appartenait à la nature impressionnable et enthousiaste de la femme de frémir la première sous le souffle sacré de l'inspiration. Et l'un des prophètes de Juda n'hésitait pas à placer Miriam parmi les trois libérateurs [2] qu'envoya Jéhova à son peuple asservi en Égypte.

Nous n'essaierons pas de peindre maintenant les femmes inspirées que nous verrons plus loin occuper le rang le plus éminent dans les scènes imposantes de l'Ancienne Alliance. Nous ne ferons qu'indiquer sommairement ici la part qu'elles eurent dans le développement des idées messianiques contenues dans la loi de Moïse. Elles devaient à la fois aider à conserver intact le dépôt que Jéhova avait confié à son peuple, et préparer le moment où l'amour répandrait dans le monde entier le trésor que la crainte avait placé sous la sauvegarde d'une seule nation.

Les premières prophétesses, Miriam et Débora, nourries des fortes doctrines de Moïse, rappellent plus l'Ancienne Alliance qu'elles ne pressentent la loi nouvelle. S'élevant au moment où Israël cherchait à se créer une patrie ou à s'affermir dans sa nationalité, elles furent, non les apôtres de l'avenir, mais les sévères gardiennes du présent.

C'est donc encore un Dieu jaloux et vengeur qu'elles

---

[1] Dieu avait indirectement donné à Abraham le nom de prophète, quand il fit entendre sa voix dans un songe au roi de Gerar.
2. Moïse. Aaron, Miriam, Cf. *Mich.*, vi, 4.

exaltent. Leur imagination le reflète dans sa grandeur menaçante, dans son éclat fulgurant, tel enfin qu'il descendit dans le buisson d'Horeb et sur le Sinaï.

Peu à peu l'idée de Dieu se dessine avec non moins de douceur que de majesté, avec non moins de clémence que de justice; et l'âme forte et tendre d'une femme, d'Anne, mère de Samuel, célèbre le Dieu miséricordieux qui soutient le faible et qui juge l'humanité que régénérera le Christ.

Quand Samuel, dont la naissance avait excité l'enthousiasme prophétique de sa mère, régularisa les fonctions des *Nebiim* ou orateurs inspirés; quand ceux-ci furent à la fois et les interprètes de la pensée de Dieu, et les défenseurs des droits de l'homme, les femmes aussi furent admises dans leurs associations.

Les prophètes suivaient, en l'élargissant, la voie religieuse où les avaient précédés Miriam, Débora, Anne. Des lèvres d'un roi, leur élève, devait s'échapper vers le ciel, non plus le cri de terreur d'un esclave de Jéhova, mais le murmure de tendresse d'un enfant de Dieu.

Les chants du roi-prophète, vibrants d'un enthousiasme divin, mais palpitants aussi d'une vie vraiment humaine; ces chants, entendus par les femmes aux jours solennels, imprimaient dans leur âme une image à la fois imposante et attendrie de la Providence céleste.

Oui, David voit en Dieu un ami. Ce que son cœur

affectueux et expansif a donné aux hommes d'amour et de confiance lui a échappé. Même son meilleur ami, « *l'homme de sa paix* [1], » l'a trahi. Même « *son père et sa mère l'ont abandonné* [2] ; » mais il s'est réfugié dans le sein de Jéhova, et l'Immuable Bonté l'a recueilli. Défendu par le Maître suprême de l'univers, couvert d'une égide protectrice, la piété, comment craindrait-il l'homme, l'impie que ses richesses même ne préserveront pas du scheol? C'est cette ferme assurance d'une protection divine qui imprime au juste une force surnaturelle.

Dans les images de ses psaumes, David reflète les impressions que, pasteur, il dut éprouver. Il emprunte à la nature les scènes les plus imposantes ; à la vie rurale, les plus agrestes paysages [3]. Dans le calme de la nuit, il avait vu les myriades d'étoiles, jaillissant du sein des ténèbres, témoigner de la grandeur de Dieu. Il avait entendu le rugissement des lionceaux quittant leurs tanières à la faveur de l'obscurité. — Au matin, il avait assisté au réveil de la nature ; il avait salué dans la lumière « *le manteau de Dieu* [4]. » Il avait erré sous les cèdres, « *les arbres de Jéhova* [5], » qui étendant

1. *Ps.* XLI, 10.
2. « Car mon père et ma mère m'ont abandonné, mais Jéhova « me recueillera. » *Ps.* XXVII, 10, traduction de *Cahen.*
3. Principalement dans l'admirable psaume CIV, duquel nous nous sommes inspirée ici.
4. *Ps.* CIV, 2.
5. *Id.*, 16. Cette dénomination désigne les arbres qui croissent sans la culture de l'homme. Cf. la note de *Cahen.*

leurs mille bras, recélaient les nids des chantres des bois. Il avait vu la cigogne bâtir sur le cyprès son aérienne demeure. Le jeune pâtre avait, sur les rochers escarpés, suivi les traces de la gazelle. Fatigué de ses courses, la vigne, l'olivier, le froment, lui avaient donné « et le vin qui réjouit le cœur de l'homme, l'huile « qui rend brillante sa face, et le pain qui soutient le « cœur de l'homme [1]. »

Accablé par les ardeurs du soleil, il avait béni dans la pluie « *la rivière du ciel* [2] » qui, abreuvant la terre altérée, ceignait les collines d'un diadème de verdure, faisait jaillir des plaines les moissons. Alors les troupeaux broutaient dans les pâturages l'herbe rafraîchie, les oiseaux aspiraient les gouttes d'eau scintillant sur le feuillage, les bêtes fauves « *brisaient leur soif* [3] » aux sources de la forêt; et toute la nature, tressaillant d'allégresse, semblait par ses voix multiples, par ses vagues murmures, chanter à Jéhova, qui nourrit l'homme et le lion, l'arbre et l'oiseau, l'hymne d'actions de grâces, l'Alleluia!

Fuyant la colère de Saül, il avait erré jusqu'aux rivages de la mer. Il avait adoré la main qui dirige au sein des vagues écumantes l'esquif qui s'y confie. Partout la nature lui avait révélé la Providence; la création, le Créateur.

1. *Ps.* CIV, 15.
2. *Ps.* LXV, 10.
3. *Ps.* CIV, note 11 de *Cahen*.

Le Dieu d'Isaïe, plus sévère, mais non moins tendre, est à la fois un juge redoutable et un père indulgent. Oui, dans sa colère, Jéhova est le juge qui châtie, le Dieu qui lance la foudre, fait souffler le semoun, ébranle les fondements de la terre, et amoncelle les ténèbres sur la nature. Mais dans son apaisement, c'est le père, non, c'est la mère[1] qui, avec des accents d'une ineffable tendresse, attire dans ses bras *Ieschouroune*[2], son enfant ingrat, lui rappelle ses bienfaits, le console, le bénit; c'est le Dieu qui fait jaillir la source du rocher, germer les ombrages au sein des sables brûlants, et remplit la nature de repos et de lumière. Si, dans ses menaces, Isaïe est le prophète de l'Ancienne Alliance, dans ses consolations il est le digne précurseur de la Médiation évangélique.

Au temps des douleurs patriotiques, la prophétesse Holda sut aussi montrer en Jéhova le Dieu qui punit l'homme dans son crime, et le soulage dans son malheur.

Dans les chants de Jérémie, l'idée de Dieu inspire plus d'effroi que d'attrait. Isaïe, Holda, placés entre les dernières gloires et les premières hontes de Juda, sont encore les poëtes de l'espérance. Jérémie, qui assista à la ruine morale et politique de sa patrie, Jéré-

---

1. *Is.*, LXVI, 13.
2. C'est le nom enfantin que Dieu donne parfois à Israël. Cf. pour les diverses interprétations de ce mot : *Deut.*, XXXII, note 15 de Cahen.

mie, qui voyait avec un mélange de colère et de douleur les filles de Juda encenser la *reine du ciel* [1], Jérémie est le plus souvent le poëte du désespoir. Isaïe fortifie, Jérémie abat. En entendant les accents lugubres, plaintifs de celui-ci, on réagit contre cette douleur presque irrémédiable, la nature humaine proteste contre l'éternité du malheur. Et l'on se sent tenté, après avoir été assombri par ces hymnes funèbres, de répéter avec Isaïe ce cri de triomphe : « Réveille-toi, réveille-toi, « lève-toi, Jérusalem [2] ! ».

Cependant, quand les malheurs qu'il a prédits se sont réalisés, Jérémie sait trouver des paroles d'espoir, de tendresse et de paix. Mais il a trop souffert pour ne pas donner au bonheur même une teinte mélancolique, et c'est au milieu d'une peinture de la Jérusalem nouvelle qu'il évoque le souvenir de Rachel.

L'acheminement progressif de la loi ancienne vers la loi d'amour, un moment arrêté par les imprécations de Jérémie, s'accentue dans les prophéties d'Ezéchiel. Ce sombre génie qui, s'élevant à la conception matérielle de Dieu, donnait à cette image un éclat étrange et terrible, sut pressentir dans le Christ le Bon Pasteur recueillant sa brebis égarée [3].

---

1. Cf. *Jér.*, VII, 18, et XLIV. — D'après Gramberg, cité par Cahen, la reine du ciel serait Astarté. Voir aux notes supplémentaires de la traduction de *Jérémie*, par *Cahen*.
2. *Is.*, LI et LII.
3. *Éz.*, XXIV.

Comme tous ceux qui souffrent du présent, les prophètes vivent dans l'avenir, et saluent la Jérusalem nouvelle qui naîtra sous les pas du Fils de la Vierge [1], ouvrira ses portes aux femmes [2], sera témoin de leur apostolat [3], et abritera leur douleur quand, en l'Homme-Dieu, l'homme mourra, le Dieu quittera la terre [4].

Aussi bien dans leurs douleurs et dans leurs espérances patriotiques que dans leurs souffrances et dans leurs joies intimes, les femmes se souvenaient encore de la Providence [5]. Dans les calamités publiques, elles imploraient la miséricorde divine, et leurs voix modulaient la complainte [6]. Dans les triomphes nationaux, elles rendaient grâces au Dieu des armées, à Jéhova Sabaoth, et s'accompagnant du *toph* [7], unissant leurs danses à leurs chants, faisaient vibrer dans leurs accents tous les enivrements de la victoire [8].

Au tabernacle avait succédé le temple de Jérusalem, et de l'une de ses cours les femmes pouvaient participer aux cérémonies du culte. Pendant les fêtes sab-

---

1. *Is.*, vii, 14.
2. *Id.*, lx, 4.
3. *Joël*, iii, 1, 2.
4. *Zach.*, xii, 12-14.
5. I *Sam.*, i; *Ps.* CXLVIII, 12-13; *Joël*, ii, 16.
6. Cf. *Ez.*, xxxii, 16, et note de *Cahen*.
7. Le tambour de basque, que les Arabes nomment encore aujourd'hui *doff*, et les Espagnols *aduffa*. Palestine, par *M. Munk*.
8. *Juges*, xi, 34; I *Sam.*, xviii, 6, 7; *Ps.* LXVIII, 12-15.

batiques et les néoménies, les femmes se rendaient aux assemblées religieuses et politiques qui se tenaient chez les prophètes, et dans lesquelles les orateurs inspirés spiritualisaient la loi en l'interprétant, et décidaient, au nom de Jéhova, du sort des nations[1].

Les femmes savaient aussi monter à Jérusalem quand les trois fêtes annuelles appelaient les fidèles au sanctuaire central[2]. Sous les ardeurs du soleil de la Syrie, sur la route poudreuse de Bacca, les regards alourdis des pèlerins cherchaient à l'horizon les portes de Jérusalem, et leurs lèvres brûlantes laissaient échapper ces psaumes qui allégeaient les fatigues du voyage par la perspective du but, et qui, au sein des déserts, évoquaient les vivantes splendeurs de la cité sainte[3].

Mais alors ce n'était plus sur les sacrifices que les prophètes appelaient la pieuse attention des Hébreux. Qu'importent à Dieu les prémices de la terre? Le monde entier ne lui appartient-il pas? Ce qu'il demande, ce sont les fruits de sagesse, de justice, de charité, que l'intelligence de la vérité fait éclore dans l'âme de l'homme. Que lui importe la victime qui se consume sur l'autel? Ce qu'il exige, c'est l'anéantissement des passions mauvaises qui entravent le perfectionnement

1. II Rois, IV, 23.
2. Luc, II.
3. Cf. Ps. LXXXIV, CXXII.

de l'humanité. Que lui importe le sacrifice expiatoire? Ce qui le touche, c'est le sanglot d'un cœur brisé et repentant. Que lui importe le sacrifice d'actions de grâces? Ce qu'il aime, c'est l'hommage filial et reconnaissant de ce cœur, son plus sublime ouvrage.

Ce fut ainsi que le prophétisme devint le sacerdoce des Hébreux. Sans doute, David et Jérémie ne surent pas toujours pratiquer cette charité dont ils élevaient l'exercice au-dessus des sacrifices. On éprouve une impression pénible en les entendant appeler sur les femmes de leurs ennemis les douleurs du veuvage [1]. Et devant leur appel à Jéhova : « Frappe ceux qui « nous haïssent! » nous, enfants de l'Évangile, nous remplaçons involontairement cette imprécation par les dernières paroles du divin Crucifié : « Mon Père, par-« donnez-leur, car ils ne savent ce qu'ils font [2] ! »

Néanmoins les orateurs inspirés furent les véritables prophètes de l'humanité. Naguère, Anne, mère de Samuel, avait pressenti le moment où tous les peuples de la terre s'uniraient en une même foi [3]. Isaïe, développant cette idée, fut le premier prophète de Juda qui, digne héritier de la pensée des patriarches, et véritable précurseur de l'esprit du Christ, sut s'élever à ce sentiment dont seul l'Évangile devait alimenter la

1. *Ps.* CIX, 9; *Jér.*, XVIII, 21.
2. *Luc*, XXIII, 34, traduction de *Le Maistre de Sacy*.
3. I *Sam.*, II, 10.

flamme : l'amour de l'humanité! Quand il lit dans l'avenir le châtiment réservé aux ennemis d'Israël, quand il le leur annonce, son regard brille d'un saint courroux, sa voix éclate comme la dernière fanfare du jugement dernier. Mais quand il contemple les désastres de ceux qu'il a menacés, cette voix imposante sait s'attendrir, ce regard fulgurant sait se noyer de larmes. Et le prophète vengeur d'Israël pleure sur l'ennemi de sa patrie, abattu et désarmé !

Jérémie même enjoint à ses compatriotes transportés à Babylone de prier pour le lieu de leur exil [1]. Et les prophètes s'accordent à faire de tous les étrangers les citoyens de la Jérusalem nouvelle.

A mesure que le culte se spiritualisait, l'idée de l'âme se dégageait avec plus de netteté et de lumière. Ici encore, ce furent les femmes, Anne [2], Abigaïl [3], qui les premières proclamèrent la croyance à l'immortalité de l'âme et à la justice rémunératrice de Dieu. — L'Éternel n'est pas le Dieu de la mort, il est le Dieu de la vie. Il est *Jéhova*, il est *celui qui est!*

1. *Jér.*, XXIX, 7.
2. I *Sam.*, II, 6.
3. *Id.*, XXV, 29.

CHAPITRE QUATRIÈME

RÉVÉLATION ÉVANGÉLIQUE

Décadence politique et religieuse des Juifs. — Les sectes. La femme devant les pharisiens, les saducéens, les esséniens. — La Vierge amène le règne de la vérité sur l'humanité entière. — La Galilée. Appropriation de cette contrée à l'esprit de paix et à l'universalité de la prédication évangélique — La nature âpre et heurtée de la Judée est le théâtre de la lutte de l'esprit nouveau contre la lettre morte. — Jésus et les femmes. — Amour de Dieu et de l'humanité. — L'idée de la Providence exclut-elle la nécessité du travail ? — Prière de l'humanité. — Charité, miséricorde, tolérance. — Absence de lois cérémonielles dans l'Évangile. — Les nouveaux sacrifices. Apostolat. — Mission de la femme. — Influence de la loi d'amour sur le caractère de la femme. — La mort, seuil de l'éternité.

Le temps n'était plus où l'inspiration prophétique communiquait la vie, le mouvement, aux institutions de Moïse.

Ceux que désormais on nommera les Juifs, c'est-à-dire les Judéens [1] ramenés par un édit de Cyrus dans le pays de leurs pères, s'attachaient à conserver la

---

1. Les habitants du royaume de Juda, qui seuls étaient restés fidèles aux antiques croyances, profitèrent à peu près seuls aussi de l'édit de Cyrus, qui autorisait les captifs de Juda et d'Israël à rentrer dans leur patrie.

lettre des anciennes traditions, mais ne savaient pas en ressusciter l'esprit. Soumis tour à tour à la domination de Babylone, de la Perse, de la Macédoine, de l'Égypte, de la Syrie et de Rome, ils sentaient le froid de la mort glacer leur existence politique, et désireux de faire survivre à celle-là leur loi religieuse, ils croyaient la protéger en l'environnant d'une haie d'épineuses prescriptions.

Peu à peu la haie étouffa, en se développant, le plant précieux que Jéhova avait confié à Israël. L'idée de Dieu se rétrécissait, la Providence devenait le Destin, la loi morale disparaissait au sein de l'inextricable tissu des prescriptions rituelles. Et par un étrange contraste, la même doctrine qui imposait à l'homme les plus minutieuses formalités cérémonielles enlevait à la femme les droits religieux que Moïse lui avait accordés : telle fut l'œuvre du pharisaïsme.

Ceux qu'éloignait la forme sévère et mesquine de la doctrine des pharisiens se rejetaient au sein d'une autre secte qui, n'entrevoyant nul avenir au delà de la tombe, bornait à la terre les jouissances de l'homme, et opposait à l'austérité, à la foi étroite des pharisiens, l'immoralité et le scepticisme des épicuriens : c'était le saducéisme. Quelle part pouvait accorder à la femme une philosophie toute sensualiste?

Un troisième groupe semblait, par la pureté de ses principes, pressentir la loi évangélique : c'était la secte des esséniens. Mais tout entiers aux vertus contemplatives et pratiques de l'homme intérieur, ses adeptes négligeaient les vertus actives du citoyen, et éloignaient la femme de leurs solitudes claustrales [1].

Cependant une aurore nouvelle naissait. Le germe de la vérité éternelle, c'est-à-dire de la loi naturelle, ce germe, déposé par Moïse dans le code sinaïque, incubé par l'inspiration des prophètes, brisait son enveloppe matérielle, et allait éclore à la lumière de la Parole de Dieu.

Le Verbe, descendant vers l'humanité, s'incarnait dans ce qu'elle renferme de plus pur, de plus sacré, la Vierge! L'antique et consolatrice promesse de Dieu se réalisait. *Ève écrasait la tête du serpent;* et la mère sauvait ce qu'avait perdu la femme.

C'est en Galilée que le messager du ciel salue en *Marie* la *Mère de Dieu.* C'est là que Jésus passe sa jeunesse et commence sa prédication.

Cette contrée, l'une des plus luxuriantes que puisse rêver l'imagination du poëte, s'étend au sud d'une prolongation du Liban [2]. Le sommet de la montagne, coupé en plateau, disparaît sous une couche de chênes nains, de vergers, et d'aubépines aux teintes virginales, au suave parfum. Arbres et arbustes, ici s'entrelacent en épais bosquets, là se groupent en vertes clairières. — A l'est, un fleuve naissant et un lac, véritable mer,

---

1. *Josèphe, Ant. Jud.*, XVIII, 2.
2. Cf pour la description de la Galilée : *Galilée*, by *Porter* (*Dict. of the Bible*); *Palestine*, par *M. Munk.*

limitent la Galilée : ce fleuve, c'est le Jourdain ; ce lac, c'est la mer de Génézareth. Au nord-ouest du lac ruisselle, de la fontaine ronde de Capharnaüm, une source qui, courant au milieu des aliziers et des lauriers-roses, répand sur son passage une traînée de verdure [1]. Le Jourdain, sortant du lac où il a mêlé ses eaux, continue la limite orientale de la Galilée jusqu'à Scythopolis. Ici la frontière méridionale de la province se dessine, court à travers la plaine d'Esdrélon, et s'étend au pied des montagnes d'Éphraïm et du Carmel. Le sud de cette contrée embrasse une succession de collines et de vallées qui n'offre rien de heurté ; les collines, tapissées de forêts, arrondissent leurs moelleux contours, et descendent en ondoyant au sein des vallées sinueuses. A l'ouest, une lanière du territoire phénicien sépare la Galilée de la Méditerranée. De ce côté, les étrangers, qui formaient la masse de la population galiléenne [2], pouvaient entrevoir ou deviner la patrie absente ; et le Grec saluait peut-être les flots d'or et d'azur qui, de leur sein, faisaient jaillir ses îles ché-

---

1. Cf. *Robinson's biblical researches.*
2. Le noyau de la Galilée consistait dans les vingt villes données par Salomon à Hiram, roi de Tyr, en échange de sa participation aux travaux du temple. Pendant la captivité, la population étrangère s'accrut, et, au temps des Maccabées, la Galilée ne comptait que peu d'Israélites. Strabon constate qu'à l'époque où il écrivit, cette province était principalement habitée par des Égyptiens, des Phéniciens, des Arabes ; et Josèphe mentionne les habitants syriens et grecs des cités galiléennes. Cf. *Galilée*, by *Porter* (*Dict. of the Bible*) ; *Strabon*, xvi, 2 ; *Josèphe*, *Autobiographie.*

ries, ou qui ceignaient de leur frange d'écume les rives helléniques.

Cette contrée était admirablement appropriée à la révélation évangélique. Sur le pic sévère et menaçant du Sinaï, l'Éternel avait confié à Israël la garde du pacte qu'au sein des plus ravissants paysages du monde naissant il avait conclu naguère avec Adam et sa postérité. Dans des sites aussi doux que les jardins d'Éden, que les cimes de l'Ararat, que la vallée d'Hébron, il devait donner à l'humanité le gage de l'alliance qu'il avait nouée avec elle. Oui, la Galilée, avec le dessin pur et harmonieux de ses lignes, le suave coloris d'un paysage qu'animent les teintes d'une lumière éclatante, et que baigne une transparente atmosphère, la Galilée semblait avoir été créée pour être le théâtre de la promulgation d'une loi sereine et lumineuse comme elle! Au milieu de ce peuple où les enfants de l'Égypte, de la Grèce, de l'Arabie, de la Syrie, se mêlaient aux fils d'Israël, sur les bords de cette mer au delà de laquelle vivaient ou s'éveillaient les peuples nouveaux, devait rayonner le foyer où l'humanité allait éclairer son esprit, échauffer son cœur.

Mais, pour établir cette doctrine de paix il fallait, et combattre, et souffrir, et mourir! C'est au cœur du pharisaïsme, c'est à Jérusalem, que la flamme de l'esprit nouveau luttera contre les ténèbres de la lettre morte; c'est au sein des rocs et des déserts de la Judée que se dérouleront les scènes de la passion du Sauveur.

Autour du type de la beauté humaine transfigurée par la beauté divine, ayant le charme vivant et fascinateur de la première et la calme grandeur de la seconde, autour de l'Homme-Dieu se groupèrent les femmes de la Galilée. Elles le suivirent de Capharnaüm à Jérusalem, du lac de Génézareth à la montagne de Golgotha. Elles vécurent de sa vie mortelle, partagèrent les angoisses de son agonie; et, les premières, saluèrent sa résurrection.

Elles adoraient ce Maître qui initiait à sa mission la Samaritaine, admirait la foi ardente d'une fille des Syriens, aimait la pécheresse qu'une faute avait perdue devant le monde, mais que le repentir sauvait devant Dieu. Elles adoraient ce Maître qui rassasiait la faim de leur corps et la faim de leur âme; ce Maître qui guérissait leurs souffrances physiques et leurs blessures morales; ce Maître qui ne leur imposait d'autre joug que l'amour de Dieu et l'amour de l'humanité.

« Tu aimeras le Seigneur ton Dieu de tout ton cœur,
« de toute ton âme et de tout ton esprit.

« C'est là le grand et le premier commandement.

« Et le second est semblable au premier : Tu aime-
« ras ton prochain comme toi-même.

« Ces deux commandements renferment toute la loi
« et les prophètes [1]. »

---

1. *Ev. sel. saint Matth.*, XXI, 37-40, traduction du P. Gratry. Cf. *Commentaire sur l'Evangile selon saint Matth.*, seconde partie. 1865.

Dans ces deux commandements, non, dans cet unique commandement, se trouve le germe de toutes les vertus. Aimer Dieu, l'aimer avec toutes les forces de l'intelligence, c'est aimer le vrai, le beau, le bien, idées éternelles dont il est le type. Aimer Dieu avec toutes les puissances du cœur, c'est appliquer ces divins principes, c'est pratiquer le devoir.

Aimer l'humanité, c'est, dit Jésus, une loi semblable à la première. Oui, aimer l'homme dans sa grandeur, c'est aimer Dieu, c'est aimer le Verbe agissant dans l'âme qu'il habite, lui donnant l'inspiration des grandes pensées et la force des grandes actions! Aimer l'homme dans sa déchéance, c'est encore aimer Dieu, c'est ramener le Verbe dans l'âme qui a cru le chasser et qui lui devra l'impulsion du repentir et le courage de la réhabilitation!

La Providence n'est plus le bras qui châtie; c'est la main qui soutient et relève. L'Eternel n'est plus le Dieu des vengeances, c'est le Dieu des miséricordes. Jéhova ne menace plus l'âme dans ses faiblesses, il ne l'accable plus dans ses chutes. Mais le Bon Pasteur guide son troupeau à travers les écueils, et cherchant au fond du précipice la brebis qui y tombe, la place avec amour sur son épaule, et, dans cette caressante attitude, la rapporte au bercail.

C'est alors que la Providence se mêle le plus intimement à la vie de l'homme, à sa vie matérielle, et surtout à sa vie morale. De même qu'elle revêt d'une robe virginale le lis des champs qui, sans souci de l'avenir, puise dans la terre des sucs vivifiants; de même qu'elle livre à la recherche de l'oiseau le grain de mil qui le nourrit, de même elle fait trouver à l'homme, dans le labeur du jour, le pain du lendemain, et dans l'âpre poursuite de l'idée la vérité éternelle. Elle ne supplée pas au travail, elle le fait fructifier. Elle ne supprime pas l'ouvrier, elle en couronne l'œuvre. Et c'est ainsi que, ne permettant à l'homme d'autre préoccupation que la pratique du devoir et le respect de la justice, elle lui dit : « Le reste vous sera donné par surcroît[1]. »

« Tout ce que vous demanderez avec foi dans la « prière, vous l'obtiendrez[2], » dit Jésus. Comment, sous la loi évangélique, l'homme recourra-t-il à cet irrésistible appel à la Providence?

Les Hébreux invoquaient dans le Tout-Puissant le protecteur d'Israël; ils le priaient de les bénir dans leurs biens terrestres, dans leur patrie, dans leur postérité; ils le suppliaient d'éloigner d'eux les dangers matériels et de renverser leurs ennemis. Les disciples du Christ invoqueront dans l'Éternel le Père de l'humanité; ils lui demanderont le triomphe de la vérité sur toute la terre; ils imploreront son secours dans les périls de leur âme; ils défendront enfin devant lui ceux qui les attaquent devant le monde.

1. *Ev. sel. saint Matth.*, vi, 33, traduction du *P. Gratry*.
2. *Id.*, xxi, 22, *id.*

Dieu ne rend à l'homme que ce que celui-ci a donné à autrui. Avant de demander à Dieu une assistance spirituelle, un secours matériel, que l'homme aille à son frère. Qu'il le console dans sa douleur, qu'il le soutienne dans sa misère. Avant d'implorer de Dieu le pardon de ses fautes, qu'il aille à son ennemi. Coupable, qu'il se jette aux pieds de celui qui le hait. Innocent, qu'il lui tende les bras. Avant de recourir à Dieu dans une défaillance morale, qu'il apprenne à respecter l'homme dans ses luttes, dans ses chutes même. Pour ramener celui qui s'égare dans l'obscurité, qu'il ne le pousse pas brutalement vers le droit chemin. Mais qu'il apporte la lumière, et les ténèbres se dissiperont, et le voyageur retrouvera sa route. Que l'homme, en un mot, sache unir la tolérance à la foi, et respecter tout ensemble les droits de la vérité et la liberté de la conscience !

Nulle prescription cérémonielle ne se mêle à la loi morale de l'Évangile. Le temple le plus cher au Sauveur, c'est le cœur de l'homme ; c'est cette demeure qu'il faut purifier pour la rendre digne de son hôte. Le Dieu qui s'était incarné dans le sein d'une vierge ne pouvait habiter qu'une âme immaculée.

L'idée des sacrifices [1] de la loi ancienne se dégage de

---

1. Notre plan n'embrassant pas les temps apostoliques, nous regrettons de ne pouvoir mentionner les fêtes chrétiennes, beaux et touchants souvenirs des événements évangéliques, mais dont l'insti-

ses liens matériels. Plus d'autre sacrifice expiatoire que l'eau du baptême régénérant les fils et les filles de la première femme, et que les larmes de la pénitence purifiant les pécheurs et les pécheresses. Plus d'autre agneau pascal que le Christ lui-même pénétrant dans l'âme du plus pauvre des hommes, de la plus humble des femmes, tel qu'il descendit dans le sein de Marie. Plus d'autre holocauste que l'embrasement du cœur des serviteurs et des servantes du Christ par la flamme de l'Esprit-Saint, le souffle de l'esprit nouveau !

Animés de ce feu, les apôtres du Christ deviennent les ministres de la loi évangélique. Ils ne conservent pas dans l'enceinte d'une nation le jaloux dépôt de la vérité, mais ils le rendent au monde entier.

Le sacerdoce n'est plus un privilége de la naissance, c'est une vocation de l'âme. Celui que le renoncement aux biens matériels a conduit à la recherche des biens du ciel, celui qui veut dispenser à ses frères les nouveaux trésors qu'il s'est acquis, celui qui a compris que, se vouer à Dieu, c'est se sacrifier à l'humanité, celui-là est de droit prêtre de la religion nouvelle.

A la femme n'appartient pas la prédication intellectuelle ; mais il lui reste l'apostolat du cœur ; et la mission de sœur de charité fut tracée du jour où le Christ mourant, présentant à sa mère son disciple bien-aimé, confia l'humanité à une femme, à une vierge.

tution est postérieure à Jésus-Christ, qui participa aux cérémonies du culte mosaïque.

La doctrine évangélique qui, par le culte de la Vierge, devait faire mieux entendre le respect de la femme, cette doctrine de pureté et d'amour était la véritable religion d'un sexe dont les devoirs se résument en ces deux mots : chasteté et dévouement.

Les rigoureuses nécessités de la loi mosaïque avaient comprimé les instincts sympathiques et miséricordieux de la femme. Sous la pression de la loi d'amour ils débordaient avec effusion. Les filles d'Israël comprenaient que la justice doit régner sur le monde, non par la force qui ne dompte que le corps, mais par la douceur qui seule subjugue l'âme.

Œil pour œil, dent pour dent, leur avait dit la loi ancienne. A l'injure, à l'outrage, à la haine, le pardon, la bienfaisance, l'amour, leur disait la loi nouvelle. Concevant alors dans son véritable sens cette charité dont Moïse avait dû borner l'exercice aux limites de la Terre de promission, elles en étendaient le bénéfice au monde entier, et la charité devenait l'humanité.

Telles étaient les idées auxquelles les initiait le Sauveur. Ces idées, elles devaient, non les enfouir dans leur cœur comme l'avare cache son trésor, mais leur imprimer une valeur productive en les mêlant au grand courant de la vie sociale. Par la parabole des talents, Jésus avait prouvé que la foi sans les œuvres ne sauve pas, et que l'essence du christianisme est une vertu active.

« Ne pensez point », avait dit le Christ au commencement de sa prédication, « que je sois venu pour abolir « la loi et les prophètes ; je suis venu, non pour les « abolir, mais pour les accomplir [1]. »

Accomplir en perfectionnant, c'est là l'esprit de la doctrine évangélique. Ce fut ainsi que le Rédempteur apprit aux générations nouvelles comment, appuyées sur la foi, elles devaient marcher dans les voies du progrès et de la liberté.

Les natures jeunes et enthousiastes saluaient avec ivresse l'avénement du règne de la vérité sur la terre. Si leurs illusions menaçaient de se dissiper ici-bas, leurs espérances se reportaient vers une autre patrie. La croyance à l'immortalité de l'âme, la certitude d'une justice rémunératrice affermissaient les pas du voyageur, et la vue de la patrie céleste lui faisait oublier les meurtrissures de la route. Il savait qu'à la voix du Sauveur les justes qui, depuis Adam, étaient descendus dans le scheol, s'étaient élancés dans l'éternelle lumière. Il savait que désormais le ciel ne devait plus tarder à s'ouvrir à ceux qui avaient servi le Christ dans l'humanité souffrante. Et si le martyre arrêtait dans sa course le défenseur de la justice et de la charité, il savait aussi que, s'il est beau de vivre pour une idée, il est plus beau encore de mourir pour elle !

1. *Év. sel. saint Matth.*, v, 17, traduction d'*Osterwald*.

LIVRE DEUXIÈME

LA JEUNE FILLE ET LE MARIAGE

CHAPITRE PREMIER

COUTUMES PATRIARCALES

Le sauveur des filles arabes, épisode de l'histoire antéislamique. — Par la naissance d'une fille, le patriarche hébreu voit s'anéantir la perspective de transmettre à la postérité son nom et son héritage. — Nom de la jeune fille. — Les plaines d'Aram-Naharaïm. — Liberté de la vierge araméenne. Ses occupations. — Puissance paternelle. — Pureté de la jeune Araméenne. — Le mariage, première obligation sociale de l'humanité à son berceau. — Recherche d'une femme. — La fille du Sémite ne jouit pas de la même liberté que la fille de l'Arya dans le choix d'un époux. — Mohar et Mattan. — Mariage de Rébecca.

Un Ismaélite, issu de la race de Modhar, la plus noble et la plus fière des familles arabes, Sassaa, aïeul du célèbre poëte Farazdak, avait perdu deux chamelles près de devenir mères. A l'Arabe des temps antéislamiques, le sobre et robuste animal du désert est aussi précieux que son coursier, aussi cher que la femme qu'il aime ; et les poëtes des moallacât [1] célèbrent à l'envi *la chamelle indomptée, au regard farouche,*

---

1. *Les Sept Moallacât* ou *Poëmes suspendus*, sont les poésies les plus remarquables qu'aient produites les temps antéislamiques. Elles étaient écrites en lettres d'or sur des étoffes précieuses que l'on tendait aux portes de la Caaba, le temple de la Mecque. Cf. sur les moallacât, le jugement du savant qui fut le père des études orientales en France,

légère comme *l'autruche*, rapide comme *le torrent* [1].

Aussi Sassaa n'hésita-t-il pas à s'élancer sur son chameau et à rechercher lui-même les traces des chamelles égarées.

Deux tentes réunies s'offrirent à sa vue. Leur disposition annonçait que l'une était occupée par un chef de famille, l'autre par sa femme. Sassaa pénétra sous la tente de l'époux.

Un vieillard s'y trouvait, et, sur la demande du voyageur, l'informa du sort de ses chamelles.

Descendant, lui aussi, de Modhar, il avait pour toute richesse conservé le souvenir de cette origine. C'était auprès de lui que se trouvaient les chamelles de Sassaa, qui, devenues mères, avaient nourri de leur lait et le vieillard et sa famille.

Le voyageur écoutait son hôte. Soudain une voix, s'élevant de la tente voisine, apprit au vieillard qu'un enfant lui était né........ Sans doute, au cri suprême de la maternité, allait répondre le tressaillement de l'amour paternel ?...... Pas encore. « De quel sexe est

---

le baron Sylvestre de Sacy; Mémoires de l'Académie des inscriptions, t. L; et *Mélanges de littérature orientale*, précédés de *l'Éloge de M. de Sacy*, par *M. le duc de Broglie*, dont la parole, d'une éloquence austère et noble, rappelant les titres scientifiques du célèbre orientaliste, nous initie avec tant de charme à ce que son caractère eut d'élévation morale.

1. Cf. *Les Moallacât d'Imroulcaïs, d'Amr, fils de Colthoum ; d'Antara*, traduites avec la couleur et la verve orientales par *M. Caussin de Perceval ; Essai sur l'Histoire des Arabes avant l'islamisme.*

« l'enfant? » demanda le vieillard. « Si c'est un garçon,
« nous partagerons avec lui notre nourriture; si c'est
« une fille, qu'on l'enterre [1]. »

Si c'est une fille, qu'on l'enterre! — Ainsi parlait, quand un enfant lui naissait, tout Arabe trop pauvre pour surveiller la conduite d'une fille, trop noble pour en supporter le déshonneur.

Un cri de terreur, un cri de mère, répondit à l'ordre du vieillard : « C'est une fille. Quoi! faudra-t-il donc la faire mourir? »

Le cœur de l'étranger défaillit : « Epargne-la, » dit Sassaa au père; « je t'offre de l'acheter. »

Mais le vieillard frémit d'indignation. Vendre sa fille, lui, homme de noble race! Un descendant de Modhar ne vend pas sa fille : il la garde, ou la tue!

Et Sassaa se hâte de compléter sa pensée. Il veut, non emmener, esclave, la fille de son hôte, mais la laisser, libre et rachetée, sous la tente paternelle. Ses deux chamelles, leurs petits, le chameau qui l'a conduit à leur recherche, deviennent la rançon de l'enfant condamnée. Et de ce jour Sassaa, ému d'une généreuse indignation, jura de payer d'un prix semblable la vie naissante et déjà menacée des filles de l'Arabie.

Trois cent soixante enfants furent ainsi sauvées par lui jusqu'au jour où l'islam abolit la barbare coutume

---

[1]. Traduit du *Kitâb-al-Aghâni*, iv, folio 224, par *M. Caussin de Perceval*, et inséré dans sa notice sur les trois poëtes arabes Akhtal, Farazdak et Djérir. *Nouveau Journal asiatique*, tome XIII.

des Arabes païens. Et le poëte Farazdak, élevant au-dessus de toute noblesse de race la noblesse de cœur de son aïeul, établissait la suprématie de son origine sur celle d'un rival en disant : « Je suis enfant de celui « qui rappelait les morts à la vie [1]. »

Il y avait dans l'usage que prohiba Mahomet un développement exagéré du sentiment de réprobation qui, à l'époque patriarcale, s'attachait à la naissance d'une fille. Sans doute les ancêtres hébreux des Ismaélites eussent reculé avec horreur devant le meurtre d'une créature de Dieu; mais, de même que les Arabes riches [2], ils durent accueillir avec tristesse l'enfant qui ne pouvait perpétuer leur héritage [3]. .

Toutefois la fille du patriarche ne souffrait pas de la déception qu'avait causée sa naissance à son père. Elle recevait un nom qui éveillait une souriante image : *Rébecca, jeune fille qui attache par sa beauté* [4], *Thamar, palmier* [5], peignaient la grâce sympathique, l'élégante attitude de la vierge; *Rachel, brebis* [6], exprimait sa douceur; *Débora, abeille* [7],

---

1. *Femmes arabes* avant et depuis l'islamisme, par *M. Perron*, 1858.
2. Cf. Le *Koran*, XVI, 59-61.
3. Par exception et comme une dernière bénédiction accordée à Job, ses filles eurent une part dans son héritage. Cf. *Job*, XLII, 15.
4. Note 21 du chapitre XLVI de la traduction de *Jérémie*, par *Cahen*.
5. *Palestine*, par *M. Munk*.
6. *Id.*
7. *Id.*

rappelait sa destinée laborieuse, sa mission utile et bienfaisante ; *Peninnah, perle*[1], évoquait l'ensemble des qualités aimables et solides attribuées à la femme et le prix qu'on y attachait.

C'était dans les plaines d'Aram-Naharaim, de Padan-Aram, « le pays entre les fleuves », « le district cul- « tivé au pied de la montagne », c'était dans cette région mésopotamienne que furent élevées la plupart des jeunes filles auxquelles s'allièrent les descendants immédiats d'Abraham. Là était cette patrie que le patriarche avait quittée pour aller répandre dans le pays de Canaan le nom de l'Éternel. Là était mort son père. Son frère, ses neveux y vivaient ; et dans leur lignée seulement, il voyait se perpétuer, sinon le pur souvenir du Révélateur suprême, du moins le respect de la loi naturelle.

C'est donc sous une autre latitude que la vallée d'Hébron qu'il nous faut suivre les premiers pas des filles des patriarches. — Pénétrons dans cette contrée qui, située au pied de l'Ararat, est entourée, ainsi que d'une ceinture argentée, des flots de l'Euphrate et du Chabor ; cette contrée qui, à nos yeux, a le charme si puissant et si doux de nous rappeler au sein de l'exubérante végétation de l'Orient, la flore de nos climats[2].

1. *Palestine*, par *M. Munk*.
2. Cf. pour la description géographique de la Mésopotamie : *Habor, Mesopotamia*, by *G. Rawlinson* (*Dict. of the Bible*) ; et pour la flore et la faune de cette contrée, l'ouvrage d'un savant à la fois naturaliste et archéologue : *Babylonie*, par *M. Hœfer*. Paris, 1852.

Peu d'arbres forestiers, il est vrai, dans cette région mésopotamienne ; mais, çà et là, des bois de noirs cyprès, des bouquets de peupliers, de poiriers, de cognassiers, de noyers, contrastent avec les éblouissants massifs des orangers, des cerisiers, des citronniers et des grenadiers.

Libres de leurs mouvements, les filles des patriarches parcouraient, le visage découvert, ce pays qui, au luxuriant aspect d'un jardin, unit la solitude d'un désert, et que seuls troublent le cri du chacal, le vol de l'autruche, la course rapide de l'antilope et de l'âne sauvage [1]. Tantôt, un vase sur l'épaule, la vierge allait puiser à la source l'eau destinée aux besoins de la maison paternelle [2] ; tantôt elle guidait les troupeaux du patriarche [3] dans ces prairies sans cesse arrosées par les fleuves, et qu'émaillent les corolles immaculées du lis, les capitules rouges du chardon, les fleurons d'or de l'absinthe, les étoiles d'azur du bluet. La brebis, le mouton à large queue, broutaient les salsolas [4], ces plantes marines qui, éloignées des flots où elles se sont baignées, conservent encore dans l'intérieur des terres le sel vivifiant dont elles se sont imprégnées. Là aussi les bestiaux rencontraient d'odorants pâturages : le thym, le serpolet, l'origan et le safran, dont la fleur

1. Cf. *Xénophon*, *Anabase*, 1, 5.
2. Cf. *Gen.*, xxiv, 11, 15, 16.
3. *Id.*, xxix, 6, 9.
4. Le salsola est la soude.

ou blanche, ou pourpre, ou lilas, laisse s'échapper ces stigmates d'un rouge orangé qui exhalent un pénétrant parfum.

Soumise au pouvoir royal de son père, la jeune fille araméenne était tout ensemble protégée et menacée par le sévère tribunal de la famille, qui savait ou la venger ou la frapper [1]. Mais rares durent être ces cas où le père pouvait appliquer le droit de mort que la coutume lui accordait sur ses enfants. Et le soin qu'avaient les patriarches, de rechercher au sein de leur parenté les épouses de leurs fils, témoigne de la pureté, de la modestie de ces vierges qui devaient être les mères éducatrices du peuple de Jéhova.

Parvenu à l'âge où il devait, en se mariant, remplir la première obligation imposée aux chefs de race, l'Hébreu comprenait que Dieu, en instituant le lien nuptial, avait posé avec le principe de la reproduction de l'espèce humaine celui de son perfectionnement social. Dans la chaste Araméenne seulement il savait devoir trouver « cette aide » qui, mêlant sa force morale à la sienne, rendrait plus ferme et plus sereine leur marche commune dans le sentier du devoir ; « cette « compagne » qui, destinée à partager ses joies et surtout ses douleurs, doublerait les premières, allégerait les secondes ; — cette part de lui-même enfin, qui com-

---

[1]. Sur la terre de Canaan, les frères de Dina vengent leur sœur outragée ; et Juda condamne à mort sa bru coupable, et légalement considérée comme sa fille. Cf. *Gen.*, XXXIV et XXXVIII.

pléterait son existence! « C'est pourquoi l'homme « quitte son père et sa mère, s'attache à sa femme, et « ils deviennent une seule chair », lui disait la voix antique dont l'Éden avait entendu vibrer l'écho. Il entrevoyait tout ce que devait avoir d'austère et de tendre cette affection conjugale qui était appelée à remplacer l'amour filial. Et il sentait que deux cœurs ainsi unis ne sont plus seuls, et cependant sont toujours un!

Quand arrivait pour le fils du patriarche l'heure des joies intimes qu'il rêvait, son père l'envoyait à la recherche de son bonheur [1]; ou confiait à un serviteur, à un ami, le soin de découvrir en Mésopotamie et d'amener en Canaan la femme qui réaliserait les espérances du jeune Hébreu [2].

Ici une ombre voile ce qu'ont de pur et de touchant les coutumes nuptiales de l'époque primitive. La fille du Sémite n'avait pas, comme la vierge aryenne, le droit de nommer elle-même l'époux de son choix, de venir à lui, conduite par son père et dotée par celui-ci [3]. La main qui disposait de sa vie avait le même pouvoir sur sa liberté : la vierge devait suivre l'époux, même inconnu, que lui imposaient son père et ses frères adultes, et recevoir de lui le prix de cette union, le *mohar* [4].

---

1. *Gen.*, xxxviii, 2.
2. *Id.*, xxiv.
3. Cf. notre premier essai : *La Femme dans l'Inde antique*.
4. Cf. *Marriage, by William Latham Bevan* (*Dict. of the Bible*). L'auteur combat avec succès, en s'appuyant sur le rapprochement des textes, une opinion généralement admise de nos jours, et d'après

Parfois même son père, vendant à celui qui recherchait son alliance l'autorité qu'il abdiquait sur elle, s'appropriait son douaire [1].

Le mohar de la fiancée consistait tantôt dans le fruit des services que rendait à son père son futur époux [2], tantôt en bijoux, en vêtements précieux, en vases d'or et d'argent [3]. La remise du douaire à la jeune fille, des *mattan* [4] ou dons à ses parents, constituait la base légale du mariage. Un festin, des réjouissances qui se prolongeaient pendant la semaine entière, complétaient la solennité nuptiale [5].

Les incidents qui accompagnaient la formation du lien conjugal chez les patriarches se retrouvent dans l'un de ces antiques récits bibliques dont s'est bercée notre enfance, et qui nous apparaissent toujours saisissants d'une beauté vivante, comme ces peintures qui, sous la poussière des siècles, ont conservé leur puissant coloris, et qui, revues mille fois, mille fois nous surprennent par un attrait nouveau.

Trois années s'étaient écoulées depuis la mort de Sara, et Isaac pleurait encore sa mère.

laquelle le mohar aurait été reçu par le père de la fiancée comme prix de sa fille. Les plaintes de Lia et de Rachel prouvent que Laban avait dérogé à la coutume en vendant ses filles comme des étrangères. Cf. *Gen.*, xxxi, 14-16.

1. Cf. la note précédente.
2. Cf. *Gen.*, xxix et xxxi, 14-16.
3. *Id.*, xxiv, 22, 53.
4. *Id.*, *id.*, et *Marriage*, by *William Lathan Bevan*. Étude déjà citée.
5. Cf. *Gen.*, xxix, 22, 27.

Pour dissiper les ombres de tristesse qui obscurcissaient la vie d'Abraham et d'Isaac, il fallait un rayon de jeunesse, de beauté et d'amour; il fallait qu'une vierge qu'Abraham appellerait sa fille, qu'Isaac nommerait sa femme, vînt occuper la place laissée vide par celle qui naguère était saluée des titres d'épouse et de mère; il fallait que, digne de succéder à Sara, à la fière et imposante « princesse », dans l'autorité royale de la maîtresse de la tente, l'épouse d'Isaac méritât de s'asseoir après elle au fond de ce sanctuaire domestique tout parfumé encore des vertus de la morte.

Et une poignante inquiétude étreignait le cœur d'Abraham. Il redoutait l'avenir........

Alors il manda auprès de lui Éliézer de Damas, son vieux serviteur et son fidèle ami. Au nom de l'Éternel, Dieu du ciel, Dieu de la terre, il l'adjura de ne point livrer la tente de l'épouse sans tache à l'une de ces Cananéennes que l'immoralité de leur culte disposait à une effrayante dissolution de mœurs. Il lui fit jurer de chercher au berceau de sa race la compagne d'Isaac.

Mais une jeune fille consentirait-elle à abandonner son pays natal, et son père et sa mère, pour rejoindre, accompagnée d'un étranger, un époux dont elle ne connaîtrait que le nom? Telle fut la crainte qu'Éliézer exprima à son maître. Fallait-il alors qu'Isaac lui-même quittât les vallées de Canaan pour les plaines mésopotamiennes?

Une semblable éventualité effraya le patriarche. Et

que deviendraient les promesses divines qui assuraient à sa race la possession de sa nouvelle patrie ?

« Garde-toi d'y mener mon fils, » dit Abraham.

« L'Eternel, le Dieu du ciel qui m'a fait sortir de la « maison paternelle et de mon pays natal, qui m'a « parlé et qui m'a juré en ces termes : Je donnerai ce « pays à ta postérité, c'est lui qui enverra son ange « vers toi pour que tu prennes de là une femme pour « mon fils ;

« Mais si la femme ne veut pas te suivre, alors tu « seras dégagé de ce serment que je te fais faire [1]. »

Et le patriarche, mal remis encore de son effroi, ajouta :

« Mais tu n'y mèneras pas mon fils. »

Éliézer jura et partit.

Des serviteurs, dix chameaux le suivaient.

Le vieux Syrien était arrivé près de la ville qu'habitait Nachor, frère d'Abraham.

Le jour disparaissait. Éliézer fit ployer les genoux à ses chameaux près d'une fontaine qui était située hors de la cité.

C'était l'heure où les vierges allaient renouveler la provision d'eau des demeures paternelles. Peut-être la compagne d'Isaac se trouvait-elle dans leur gracieux essaim....... A quel signe Éliézer la reconnaîtrait-il ?

---

1. *Gen.*, xxiv, 6-8, traduction de *Cahen*.

A quel signe, si ce n'est à ce que le rôle de la femme offre de plus doux, l'exercice de la charité !

Et pendant que les jeunes filles se dirigeaient vers la source, Éliézer priait.

Il priait l'Éternel, le Dieu d'Abraham, de combler les bénédictions qu'il avait accordées au patriarche. Il le priait de permettre que la vierge qui, sur sa demande, inclinerait vers ses lèvres la cruche où elle aurait puisé l'eau de la fontaine fût celle que la Providence destinait à son jeune maître. Alors il reconnaîtrait que la main qui soutenait Abraham ne l'avait pas abandonné.

Il s'était tu ; et d'une maison sortait une jeune fille. Un vase sur l'épaule, elle descendit à la source. Et comme elle remontait, le vieillard courut à elle, l'arrêta, et la pria de pencher vers lui la jarre qu'elle avait remplie.

« Bois, mon maître[1], » répondit l'adolescente. Et avec un mouvement d'une grâce touchante, elle descendit le vase de son épaule, et l'approcha des lèvres d'Eliézer.

Lorsque celui-ci eut apaisé sa soif, la jeune fille reporta sa pensée sur les chameaux qui venaient de traverser une brûlante région ; et vidant dans leur abreuvoir l'eau que contenait encore sa cruche, elle courut, vive et légère, à la source, et y puisa l'eau qui les désaltérerait.

1. *Gen.*, XXIV, 18, traduction de *Cahen*.

Silencieux, ému, Éliézer contemplait, aux dernières lueurs du soleil couchant, la jeune fille dont le beau et chaste visage reflétait l'âme virginale. Et le vieillard admirait.

N'était-ce pas là la femme généreuse et pure qui, sous la tente hospitalière, saurait aider le fils du patriarche à accueillir dans l'étranger un hôte de Dieu, à répandre une eau rafraîchissante sur ses pieds souillés de la poussière du chemin, à apaiser sa faim, et sa soif, plus cruelle encore ; à lui préparer la couche où se délasseraient ses membres fatigués ? Oui, dans cette jeune fille dont la prévoyante sollicitude s'étendait même sur les animaux, l'âme du vieillard saluait déjà la véritable reine de la tente hébraïque !

L'inconnue terminait à peine son œuvre bienfaisante, et déjà elle recevait des mains d'Éliézer une partie du douaire de la fiancée. Un nezem d'or [1], pesant un demi-sicle [2] ; deux bracelets de même métal et d'un poids vingt fois plus considérable, lui étaient remis ; et, dans le naïf langage des temps primitifs, le vieillard lui demandait :

« De qui es-tu la fille ? Dis-moi donc, y a-t-il dans
« la maison de ton père de la place pour nous loger ? »

« — Je suis la fille de Bathuel, fils de Milca, qu'elle

---

1 Un ornement de nez. Cf. *Histoire de l'Art judaïque*, par *M. de Saulcy*.

2. « On croit que le sicle d'or revient à 11 livres 12 sols de notre monnaie. » **Note de** *Cahen*.

« a enfanté à Nachor [1], » répondit la jeune fille qui ne savait pas de quelle émotion profonde ses paroles pénétraient le cœur d'Éliézer. Et elle ajouta :

« Il y a chez nous et de la paille et du fourrage, ainsi
« que de la place pour loger [2]. »

Le vieillard s'était agenouillé ; et le visage prosterné devant le Seigneur, il disait :

« Loué soit l'Éternel, le Dieu de mon maître
« Abraham, qui n'a pas retiré sa faveur et sa fidélité
« de mon maître ; je suis dans la voie ; l'Éternel m'a
« conduit à la maison du frère de mon maître [3]. »

La jeune fille avait disparu, et réfugiée auprès de sa mère, elle lui racontait la scène qui venait de se passer. Laban, son frère, entendit ce récit, vit l'or étinceler sur le visage, sur les bras de la jeune fille, et accourut vers la fontaine près de laquelle se tenait le voyageur et reposaient ses chameaux.

« Entre, homme béni de Dieu, lui dit-il ; pourquoi
« restes-tu dehors ? J'ai préparé la maison, ainsi qu'un
« endroit pour les chameaux [4]. »

Le vieillard suivit son hôte.

Après qu'on eut lavé les pieds d'Éliézer et ceux des gens de sa suite, après qu'on eut soulagé les chameaux du poids de leurs fardeaux, on offrit au voyageur des

1. *Gen.*, xxiv, 23, 24, traduction de *Cahen*.
2. *Id.*, *id.*, 25, *id.*
3. *Id.*, *id.*, 27, *id.*
4. *Id.*, *id.*, 31, *id.*

aliments ; mais il refusa d'y goûter avant d'avoir expliqué le but de sa mission.

Il montra l'émir, son maître, entouré de serviteurs et de servantes ; riche, non-seulement des biens du pasteur, mais de ceux de l'homme des cités, et renfermant des trésors d'or et d'argent sous cette tente nomade autour de laquelle erraient ses troupeaux de brebis, d'ânes, de chameaux. Un seul fils devait hériter de l'opulence du patriarche, et c'était pour ce fils qu'Éliézer demandait la jeune fille que le doigt de Dieu lui avait désignée.

« Et maintenant, continua-t-il, si vous êtes dans
« l'intention de montrer de la bienveillance et de la
« fidélité envers mon maître, dites-le-moi ; sinon,
« dites-le-moi aussi, je me tournerai alors à droite
« ou à gauche [1]. »

L'Éternel avait parlé : Bathuel et Laban s'inclinèrent devant la volonté suprême.

« Voici, Rébecca est à toi, emmène-la et pars ; qu'elle
« soit la femme du fils de ton maître, ainsi que l'Éter-
« nel l'a dit [2]. »

Après avoir rendu grâces au Seigneur, Éliézer, complétant le mohar de la fiancée, lui offrit des vases d'or et d'argent, des vêtements ; et partagea les « mattan » entre la mère et le frère de Rébecca.

Le lendemain le serviteur d'Abraham pria ses hôtes

1. *Gen.*, XXIV, 49, traduction de *Cahen*.
2. *Id., id.*, 51, *id.*

de le laisser partir ; et le cœur fraternel de Laban et les entrailles de la mère de Rébecca s'émurent. Eh quoi ! disparaîtrait-elle sitôt de la demeure paternelle, la jeune fille que, la veille encore, rien ne menaçait d'arracher à la tendresse des siens ? Et le frère et la mère demandaient un délai de dix jours que n'osait leur accorder Éliézer. Là-bas, dans le pays de Canaan, deux hommes, assombris par de récentes douleurs, attendaient, livrés à l'espoir, à la crainte, le retour de leur messager ; et celui-ci leur apportait le bonheur !

« Appelons la jeune fille et interrogeons-la [1], » dirent Laban et sa mère.

Et comme Rébecca paraissait, ils lui demandèrent : « Veux-tu aller avec cet homme ? »

Calme et confiante, la fiancée d'Isaac répondit simplement : « J'irai [2]. »

Sa nourrice, ses filles de service devaient la suivre en Canaan.

Au moment du départ, les parents de la nouvelle épouse, la bénissant, lui souhaitaient toutes les joies, tous les triomphes de la maternité :

« Notre sœur ! puisses-tu devenir mille fois plu-
« sieurs mille, et que ta postérité possède la porte de
« ses ennemis [3]. »

1. *Gen.*, xxiv, 57, traduction de *Cahen.*
2. *Id., id.*, 58, *id.*
3. *Id., id.*, 60, *id.*

Rébecca se leva, monta sur un chameau et suivit Eliézer. Tous deux partirent accompagnés de leur suite, et la caravane disparut dans l'éloignement.....

. . . .

Les voyageurs approchaient du pays du midi [1]. Un homme errait dans la campagne. Soudain ses yeux se fixèrent sur les chameaux d'Abraham.

Rébecca, relevant son regard abaissé, vit l'inconnu. « Quel est cet homme qui, dans les champs, vient au-devant de nous ? » demanda-t-elle à Eliézer. Le vieillard répondit : « C'est mon maître [2]. »

C'était Isaac. C'était celui pour qui la jeune fille avait renoncé aux premières joies du foyer paternel et affronté les périls d'un long voyage sur la terre étrangère ; c'était son époux, et désormais son unique protecteur !

Et la vierge déroba son trouble sous le voile qu'elle avait ramené sur son visage.

Isaac s'était approché. Eliézer lui apprenait comment Dieu avait béni la demeure du patriarche en y amenant lui-même la femme pure et noble dont Isaac avait déjà entrevu les traits suaves, et dont le récit d'Éliézer lui faisait connaître l'âme dévouée et tendre.

L'époux guida l'épouse sous la tente où s'était exhalé

---

1. Isaac demeurait alors dans la région méridionale de Canaan.
2. *Gen.*, xxiv, 65, traduction de *Cahen*.

le dernier soupir de Sara; « il l'aima, et Isaac se consola de la mort de sa mère[1], » dit la Genèse.

C'est une dernière touche ajoutée à ce poétique tableau, que cette première apparition dans nos annales sacrées du véritable amour, l'amour consolateur!

1. *Gen.*, XXIV, 67, traduction de *Cahen*.

CHAPITRE DEUXIÈME

INSTITUTIONS MOSAIQUES

Naissance d'une fille, déception patriotique et religieuse. — Droit d'héritage des filles. Les filles de Salphaad. — La vierge, symbole de la patrie. — Forte éducation de la jeune Israélite. — Ses habitudes deviennent plus sédentaires ; mais nulle atteinte n'est portée à sa liberté. — La vierge égyptienne et la vierge israélite. — Moïse restreint la puissance paternelle. — Le sacrifice de Jephté. Parallèle entre la fille de Jephté et l'Iphigénie d'Euripide. — Fille esclave. — La prisonnière de guerre. — Le mariage, obligation nationale et religieuse. — Mariages antinationaux. Leur danger chez les peuples naissants. Tristes souvenirs que rappelaient aux Hébreux les unions mixtes. Étrangers auxquels pouvaient s'allier les filles d'Israël. Les femmes transmettent les droits politiques. — Hors les mariages consanguins, les principales coutumes matrimoniales des patriarches se retrouvent chez les Israélites. — La fille de Caleb est dotée par son père. — Les fiançailles. — L'année des fiançailles. — Les sept jours des fêtes nuptiales. — L'épithalame. Le Cantique des Cantiques.

A leur sortie d'Egypte, les Hébreux avaient senti germer dans leur esprit l'idée de la nationalité. Pour fonder et affermir leur existence politique, pour dégager et perfectionner l'idée religieuse dont celle-ci n'était que l'enveloppe, il fallait des hommes qui, de leur force matérielle, établissent la première, et de leur puissance morale, soutinssent la seconde. Nous avons vu, nous reverrons dans la suite de cette étude des femmes s'élever par l'ascendant d'une volonté énergique, par le souffle de l'esprit divin, aux plus hautes fonctions politiques et religieuses ; mais là en général n'était pas la véritable mission de leur sexe ; et malgré les brillantes exceptions qui prouvèrent aux Hébreux que leurs filles aussi pouvaient devenir les défenseurs d'Israël, les interprètes de Jéhova, c'était la naissance d'un fils qui seule répondait à leur ambition nationale, à leurs espérances messianiques.

Le désir de perpétuer l'héritage de leurs droits politiques et de leurs idées religieuses était donc non moins vif chez les Israélites que ne l'avait été chez les patriarches araméens celui de transmettre avec l'héritage de leurs biens matériels le souvenir de leur nom.

Un incident de l'époque mosaïque avait d'ailleurs atténué ce qu'offrait d'affligeant à l'Hébreu qui n'avait que des filles la perspective de ne laisser nulle trace palpable de son passage ici-bas.

C'était pendant la quarantième année du séjour des Hébreux dans le désert. Le troisième recensement du peuple venait de s'opérer dans les plaines de Moab, près du Jourdain, vers Jéricho, la ville des palmiers et des roses. La Terre de promission, ruisselante de lait, de vin et de miel, s'offrait aux regards de cette nouvelle génération qui, sortie presque enfant de l'Égypte ou née dans les solitudes de l'Arabie, n'avait point reçu le stigmate d'une énervante servitude ; et, connaissant à peine les douleurs du passé, aurait pu vivre tout entière dans les joies de l'avenir. — Ils n'étaient plus, ceux qui avaient souffert de l'esclavage et n'avaient pu supporter les luttes de l'affranchissement; leurs cendres s'étaient mêlées aux sables du désert. Mais leurs enfants continuaient leur vie, et représentaient leurs droits sur la terre d'Abraham, d'Isaac et de Jacob.

Moïse, le pontife Éléazar, les nasis ou chefs des tribus, entourés de l'assemblée d'Israël, étaient réunis à l'entrée du tabernacle. Cinq jeunes filles se présentèrent devant l'imposant tribunal. Mahla, Noa, Hogla, Milka et Tirtsa, tels étaient leurs noms. C'étaient les filles de Salphaad, de la tribu de Manassé.

« Notre père, dirent-elles à Moïse, est mort dans le
« désert; lui, il n'a pas été au milieu de la troupe des
« révoltés contre l'Éternel dans le rassemblement de
« Coré; mais il est mort de son propre péché, et il
« n'a pas laissé de fils.

« Pourquoi le nom de notre père sera-t-il retranché
« du milieu de sa famille, parce qu'il n'a pas de fils?
« Donne-nous une possession au milieu des frères de
« notre père [1]. »

La fierté patriarcale des tribus sémitiques, le culte ardent et respectueux de la mémoire paternelle, imprimaient une grandeur touchante à la prière de ces orphelines, qui puisaient dans la conscience de leur

---

1. *Nomb.*, XXVII, 3, 4, traduction de *Cahen*.

individualité la force de soutenir dignement l'héritage de leur race, de leur famille. Moïse les comprit, et leur requête fut l'une des quatre causes qu'il porta devant le tribunal de Dieu[1].

« Les filles de Salphaad parlent bien, » prononça l'Éternel; « donne-leur une possession d'héritage au « milieu des frères de leur père, et tu feras passer à « elles l'héritage de leur père.

« Et aux enfants d'Israël tu parleras ainsi : Un « homme qui mourra et qui ne laissera pas de fils, « vous ferez passer son héritage à sa fille[2]. »

Mais les chefs de la famille de Galaad, aïeul de Salphaad, s'inquiétant des résultats de cette loi, exposèrent à Moïse, et le dommage que causerait à la tribu de Manassé le mariage des héritières de Salphaad avec des membres des autres tribus, et la confusion qu'entraîneraient des faits de cette nature dans les partages assignés aux douze rameaux politiques du tronc israélite.

Au nom de l'Éternel, Moïse décida que toute fille héritière serait obligée de se marier dans sa tribu[3]. Et les filles de Salphaad s'allièrent à leurs cousins.

1. Cf. *Ben Ouziel* et *Ierouschalmi*, cités par Cahen, *Lév.*, XXIV, note 12.
2. *Nomb.*, XXVII, 7, 8, traduction de *Cahen*.
3. Le mari de l'héritière prenait alors le nom de son beau-père. D'après quelques passages bibliques recueillis par Michaëlis, le savant hébraïsant d'outre-Rhin conjecture qu'un père très-riche pouvait, bien qu'ayant des fils, donner à ses filles une part dans sa succession ;

Quand fut conquis le pays de Canaan, et que le sort eut assigné à chaque tribu son territoire, les filles de Salphaad parurent encore devant l'assemblée qui naguère avait accueilli leurs vœux. Moïse n'était plus; Josué occupait sa place. Les jeunes femmes réclamèrent l'exécution des promesses que leur avait faites Jéhova. Et sur les pentes boisées du Carmel qu'habitait la demi-tribu occidentale de Manassé, s'étendirent les possessions des filles de Salphaad.

La courageuse initiative des cinq orphelines, l'importance attachée par Moïse à leur cause, qu'il jugea digne d'être soumise à Jéhova, enfin la décision rendue par l'Éternel en leur faveur, sont des particularités dénotant la forte éducation que recevaient les filles d'Israël, la liberté d'action qui leur était accordée et la déférence dont elles étaient l'objet.

Si profond, en effet, était le sentiment de tendre respect qu'inspirait à l'Hébreu la jeune fille que, lorsque le prophète veut peindre sa patrie libre, sainte, honorée, c'est sous les traits d'une vierge qu'il la personnifie [1].

Nous indiquions plus haut l'influence de la loi mosaïque sur le caractère de la femme hébraïque. La jeune

---

mais qu'il devait prélever cette part, non sur ses biens patrimoniaux, mais sur les terres acquises par lui ou défrichées par ses soins. Cf. *Johann David Michaelis mosaisches Recht*. Dritte vermehrte Ausgabe. Frankfurt am Mayn, 1793, Zweiter Theil.

1. Cf. *Jér.*, xxxi, 4.

fille suçait avec le lait maternel[1] cette sève qui développait dans son esprit la semence de vérité que Dieu dépose en toute âme en la créant. Son enfance, son adolescence étaient bercées aux récits de ces événements qui témoignaient de la participation de Jéhova à la vie du peuple élu. Ces récits, animés du coloris oriental, gravaient dans son cœur, en traits de flamme, l'image de la beauté éternelle; et des préceptes d'une morale toute pratique l'instruisaient, sous leur forme nerveuse et concise, à appliquer cet idéal à la conduite de sa vie.

Elle apprenait à célébrer dans les triomphes de sa patrie les bienfaits de Jéhova. Nous l'avons vue unir ses accents et ses pas au chœur des chants et des danses nationales.

Plus abritée par la maison de la cité israélite que par la tente nomade des plaines mésopotamiennes ou des vallées cananéennes, elle contractait des habitudes sédentaires; et la quenouille, la navette retenaient au foyer paternel la jeune fille que, naguère, les occupations pastorales conduisaient dans les prairies et au bord des sources.

Néanmoins, nous la voyons aussi puiser l'eau des fontaines[2], jouer dans les rues de Jérusalem[3], danser au-

---

1. *Dan.*, XIII, 2, 3.
2. 1 *Sam.*, IX, 11. — Dans la Syrie moderne, les femmes vont encore puiser de l'eau. Cette coutume a été remarquée par le Dr Robinson et par M. de Saulcy. Cf. *Robinson's later biblical researches*; *Voyage en Terre-Sainte*, par M. de Saulcy, 1865.
3. *Zach.*, VIII, 5.

près des vignes de Silo[1]. Pendant le séjour des Israélites en Misraïm, l'influence des idées égyptiennes sur les mœurs hébraïques n'avait pu qu'être favorable à la libre expansion des mouvements de la vierge. La Bible nous montre une princesse égyptienne se promenant avec ses filles de service sur les bords du Nil[2]; et parmi les vestiges de l'art pharaonique, les manches en bois sculpté de quelques cuillers de toilette représentent de jeunes filles cueillant des lotus, s'en composant des bouquets, ajoutant des oiseaux aquatiques à leur gracieux fardeau, ou faisant vibrer leur luth à l'ombre des bocages où croît le nelumbo[3].

Nulle part ailleurs qu'en Égypte ne se dessine avec plus de relief l'individualité de la jeune fille. Les lois antiques, qui dispensaient le fils de secourir ses parents malheureux, imposaient à la fille le devoir de les soutenir[4].

Est-ce parce que, vivant plus que son frère de la vie de famille, la jeune fille avait été, plus que ce frère aussi, abritée par la sollicitude de ses parents? Est-ce par cette touchante raison que la loi lui attribuait une protection à la fois paternelle et maternelle sur ceux à qui elle devait la vie?

1. *Juges*, XXI, 21.
2. *Ex.*, II, 5.
3. Voir au musée du Louvre, monuments égyptiens, salle civile, et Cf. la *Notice* de M. le vicomte de Rougé, ouvrage plusieurs fois cité.
4. Cf. *Égypte ancienne*, par M. Champollion-Figeac, page 40.

Moïse ne fait pas peser uniquement sur la jeune fille une semblable responsabilité; mais, du haut du Sinaï, la loi du respect filial avait été proclamée devant les hommes et les femmes d'Israël, et l'interprétation en avait été confiée à leur cœur.

Le code sinaïque, qui ne précise pas les devoirs filiaux, régularise les devoirs paternels.

Moïse enleva au chef de famille le pouvoir de vie et de mort sur ses enfants[1]. Le sacrifice de la fille de Jephté était donc contraire à l'esprit de la loi.

Nous rappellerons ici l'émouvant récit du livre des Juges, et nous en comparerons l'héroïne à la fille d'Agamemnon, cette figure grecque dont Euripide a modelé les suaves contours. De la ressemblance même des situations naissent des contrastes qui témoignent des influences opposées auxquelles étaient soumises la vierge israélite et la vierge grecque.

La demi-tribu orientale de Manassé avait reçu en partage le pays de Galaad. Cette contrée montagneuse, couronnée de pics inaccessibles, sillonnée d'infranchissables ravins, était le véritable patrimoine de ces hommes qui personnifiaient l'esprit guerrier d'Israël. Mais leur belliqueuse ardeur, dès qu'elle ne fut plus alimentée par une cause nationale, reçut encore l'influence de la sauvage et farouche région où elle s'était déployée; et se tournant contre la patrie qu'elle avait

---

1. Cf. *Deut.*, xxi, 18-21.

défendue, s'appliqua à des combats d'escarmouches, à des excursions de pillage, véritables razzias bédouines. Du haut des rocs, la flèche pouvait atteindre celui qu'elle menaçait, tandis que les gorges et les défilés abritaient plus sûrement encore que le bouclier celui qui l'avait lancée. Le pays de Galaad ne tarda pas à devenir le repaire de ceux des Israélites qui avaient secoué le joug de la loi [1].

Sous l'une de ces tentes de Manassé, où se trouvait un dernier reflet de la vie nomade des patriarches, vivait un noble et vaillant fils de Galaad; son nom était Jephté. Né d'une esclave, il avait été élevé avec les enfants de la femme légitime de son père. Mais Galaad mourut, et les fils de la femme libre chassèrent le fils de l'esclave. De même qu'Ismaël, Jephté s'éloigna de la terre de sa naissance.

La vue des scènes de pillage qu'abritaient les montagnes de Galaad, l'affront sanglant qu'il avait reçu de ses frères, les premières impressions de son enfance, les douleurs de sa jeunesse, tout entraînait Jephté à se constituer l'adversaire de cette société qui l'avait injustement rejeté de son sein. Réfugié au pays de Tob, il réunit autour de lui une troupe de ces hommes sans nom qui, vivant de rapines, considéraient peut-être avec les Arabes le butin comme *un présent de Dieu*.

---

[1]. Cf. *Gilead*, by *J.-L. Porter*; *Manasseh*, by *George Grove* (*Dict. of the Bible*).

C'était pendant cette période d'agitation qui suivit l'établissement des Hébreux dans la Terre promise. Les Ammonites, après avoir asservi les tribus situées en deçà du Jourdain, menaçaient Juda, Benjamin, Éphraïm.

Cruellement opprimés depuis dix-huit années, les habitants de Galaad se réunirent à Mitspâ. Alors ils se souvinrent de l'homme intrépide qui aurait pu être leur défenseur et dont ils s'étaient fait un ennemi. Repentants, les cheicks de Galaad vinrent à l'exilé. Consacrer à la défense de ses contribules les forces qu'il avait tournées contre leur repos ; commander, non plus à des bandits, mais à des soldats ; rentrer en sauveur dans la patrie qui l'avait chassé comme un esclave, voilà la pure et glorieuse ambition que les frères de Jephté inspirèrent au banni, et qui seule put effacer de son cœur souffrant un amer souvenir.

Les cheicks de Galaad retournèrent à Mitspâ avec Jephté. Celui-ci emmenait avec lui sa fille, son unique enfant.

A d'infructueuses négociations succéda la guerre, guerre imposante où se jouaient les destins du peuple de Dieu. — Au moment où, s'élançant de Mitspâ, ce nid d'aigle qui surplombe les montagnes de Galaad, Jephté se précipita au-devant de l'ennemi, il comprit ce qu'avait de solennel l'heure qui approchait. Alors il fit un vœu à l'Éternel, et le sombre caractère du chef de bande se retrouve dans sa prière :

« Si tu livres les fils d'Ammon en ma main, » dit-il à Jéhova,

« Alors ce qui sortira de ma maison au-devant de
« moi, quand je retournerai en paix des fils d'Ammon,
« sera à l'Éternel, et j'en ferai un holocauste[1]. »

Israël combattit et vainquit.

Jephté rentrait dans Mitspâ. Il approchait de sa demeure..... Le joyeux retentissement du tambourin frappe son oreille, et de sa maison sort en dansant une jeune fille..... Jephté a reconnu son enfant.... Et le rude guerrier se trouble et chancelle; il déchire ses vêtements, et le cri de l'amour paternel éclate en son cœur brisé :

« Hélas ! ma fille, tu me fais fléchir les genoux, et
« c'est toi qui me rends malheureux! Mais moi, j'ai
« ouvert ma bouche à l'Éternel, je ne puis recu-
« ler[2]. »

La fille d'Israël a compris. Elle a compris, et sa voix ne faiblit pas.

« Mon père, » répond-elle, « tu as ouvert ta bouche
« à l'Éternel, fais-moi selon ce qui est sorti de ta bou-
« che après que l'Éternel t'a accordé des vengeances
« de tes ennemis, des fils d'Ammon[3]. »

L'héroïne a parlé, et la jeune fille continue·

1. *Juges*, xi, 30, 31, traduction de *Cahen*.
2. *Id*., *id*., 35, *id*.
3. *Id*., *id*., 36, *id*.

« Qu'on m'accorde seulement cela : laisse-moi deux « mois, j'irai, je me rendrai vers les montagnes. Je « pleurerai ma virginité, moi et mes amies [1]. »

« Va [2], » dit le père. Et elle part. Au sein des montagnes de Galaad, elle dérobe les regrets que lui inspire ce qui pour les filles d'Israël était la plus amère douleur : la mort avant la maternité ! Mais cette mort, elle l'attend sur ce plateau qui domine la vallée du Jourdain, les monts d'Éphraïm et de Juda ; et la vue de la patrie pour laquelle elle expire séchera les pleurs de la victime [3].

Au milieu des scènes bibliques qu'évoque une voix accoutumée à énumérer les sacrifices de la passion à l'idée du devoir, le courage de la fille de Jephté nous semble naturel. Libre, mêlée à la vie active de ses concitoyens, la jeune Israélite a, dès son enfance, frémi de leurs dangers, palpité au récit de leurs victoires. Mais quand le pinceau d'un Athénien, ce pin-

1. *Juges*, xi, 37, traduction de *Cahen*.
2. *Id., id.*, 38, *id.*
3. Jonathan le paraphraste, Raschi, Josèphe, Origène, saint Chrysostome, Théodoret, saint Jérôme, saint Augustin, croient que Jephté sacrifia réellement sa fille. Kimchi suppose au contraire que, la vouant au célibat, il l'enferma dans une maison où, aussi longtemps qu'elle vécut, elle fut visitée pendant quatre jours chaque année par les filles d'Israël. Cette opinion a été adoptée par Lévi ben Gersom, Bechaï, Drusius, Grotius, Estius, de Dieu, Hall, Waterland, Hales, etc. La première interprétation est la plus conforme au texte biblique. Cf. *Jephthah*, by *William Thomas Bullock* (*Dict. of the Bible*).

ceau habitué à peindre les faiblesses humaines avec tous les prestiges d'une enivrante poésie, aura à retracer l'immolation d'une vierge au salut de son pays, de quelles lignes dessinera-t-il l'héroïne, de quelles nuances la colorera-t-il, de quelle expression l'animera-t-il? Comment la fille de la Grèce, élevée au fond de ce gynécée au seuil duquel expirent le bruit de la bataille et le cri de la victoire, consentira-t-elle à sacrifier sa vie à une patrie dont la gloire, menacée ou triomphante, n'a point précipité les battements de son cœur?

La fille d'Israël salue en Jephté le général victorieux; c'est son triomphe qu'elle célèbre; et par les sons éclatants du tambourin elle fait vibrer à l'oreille du guerrier un écho de la bataille. — Iphigénie ne considère point en Agamemnon le roi des rois, le chef des armées grecques; c'est son père qu'elle revoit, c'est le bonheur de la réunion qui l'émeut. Elle ne réveille pas en lui l'image des combats; mais ses bras caressants se nouent autour du cou d'Agamemnon, et sa voix le supplie de s'arracher au tumulte des camps, et de revenir goûter, au sein de l'Argolide, les joies sereines de la famille. — Jephté n'hésite pas à apprendre à sa fille le sort qui l'attend; il sait qu'elle puisera dans la gloire du trépas la force d'en supporter l'angoisse. Mais Agamemnon redoute de montrer à Iphigénie le fer suspendu sur son sein; il prévoit les larmes et les supplications de l'enfant que rien n'a prémunie contre les terreurs de la mort ; il sait que nul tapis de fleurs ne dissimulera à ses yeux la gueule béante du gouffre qui l'engloutira. — Quand la fille d'Israël entend son arrêt, elle demeure impassible. Mais quels déchirants accents soulèvent la poitrine de la jeune Grecque, lorsqu'elle apprend qu'elle va descendre vers les sombres régions d'où l'on ne revient pas ! — Toutes deux néanmoins arrivent au même résultat, et se vouent avec fermeté au salut de leur pays ; mais le courage de la fille de Jephté a plus de spontanéité ; elle sent qu'elle meurt pour une cause surhumaine, celle de la terre de Jéhova ! — La résignation d'Iphigénie est plus réfléchie : c'est que la fille d'Agamemnon succombe, non-seulement pour sa patrie, mais aussi pour l'épouse de Ménélas ; c'est à une gloire humaine qu'elle se sacrifie. — Toutes deux, avant leur trépas, exhalent un regret. La jeune Israélite pleure sa virginité : elle tombe avant d'avoir aidé à perpétuer la race de Jacob, et nul homme après elle ne rattachera son nom au sien ! Tel n'est point le chagrin d'Iphigénie. En vain Achille, faisant vibrer dans sa voix tous les transports de l'admiration, toutes les émotions de l'amour, la supplie de se laisser sauver par un époux[1], le cœur virginal de la jeune Grecque ne se trouble pas. Ni le baiser qui scelle la promesse des fiançailles n'effleurera son chaste visage, ni la cou-

---

1. Cf. *Euripide*, traduction de *M. Artaud*, Iphigénie à Aulis.

ronne de roses, de myrtes et de pavots ne ceindra sa blonde chevelure, ni le manteau de pourpre et d'or ne s'attachera sur ses épaules, ni le flambeau nuptial ne la guidera vers sa nouvelle habitation enguirlandée de fleurs, ni les vierges, couronnées d'hyacinthe, n'enverront dans les chants d'hyménée leurs adieux à la vierge, leurs vœux à l'épouse [1]..... Et néanmoins là ne se reporte pas la pensée d'Iphigénie. Quand, calme, héroïque, la victime salue la mort qui fera d'elle « la libératrice de la Grèce, » et chante « Diane souveraine, Diane bienheureuse, » qui la transportera dans un monde inconnu, seul le souvenir de sa mère brise sa voix, et voile de larmes son regard; seule la pensée du sol natal lui arrache un cri qui s'élance vers l'Argolide, vers Mycènes, dont les prairies voient s'enrouler le chœur des vierges frappant le sol de leur pas cadencé [2]; vers les rives pélasgiques que dorera toujours cette lumière que plus jamais Iphigénie ne reverra!

La fille d'Israël regrette l'avenir, la fille de la Grèce regrette le passé.

Tout en enlevant au père de famille le droit de frapper de mort ses enfants, Moïse lui laissa celui de ven-

---

[1]. Cf. pour les coutumes des fiançailles et les cérémonies du mariage : *Euripide*, Iphigénie à Aulis, Hélène, les Phéniciennes; *Théocrite*, idylle XVIII, épithalame d'Hélène; *Voyage du jeune Anacharsis en Grèce*, par *Barthélemy* ; *Grèce*, par *Pouqueville*.

[2]. Cf. *Euripide*, Iphigénie en Tauride.

dre comme esclave sa fille encore dans l'enfance. Mais ici un sentiment d'exquise délicatesse lui fit comprendre ce que cette situation pouvait avoir de troublant pour le repos de la vierge, d'inquiétant pour son honneur ; et il prescrivit les mesures qui lui semblaient propres à préserver celui-ci, à assurer celui-là.

Devenue nubile, la jeune fille devait s'asseoir en maîtresse à ce foyer près duquel elle s'était tenue en esclave. Mais si le maître de la maison ne voulait l'associer ni à sa vie, ni à celle de son fils, il ne pouvait la vendre, mais devait l'affranchir [1]. Libre et fière, la jeune Israélite quittait celui aux pieds duquel elle n'était demeurée que pour avoir le droit de demeurer à ses côtés.

Moïse eut même pitié mêlée de respect pour la prisonnière de guerre qui n'appartenait pas aux races qu'il avait vouées à une complète extermination [2].

Si la jeunesse, la beauté d'une captive touchent le cœur d'un Israélite, que celui-ci ramène la prisonnière dans sa demeure. Mais qu'il ne se hâte pas de lui donner le titre d'épouse. Avant de lui faire espérer l'avenir, qu'il lui permette de pleurer le passé ; que, pendant un mois, l'orpheline, dépouillée de ses parures, regrette sa patrie, et son père et sa mère.

1. *Ex.*, xxi, 7-9.
2. Les peuples désignés à la colère des Israélites étaient les Héthéens, les Gergéséens, les Amorrhéens, les Cananéens, les Phérézéens, les Hévéens et les Jébuséens. *Deut.*, xx, 17, 18 ; *Josué*, iii, 10.

Alors seulement l'amour d'un époux pourra lui rendre moins amer le souvenir de sa famille [1].

Le mariage était devenu une obligation à la fois nationale et religieuse. La même honte couvrait ceux qui se refusaient à perpétuer la race du peuple de Jéhova, et ceux qui l'altéraient par des alliances étrangères. La réprobation publique atteignit les unions mixtes non-seulement avec les Cananéens, mais même avec les nations que ne flétrissait pas Moïse.

On s'explique le soin jaloux qu'ont les peuples naissants d'accentuer et de maintenir l'individualité de leur race par des mariages nationaux. Pour qu'un peuple atteigne le plus haut degré de perfection originale dont il est susceptible, il faut qu'il y parvienne par le déploiement exclusif de ses propres forces et l'éloignement de toute influence étrangère. Parvenues à leur maturité seulement, les races peuvent se croiser, et échanger alors, non les préjugés particuliers aux peuples enfants, mais les idées communes à l'humanité virile.

Le développement du génie de chaque nation, telle fut l'œuvre des civilisations antiques; le perfectionnement du génie de l'humanité, tel est le but de la civilisation moderne.

A ce sentiment de répulsion pour les nations étran-

[1]. *Deut.*, XXI, 11-13.

gères, inné chez les peuples primitifs, se joignait chez les Hébreux la conscience d'une mission particulière, celle de maintenir, en même temps que l'originalité de leur race, la pureté de l'idée religieuse que leur avait confiée Jéhova. Les ténèbres du passé s'éclairaient pour eux d'une lueur sinistre qui leur montrait les enfants de Dieu perdus par leur alliance avec les filles d'une race maudite. Les traditions domestiques des Israélites leur rappelaient l'effroi qu'inspiraient aux patriarches les unions contractées par leurs enfants avec les indigènes au milieu desquels ils vivaient, et la douleur qui les accablait quand des Cananéennes étaient introduites sous leurs tentes. Les contemporains de Moïse avaient vu le sévère législateur lui-même courber son front hautain sous l'opprobre d'un mariage antinational. Les instincts des Hébreux, leurs idées, leurs souvenirs, tout enfin élevait un mur de séparation entre eux et les nations qui les environnaient.

La communauté israélite pouvait cependant recevoir dans son sein les étrangers qui n'appartenaient pas aux races de Canaan, d'Ammon et de Moab[1]. Les Edomites, ces indomptables enfants du désert qui sentaient ruisseler dans leurs veines le sang généreux d'Abraham

---

1. Selon le Talmud, il était permis aux Israélites d'épouser des femmes d'Ammon et de Moab. Ruth appartenait à cette dernière race. Mais les femmes hébraïques ne pouvaient s'allier aux Ammonites et aux Moabites, ceux-ci étant à jamais exclus du droit de cité en Israël. Cf. *Deut.*, XXIII, 4, 5, et note 4 de *Cahen; Marriage*, by *William Latham Bevan*, étude déjà citée.

et d'Esaü, les Égyptiens qui avaient donné aux Hébreux l'hospitalité de leur territoire acquéraient, en embrassant le culte de Jéhova, la faculté de s'allier aux filles d'Israël ; et la troisième des générations issues de ces unions était admise à l'exercice des droits politiques, que transmettaient ainsi les femmes hébraïques [1].

Au temps où le peuple élu n'était représenté que par la famille araméenne dont il tirait son origine, les patriarches étaient obligés de rechercher dans leur propre parenté les seules femmes qu'ils jugeassent dignes de leur alliance. Les mariages consanguins furent donc nécessaires jusqu'au moment où, s'éloignant de leur commune origine, les membres de la famille de Jacob n'eurent plus d'autre parenté que celle de la fraternité sociale. Ce fut alors que Moïse, effrayé de l'immoralité de certaines unions qu'autorisaient les coutumes de l'Égypte et du pays de Canaan, défendit aux Hébreux toute alliance de famille, hors celle de l'oncle et de la nièce, du cousin et de la cousine.

A l'exception des unions consanguines, les coutumes de l'époque patriarcale se retrouvent dans le mariage mosaïque. Aux parents ou à un ami du prétendant est confiée la mission de demander une jeune fille à sa famille. La fiancée n'accepte pas, elle subit le mari que

---

[1]. Cf. *Deut.*, XXIII, 8, 9.

lui impose le chef de sa maison [1], et reçoit son douaire de son futur époux. Alors le mohar consiste soit, d'après la loi, en une somme d'argent [2]; soit, suivant une tradition chevaleresque, en une action d'éclat, et, de même que les vierges aryennes de la caste militaire des Kchattriyas, les filles de Caleb et de Saül deviennent le prix de la valeur guerrière.

Le mariage d'Achsa, fille de Caleb, avec Othoniel, nous offre le premier exemple d'une fille dotée par son père [3]. Achsa avait reçu de Caleb une possession territoriale; mais à ce sol manquait ce que recherche tant l'Oriental : une eau vivifiante. Et la jeune épouse excitait Othoniel à réclamer de son père des champs

---

1. Les fiançailles étaient nulles si la jeune fille avait, en contractant ce lien, cédé à la menace ou à la violence. Parvenue à sa majorité, la jeune fille qui avait été fiancée par sa mère ou par son frère lors de sa minorité pouvait devant les juges renoncer à son union. Cf. *Histoire des Institutions de Moïse et du peuple hébreu*, par *M. Salvador*. Paris, 3ᵉ édit., 1862.

2. Suivant la Mishna, le mohar était fixé à deux cents deniers pour une vierge, mais pouvait croître proportionnellement à la fortune particulière de la jeune fille. La femme n'entrait en jouissance de son mohar que quand la mort de son époux ou le divorce rompait son union. Mais son mari pouvait lui donner par anticipation soit une partie, soit la totalité de ce mohar. Cf. *Eighteen treatises from the Mishna*, translated by *D. A. de Sola* and *M. J. Raphall*. London, 1843. Treatise Ketuboth. Le traité Ketuboth régularise les contrats de mariage. Sous la loi mosaïque, le contrat ne fut sans doute qu'une convention orale ; ce n'est que pendant l'exil babylonien qu'apparaît le contrat écrit et scellé. Cf. *Tobie*, vii, 16, et *Palestine*, par *M. Munk*.

3. La princesse égyptienne qu'épousa Salomon fut aussi dotée par le roi son père. I *Rois*, ix, 16.

dont la fraîche verdure fût alimentée par une source. Othoniel résista sans doute aux pressantes instances de sa compagne, puisque nous retrouvons celle-ci se laissant, en présence de Caleb, glisser comme une suppliante de l'âne qu'elle montait.

« Qu'as-tu? » lui demande son père. — « Donne-moi un présent, » répond la jeune femme; « car tu m'as donné un pays sec ; donne-moi des sources d'eau [1]. »

Caleb accéda avec bonté à cet appel.

La remise du mohar, un échange de serments constituaient le lien des fiançailles, qui était le véritable mariage légal des Hébreux [2].

Pendant le festin qui terminait cette cérémonie, les fiancés demeuraient seuls [3]. Il était de coutume qu'à cette heure on les laissât jouir des moments d'épanchement où les caractères se pénètrent, où les cœurs se comprennent. Alors les fiancés, emportant l'un de l'autre une image déjà familière et peut-être aimée, pouvaient en se séparant se préparer à harmoniser leurs goûts, à confondre leurs pensées, à vivre enfin de la même vie.

Pendant douze mois encore, la vierge demeurait

---

1. *Josué*, xv, 18, 19, et *Juges*, I, 14, 15, traduction de *Cahen*.
2. *Marriage*, by *William Latham Bevan*.
3. Eighteen treatises from the *Mishna*, translated by *D. A. de Sola* and *M. J. Raphall*. Treatise Ketuboth. I, 5.

dans la maison paternelle[1]. Matériellement séparée de son fiancé, elle lui était moralement unie, et sous peine de mort devait lui conserver sa fidélité[2]. Elle apprenait ainsi à baser sur l'austère pratique de son devoir l'honneur et la prospérité de la maison qu'elle allait fonder.

Rien ne troublait la douce quiétude de la fiancée. Qu'à l'annonce d'un combat même les schoterîm[3] rassemblent sous les étendards les tribus d'Israël, elle n'est point exposée à subir, avant les joies de l'hymen, les douleurs du veuvage. Par une touchante prévoyance, la loi exempte du service militaire et le fiancé qui attend le bonheur, et le nouvel époux qui en jouit[4]. Ah! le mariage même aura-t-il pour la jeune Israélite la sérénité des fiançailles? Ne sentira-t-elle pas un jour que, si l'espérance se donne, le bonheur s'achète?

L'année des fiançailles est révolue.

Au quatrième jour de la semaine, temps fixé pour le mariage des vierges[5], la fiancée, purifiée la veille par

---

1. *Mishna*, treatise Ketuboth, v, 2.
2. *Deut.*, xxii, 23, 24.
3. « Les schoterîm des tribus (*Deut.*, i, 15) tenaient les rôles des généalogies; ils levaient les troupes, et, avant qu'on entrât en campagne, ils faisaient la proclamation prescrite par la loi, afin de faire retirer ceux qui étaient exemptés du service (*ib.*, xx, 5-9). » *Palestine*, par *M. Munk*.
4. *Deut.*, xx, 7; *id.*, xxiv, 5.
5. *Mishna*, treatise Ketuboth, i, 1.

un bain [1], ointe et parfumée d'essences précieuses [2], revêt, entourée de ses parentes, de ses amies, les blanches draperies [3] brodées d'or [4] du jour de l'hyménée. La double tunique autour de laquelle s'enroule plusieurs fois une ample ceinture [5], dessine la beauté sculpturale et vivante de la fille de Sem, et descend sur ses pieds que chausse la peau fine du thahasch [6]. Le çaïf, le manteau traînant, dont les plis ondulent sur son corps, voile aussi son visage [7]. Des bracelets ceignent ses poignets, une chaîne serpente autour de son cou, des anneaux s'arrondissent à ses oreilles [8]. Sur ses cheveux flottants [9] scintille cette couronne d'or, principal attribut de la fiancée, et à laquelle celle-ci doit le nom de *Callah*, la Couronnée [10].

Le soleil s'est couché. Un bruit de voix et d'instruments se fait entendre, et, à la lueur des flambeaux

---

1. Le livre de Ruth offre le premier indice de la coutume du bain cérémoniel de la fiancée. *Ruth*, III, 3.
2. *Ez.*, XVI, 9; *Cant.*, III, 6.
3. *Apoc.*, XIX, 8.
4. *Ps.*, XLV, 14, 15.
5. *Jér.*, II, 32, et *Palestine*, par M. Munk.
6. *Ez.*, XVI, 10. Voir, pour le thahasch, une des notes précédentes, p. 32.
7. *Marriage*, by *William Latham Bevan*; *Palestine*, par M. Munk.
8. *Ez.*, XVI, 11, 12.
9. C'était la coiffure réservée à la vierge le jour de son mariage. Cf. *Mishna*, treatise Ketuboth, II, 1.
10. *Ez.*, XVI, 12; *Palestine*, par M. Munk; *Marriage*, by *William Latham Bevan*.

que portent les gens de sa suite [1], l'époux, précédé de musiciens et de chanteurs [2], accompagné de ses paranymphes [3], l'époux pénètre dans la demeure de sa fiancée. Il a choisi parmi ses plus riches vêtements sa tunique et son manteau [4]. Le beau turban nuptial, le peër, surmonté d'une couronne [5], rend plus expressif encore le mâle caractère de ses traits, tout illuminé en ce jour d'un reflet de son bonheur.

C'est le moment le plus solennel du mariage [6]. Nulle cérémonie religieuse n'accompagne, il est vrai, l'union des époux, mais, par une tradition des temps où le chef de la famille en était aussi le pontife, le père de la *Callah* appelle sur les fiancés les bénédictions de Jéhova [7].

Puis les époux, leurs parents, leurs amis, se rendent

---

1. *Jér.*, xxv, 10.
2. I *Macc.*, ix, 39, *Marriage*, by *William Latham Bevan*.
3. *Juges*, xiv, 11; I *Macc.*, ix, 39.
4. *Palestine*, par *M. Munk*.
5. *Is.*, lxi, 10; *Cant.*, iii, 11.
6. There seems indeed to be a literal truth in the Hebrew expression « to *take* » a wife (*Num.*, xii, 1; I. Chr. ii, 21), for the ceremony appears to have mainly consisted in he taking. Among the modern Arabs the same custom prevails, the capture and removal of the bride being effected with a considerable show of violence (*Burckhardt's Notes*). *Marriage*, by *William Latham Bevan*. — Il semble réellement qu'il y ait eu une vérité littérale dans l'expression hébraïque « prendre » une femme ; car la cérémonie paraît avoir principalement consisté dans la prise. Parmi les Arabes modernes la même coutume prévaut, l'enlèvement et le déplacement de la fiancée s'effectuant avec une considérable apparence de violence.
7. *Tob.*, vii, 15.

à la maison nuptiale avec leur joyeux cortége d'éclaireurs, de musiciens, de chanteurs [1]. Pendant le trajet, des jeunes filles, amies des nouveaux mariés, les rejoignent, portant les lampes sans lesquelles elles ne pourraient être admises parmi les invités [2].

Les paranymphes et les vierges, unissant leurs accents, entonnent le chant nuptial [3] et célèbrent la jeune épouse, dont la beauté naturelle et sans art a tout le charme de la simple fleur des champs :

> Les yeux non teints en bleu,
> Les joues non fardées de rouge,
> Les cheveux non artistement tressés,
> Mais pourtant gracieuse [4].

Un festin attend les époux à leur nouvelle demeure. Les invités revêtent les robes nuptiales que leur a données leur hôte [5]. La joie la plus expansive anime cette fête de famille. Les convives s'exercent à ces jeux d'esprit si chers aux Orientaux, à ces énigmes dont la finesse s'allie à un grand sens pratique [6]; et les hommes les plus graves ne dédaignent pas de danser devant la nouvelle mariée en la complimentant [7].

---

1. *Ps.* XLV, 15-16; *Apoc.*, XVIII, 22, 23.
2. *Matth.*, XXV.
3. *Jér.*, VII, 34, et note de *Cahen*.
4. Chant talmudique, cité par Cahen, note 40 du chapitre XXIII d'Ézéchiel.
5. *Matth.*, XXII; *Luc*, XIV, 8 ; *Marriage*, by *William Latham Bevan*.
6. *Juges*, XIV, 12-20.
7. Tradition talmudique citée par M. Munk, *Palestine*, et par

Des épis brûlés, symbole de la fécondité et de la prospérité qu'appellera la vierge sur la demeure conjugale, sont distribués aux invités [1]. Puis la jeune femme est conduite à son appartement, et les époux sont placés sous un berceau de myrtes et de roses [2].

Entourée de ses compagnes, la nouvelle mariée s'entretient à visage découvert avec celui dont alors seulement l'autorité succède pour elle à celle de son père [3]. Empruntons ici à l'épithalame de Salomon et de la Sunamite ceux de ses accents qui, par leur pureté, pouvaient exprimer l'amour réciproque de Jéhova et de son peuple et figurer la tendresse mutuelle du Christ et de son Église [4].

La Sunamite aime en Salomon ce renom de grandeur d'âme qui lui attire la sympathie des jeunes femmes, l'affection des hommes intègres. Les premières paroles qu'elle adresse à son royal époux sont imprégnées de cette admiration naïve et passionnée. Et néanmoins elle se sent digne de l'amour qu'elle lui inspire; et l'humble fille des champs, hâlée par le soleil, s'adresse ainsi aux élégantes Sionites qui se pressent autour d'elle :

l'auteur de la notice sur la femme hébreue insérée dans le tome V de la Bible de Cahen.

1. *Mishna*, treatise Ketuboth, II, 1.
2. *Id., id.*, IV, 5, note 7.
3. *Id., id.*
4. En adaptant le *Cantique des cantiques* aux sept jours des fêtes nuptiales, nous avons suivi l'opinion de Bossuet, à laquelle s'est conformé le docteur Lowth.

« Je suis noire, et pourtant belle, filles de Jérusa-
« lem, comme les tentes de Kédar [1], comme les pa-
« villons de Salomon.

« Ne me regardez pas avec dédain, parce que je suis
« noire, parce que le soleil m'a brûlée; les fils de ma
« mère se sont irrités contre moi, ils m'ont placée
« gardienne des vignes [2]. »

Transportée au milieu des splendeurs inconnues d'une cour, la jeune villageoise ne voit en Salomon que le plus beau des bergers; et, l'interrogeant, elle lui demande ingénument quel est l'endroit où, à l'heure de midi, il fait reposer ses troupeaux. Qu'il le lui dise, afin que ses pas ne l'égarent point auprès des tentes des autres pasteurs!

A cette idée l'époux se trouble; il frémit sous la morsure de la jalousie, et un mot sévère décèle son mécontentement. Tout à coup, comme repentant d'un mouvement involontaire, il rassure la jeune femme par des paroles caressantes et émues :

« Vois, tu es belle, tu es belle, ma bien-aimée [3]. »

Et elle, louant à son tour le monarque, le comparant à une plante précieuse, aux grappes blanches et parfumées du cypre, se peint elle-même comme une fleur qui a crû sans culture :

1. Le nom de Kédar désigne les tribus nomades de l'Arabie Déserte, qui habitaient sous des tentes faites avec le poil noir de leurs chèvres. Cf. la note 5 de Cahen, chap. 1 du *Cantique des cantiques*.
2. *Cant.*, 1, 5, 6, traduction de *Cahen*.
3. *Cant.*, 1, 15, traduction de *Cahen*.

« Je suis une rose du Saron, un lis des vallées. »

« — Comme le lis parmi les épines », reprend l'époux avec une aimable courtoisie, « telle ma bien-« aimée est parmi les filles [1]. »

Le premier jour des fêtes est terminé ; mais pendant six jours encore les réjouissances se prolongent.

Au lendemain de son hyménée, l'époux a quitté de grand matin sa demeure, en conjurant les filles de Jérusalem, « par les gazelles ou par les biches de la campagne [2] », de respecter le sommeil de sa jeune femme.

Quand il revient, luttant de vitesse sur les collines avec « le chevreuil ou le faon des biches [3] », la Sunamite s'éveille........ Des accents connus sont entendus par son cœur avant même qu'ils ne viennent frapper son oreille :

« La voix de mon bien-aimé [4] », s'écrie-t-elle.

Et au travers du grillage d'une fenêtre elle le voit. Debout derrière les barreaux, il l'invite à quitter le palais, à respirer au dehors les pénétrantes senteurs des parterres humides de rosée, à entendre le chant des oiseaux, à goûter aux fruits du figuier, à se mêler enfin à ce chœur harmonieux et riant qui chante, et l'apparition du printemps, et le lever du jour, cette

---

1. Cant., ii, 1, 2, traduction de Cahen.
2. Id., id., 7, id.
3. Id., ii, 9, id.
4. Id., id., 8, id.

double résurrection de la nature. Et l'épouse murmure après l'époux les accents dont la ravissante poésie la berce et l'enivre :

« Mon bien-aimé commence et me dit : Lève-toi,
« ma bien-aimée, ma toute belle, et viens.

« Car, voici, l'hiver est passé, la pluie a cessé, s'en
« est allée.

« Les fleurs ont paru sur la terre, le temps du chant
« est arrivé, et la voix de la tourterelle s'est fait en-
« tendre dans nos campagnes.

« Le figuier assaisonne ses figues naissantes, et les
« vignes en fleur ont donné leur odeur ; lève-toi, ma
« bien-aimée, ma toute belle, et viens [1]. »

« — Mon bien-aimé est à moi, » dit la Sunamite, répondant à l'appel de son royal berger ; « et moi je
« suis à lui, qui fait paître parmi les lis [2]. »

Mais, la nuit suivante, le cœur de la jeune femme se trouble. Elle est seule et inquiète. Où est son époux ? Quel danger court-il ? A cette pensée, folle de terreur, elle se précipite hors du palais, demande aux gardiens de la ville « celui que son cœur aime. » Elle le rencontre enfin ; et, quand le jour paraît, les filles de Sion saluent encore leur souverain, ceint du diadème que Bethsabée, sa mère, déposa sur son front au premier jour de son hymen, au premier jour de son bonheur !

1. *Cant.*, II, 10-14, traduction de *Cahen*.
2. *Id.*, *id.*, 16, *id.*

Le roi contemple avec émotion la jeune femme qui pour lui vient d'exposer sa dignité royale, et sa vie peut-être :

« Que tu es belle, ma compagne ! Que tu es belle !...

« Tu as enlevé mon cœur, ma sœur, ma jeune « épouse ; tu as enlevé mon cœur par un de tes re-« gards[1]....... »

Il assimile les paroles de sa femme à l'action nutritive du lait, à la saveur rafraîchissante du miel. Et quand il semble respirer en elle tous les parfums de ses bosquets, elle l'entraîne dans les jardins royaux. Là, le cyprès étend son ombrage touffu, le grenadier déploie ses corolles de pourpre, le cinnamome dresse les axes de ses petites fleurs blanchâtres ; l'aloès se couronne de ses feuilles longues de quatre pieds, de ses fleurs d'un rouge nuancé de jaune. Les épis du nard, les roseaux de la canne, tapissent les parterres, tandis que la myrrhe découle d'un arbre épineux au brillant feuillage, et que l'arbre à encens épanche sa résine.

La jeune femme appelle et l'aquilon et le vent du midi. Que leur souffle s'imprègne du baume des arbres, du pollen des fleurs, et caresse l'époux de tous ces parfums réunis en un seul !

Le roi recueille les aromates, il goûte au rayon de miel et au jus de ses vignes ; et, appelant ses para-

---

1. *Cant.*, IV, 1, 9, traduction de *Cahen*.

nymphes au festin, il jette le cri joyeux des fêtes nuptiales : « Mangez, mes camarades, buvez et enivrez-
« vous, mes amis [1]. »

Les incidents du quatrième jour reproduisent sous une forme plus dramatique ceux de la veille. Maintenant encore la Sunamite, croyant avoir perdu son époux, le cherche au dehors du palais. Plus malheureuse que la nuit précédente, elle est insultée par les gardiens qui font le tour de la ville, et qui se sont mépris sur son rang. Ils la frappent, la blessent ; et leurs mains arrachent le voile sous lequel la jeune femme dérobait ses traits. Elle rentre dans sa demeure ; mais elle rentre seule, seule et désespérée. Et quand les Sionites lui demandent quel est l'ami pour lequel elle a appris à trembler, elle le leur dépeint dans sa haute stature, dans sa distinction suprême semblable à celle du cèdre ; dans sa douceur qui n'est que la plénitude de sa force. Et avec un mouvement de douleur et de fierté elle ajoute : « Voilà mon bien-aimé, et voilà
« mon ami, filles de Jérusalem [2]. »

L'époux avait-il voulu jouir une fois de plus des regrets si âpres qu'il avait surpris la veille chez sa compagne ? Peut-être. — Mais il ne résiste plus aux accents de la voix chérie qui le pleure. Il paraît.

La Sunamite le regarde.....

1. *Cant.*, v, 1, traduction de *Cahen*.
1. *Id.*, v, 16, *id*.

« Détourne tes yeux de moi, lui dit-il, car ils m'ont
« rendu orgueilleux [1]..... »

Il rassure et console la jeune femme. Il l'admire avec ses longs cheveux ondoyant sur ses épaules, et dont les boucles noires lui rappellent les chèvres au poil frisé qui s'échelonnent sur les pentes des monts de Galaad. Il l'admire avec ses fraîches couleurs ; et les joues roses de la brune fille des champs lui apparaissent, sous le tissu qui les voile, comme les fragments d'une grenade.

Qui pourrait égaler cette jeune femme qui, dans la demeure paternelle, était, bien qu'entourée de ses frères et de sa sœur, unique pour sa mère comme elle l'est devenue pour son époux au milieu même de ses rivales du royal gynécée [2] ?

Pendant les trois derniers jours des fêtes nuptiales, nous voyons les époux se livrer à leurs promenades du matin, descendre au jardin des noyers, rechercher les fleurs fraîches écloses, les raisins mûrissants. Toujours plus belle aux yeux de Salomon qui compare au palmier la taille svelte de sa compagne, toujours plus chère à son cœur, la Sunamite se sent néanmoins mal à l'aise au milieu de cette cour dont le luxe lui semble une barrière entre elle et celui dans lequel elle n'aimerait à voir qu'un berger. Elle voudrait l'entraîner dans son village. Là, tous deux se lèveraient avec l'aube, et

1. *Cant.*, VI, 5, traduction de *Cahen*.
2. Cf. *Cant.*, VI, 8, 9.

jouiraient, mieux encore que dans le parc royal, du réveil de la nature. Ils ne respireraient pas, il est vrai, l'odeur de la myrrhe, de l'encens, du nard, du cinnamome; mais la fleur rustique du mandragore a aussi son parfum. Les fruits de la campagne s'amoncellent sur les portes des champêtres demeures, et naguère la Sunamite en a réservé pour son bien-aimé. Que l'époux aille recueillir l'offrande qu'elle avait destinée au fiancé! Et la jeune femme ajoute avec mélancolie :

« Oh! que n'es-tu un frère pour moi!....

« Je te conduirais, je te ferais entrer dans la maison
« de ma mère; tu m'instruirais à te faire boire du
« vin aromatisé, mixtionné, du pressurage de mes gre-
« nades[1]. »

L'époux entendait ces paroles qui décelaient une vague et secrète douleur; et, prenant dans ses bras sa compagne, semblait vouloir la retenir sous les lambris de cèdre de son palais, sous les ombrages de ses bosquets.

Au dernier jour des fêtes nuptiales, la jeune reine paraît en public, appuyée sur le souverain. Aujourd'hui se termine la vie idéale et poétique de la nouvelle mariée; demain commencera la vie réelle et austère de l'épouse...... Peut-être alors la Sunamite sera-t-elle, non plus l'unique amie du roi, mais l'une de ses compagnes? Agitée, elle exprime avec une éner-

---

[1]. *Cant.*, viii, 1, 2, traduction de *Cahen*.

gie sombre et passionnée, qui contraste avec la douceur habituelle de son langage, le besoin d'être protégée par son époux contre lui-même :

« Place-moi comme un sceau sur ton cœur, comme
« un sceau sur ton bras, car l'amour est violent comme
« la mort, la jalousie est inflexible comme le sé-
« pulcre [1]. »

Les amis des époux les entourent dans les jardins royaux. Ils désirent entendre chanter la jeune femme, et le roi lui exprime leur vœu. Mais la Sunamite, résistant à cette prière :

« Fuis, mon bien-aimé », dit-elle à Salomon ; « et
« sois semblable au chevreuil et au faon des biches, sur
« les montagnes des aromates [2]. »

Les fêtes nuptiales étaient terminées.

1. *Cant.*, VIII, 6, traduction de *Cahen.*
2. *Id., id.,* 14, *id.*

CHAPITRE TROISIÈME

LOI ÉVANGÉLIQUE

Pourquoi la naissance d'une fille n'attriste pas le disciple de Jésus. — Le christianisme, en créant le type de la vierge, développe l'individualité de la femme. — La mission de Marie devient celle de toute vierge chrétienne. — L'éducation chrétienne anéantira-t-elle le mariage? — Le mariage évangélique. — Transformation des coutumes nuptiales.

Quand l'idée de l'immortalité de l'âme s'est dégagée dans toute sa spiritualité, l'homme redoute moins de mourir sans laisser une postérité mâle qui perpétue sa mémoire ici-bas. Son nom vivra éternellement dans sa céleste patrie; et le véritable héritage du chrétien, celui de ses croyances et de ses vertus, sera aussi dignement recueilli par une fille que par un fils.

Le peuple hébreu avait vécu le temps nécessaire à l'éclosion des vérités qu'il avait enfantées. La chrysalide était morte, le papillon avait pris son vol; Israël n'existait plus, et le Verbe planait sur le monde entier. — Pour ceux des Hébreux qui avaient salué dans le christianisme la transformation du mosaïsme, la naissance d'une fille ne pouvait plus froisser le patriotisme du citoyen, ni inquiéter l'attention vigilante du gardien de la parole divine. Et l'enfant devait être accueillie sans tristesse par un père que ne préoccupaient ni la crainte du néant, habituelle aux patriarches, ni la piété nationale du peuple élu.

Tout en reconnaissant dans la femme une enfant de Jéhova, la loi ancienne n'élevait en elle que la compagne de l'homme; la loi évangélique élèvera en elle la fille de Dieu. Le mosaïsme, lui refusant une existence indépendante de la vie de l'homme, faisait de la première le complément de la seconde; le christianisme, dégageant la personnalité de la femme, créera le type qui sera la plus complète expression de son individualité : le type de la vierge.

A l'aurore des temps messianiques, ce type nous apparaît couronné d'un nimbe lumineux. La Vierge, symbole sublime de l'humanité nouvelle fécondée par l'Esprit-Saint, la Vierge reçoit l'idée suprême, Dieu! Et, sachant qu'elle porte dans son sein la pensée rédemptrice de l'Éternel, elle la donne au monde vieilli et mourant qui y puise la régénération, la vie, et une nouvelle et immortelle jeunesse!

La divine maternité de la Vierge deviendra la mission même de la fille chrétienne.

Tout dans l'éducation de la jeune fille devra tendre désormais au développement des facultés de son âme, à cet épanouissement de la vie morale qui est le but de la loi évangélique. L'idée de la Perfection suprême, inculquée dans l'intelligence naissante de l'enfant, préparera celle-ci à enflammer, à alimenter, en elle d'abord, en autrui ensuite, l'étincelle divine qui anime tout être humain.

C'est ainsi que la vierge sera appelée à recevoir le Christ et à le donner au monde. Elle accomplira cette mission par l'amour de la famille et par la charité, qui n'est que le premier de ces deux sentiments appliqué à l'humanité. Sans pureté de cœur, point de véritable tendresse. Où donc les trois grands amours, Dieu, la famille, l'humanité, auraient-ils plus de force d'expansion et de sacrifice que dans l'âme immaculée de la vierge chrétienne?

Soit que, enchaînée au foyer domestique par le plus saint des dévouements, car il en est le plus obscur, la jeune fille anime la tendresse filiale d'un reflet de l'adoration divine; soit que, libre de tout lien, elle puisse, sans violer les lois de la famille, servir le Christ dans les faibles et les souffrants, elle aura appris à vivre par elle-même, et le célibat ne sera plus pour elle l'isolement d'un être incomplet.

Ainsi comprise, l'éducation chrétienne anéantira-t-elle le mariage? Non, bien qu'elle en restreigne la coutume, elle en perfectionnera l'institution.

Quand la femme, en pleine possession de ses facultés personnelles, saura vivre de sa vie propre, alors seuement, épouse, elle sera digne de partager l'existence de l'homme; alors seulement, mère, elle sera digne de donner l'être aux générations à venir, et de les enrichir de sa valeur originale.

« Que si deux d'entre vous sont unis sur la terre, quoi qu'ils demandent, cela leur sera fait par mon Père qui est dans le ciel, car lorsque deux ou trois sont unis en mon nom, je suis au milieu d'eux [1]. »

Naguère, nous voyions uniquement dans ce verset de l'Écriture la fondation de l'Église. Aujourd'hui, l'un de ces nobles apôtres qui puisent dans l'œuvre du Christ l'inspiration du véritable progrès [2], nous a révélé dans toute sa grandeur le sens de cette parole évangélique en l'appliquant particulièrement au mariage.

C'est, en effet, après avoir exprimé ce qu'a de puissance surnaturelle l'union des âmes dans une pensée de prière et d'adoration, que Jésus rappelle l'antique tradition de la Genèse : la femme, aide, compagne et moitié de l'homme. Ainsi rapprochés, ces deux textes sont la base du mariage chrétien.

Dans l'antiquité, l'hymen perpétuait les races, multipliait la vie matérielle. Du mariage évangélique, du croisement des facultés individuelles de l'homme et de la femme, de la fusion de leurs âmes en Dieu, la Vérité souveraine, naîtra la vie morale des civilisations à venir.

1. *Matth.*, XVIII, 19, 20, traduction du *R. P. Gratry, Commentaires sur l'Évangile selon saint Matthieu*, seconde partie, 1865.
2. Le *R. P. Gratry*. Cf. l'ouvrage ci-dessus.

Plus de barrières nationales désormais entre les époux. L'idée religieuse aura ramené le genre humain à son unité d'origine.

L'homme n'achètera plus sa compagne. On vend un corps périssable, on ne vend pas une âme immortelle, et le souffle de liberté qui émane de l'Évangile affranchira l'esclave.

Jésus et Marie sanctifièrent de leur présence les cérémonies du mariage. C'est aux noces de Cana que le Christ change l'eau en vin. N'y-a-t-il pas dans cette action un symbole de la force que le christianisme devait communiquer à un lien salutaire?

Le caractère des fêtes nuptiales sera plus austère sous la loi évangélique que sous les institutions de Moïse. Aux élans de la passion humaine succéderont les épanchements d'une tendresse divine. Aux joies enivrantes dont le Cantique des cantiques nous redit l'écho, viendront se substituer les émotions graves et recueillies, réservées à ceux qui ont la conscience d'un grand devoir à accomplir, d'une mission sublime à exercer.

LIVRE TROISIÈME

L'ÉPOUSE, LA MÈRE, LA VEUVE

CHAPITRE PREMIER

COUTUMES PATRIARCALES

La tente du nomade. — Le roi et la reine de la tente. — Occupations domestiques de la princesse. — Son caractère. — Ses relations avec son époux. — Aimée et honorée de lui, trouve-t-elle en lui une protection assurée ? — Comment les descendants arabes des patriarches hébreux entendaient le respect de l'honneur conjugal. Voix du désert : Amr, fils de Colthoum ; Antara. Un épisode du Kitâb-al-Aghâni. — Monogamie primitive. Origine de la polygamie. — La mère. — Orgueil de la maternité. — Influence de la mère sur son fils. — En maudissant sa naissance, l'homme enveloppera-t-il sa mère dans son anathème? — La veuve. — Les cheikhs la protégent. — Elle est soumise à l'autorité de son beau-père. — Origine du lévirat.

La tente des Arabes nomades, tissée du poil de leurs chèvres noires, nous rappelle aujourd'hui encore l'habitation des patriarches. Tantôt un tapis, en divisant l'intérieur, limite l'appartement de l'époux et celui de l'épouse. Tantôt un groupe de deux ou de plusieurs tentes indique que la compagne de l'émir ou que chacune des femmes de celui-ci a sa demeure particulière.

C'est à l'ombre des bois que le patriarche plantait sa tente. Père, roi et juge, il gouverne ses enfants et ses serviteurs, lève une petite armée quand il lui faut défendre un allié attaqué; et de son tribunal peut, nous l'avons vu, prononcer une sentence de mort.

A ses côtés se tient sa femme. Elle partage, sinon le rigoureux exercice de la justice souveraine, du moins l'autorité de la royauté, et l'Éternel l'a nommée *princesse*[1].

Son rang ne la dispense pas des humbles travaux de la vie domestique. Elle sait préparer les repas, donner même au jeune chevreau le goût du gibier[2]. Quand le patriarche, introduisant un étranger sous la tente, tue un jeune bœuf, le fait rôtir, prépare le beurre et le lait, c'est à sa femme qu'appartient le soin de mélanger avec de l'eau la fleur de la farine de froment, de pétrir la pâte d'où sortiront ces gâteaux cuits dans la cendre chaude, et que, de nos jours, les Arabes nomment Mafrouk[3].

Et cependant des esclaves entourent la reine de la tente. Consciente de sa dignité, implacable quand il lui faut défendre ses prérogatives, imposante dans sa hauteur, tout fléchit devant elle; et quand elle a prononcé le renvoi d'une esclave, — celle-ci fût-elle la mère d'un fils du patriarche, — l'esclave, son enfant même, s'éloigneront[4].

Maîtresse de ses serviteurs, elle est la compagne

1. *Gen.*, xvii, 15, 16.
2. *Id.*, xxvii, 9.
3. *Id.*, xviii, 6, et note de Cahen.
4. *Gen.*, xxi.

de celui qu'elle nomme *Baal*, son seigneur[1]. Elle le conseille[2], le console[3], l'assiste enfin. Il l'écoute[4], il l'aime[5]; et cependant, au respect qu'il lui témoigne manque ce sentiment de protection qui sauvegarde la dignité de l'épouse et l'honneur conjugal. Quand le patriarche voyage et que sa femme l'accompagne, il craint que l'Égyptien ou le Philistin ne sacrifie la vie de l'époux à la beauté de l'épouse, et il donne à sa compagne le nom de sœur[6].

Ceux des descendants des patriarches qui en conservèrent, sinon les traditions religieuses, du moins les coutumes sociales, les Bédouins, héritèrent-ils aussi de leurs ancêtres ce que nous pourrions nommer le manque de courage conjugal?

Interrogeons Amr, l'impérieux fils de Colthoum, Amr qui paya de la vie d'un roi un outrage fait à sa mère par la mère du souverain, et il nous dira:

« Tandis que nous combattons, nos femmes blanches
« et belles se tiennent derrière nous; leur présence
« nous excite à les préserver de l'esclavage et de l'igno-
« minie...

« Elles donnent à nos coursiers leur nourriture, et

---

1. Cf. *Marriage*, by *William Latham Bevan*.
2. *Gen.*, XXVII, 46.
3. *Id.*, XXIV, 67.
4. *Id.*, XXVII, 46; XXVIII, 1.
5. *Id.*, XXIV, 67.
6. *Id.*, XII, XX, XXVI.

« nous disent : Vous n'êtes point nos époux, si vous
« ne savez nous défendre¹. »

Consultons le vrai type de l'Arabe nomade, Antara, et dans sa réponse vibrera la même émotion généreuse :

« Nous défendîmes nos femmes à Elfourouk, et dé-
« tournâmes de leurs têtes la flamme qui les mena-
« çait.

« Je leur jurai, au plus fort de la mêlée, quand le
« sang ruisselait du poitrail de nos chevaux, je leur
« jurai de ne pas laisser de repos à l'ennemi aussi
« longtemps qu'il brandirait une lance.

« Ne savez-vous pas que les fers de nos lances suffi-
« raient pour nous assurer l'immortalité, si le temps
« respectait quelque chose ?

« Et quant à nos femmes, nous sommes les gardiens
« vigilants de leur honneur ; notre extrême sollicitude
« fait leur quiétude et leur gloire². »

Ouvrons le Kitâb-al-Aghâni, le recueil des chants de l'antique Arabie. Ici la poésie revêt les allures libres et indépendantes, passionnées et généreuses, de la vie du désert. Avec le Bédouin, elle s'élance sur le cheval aux formes allongées, au jarret nerveux, qui, tourbillonnant dans l'espace, se précipite comme la

1. *Moallaca d'Amr*, fils de Colhoum, traduite par *M. Caussin de Perceval*, dans son *Essai sur l'Histoire des Arabes avant l'islamisme*.

2. *Journal asiatique*, juillet 1837, lettre de M. Fresnel à M. Mohl.

pierre que la violence du torrent détache du roc et lance dans le vide¹. Avec le Bédouin, elle court à la bataille, palpite au cliquetis des lances, fait voler les têtes et les bras des ennemis, aspire l'odeur du sang, s'enivre du carnage, exalte tour à tour l'âpre joie de la vengeance et la sereine satisfaction de la magnanimité. — Puis, toujours avec le nomade, elle évoque pendant la halte l'image tumultueuse du combat, et quelque fière et gracieuse figure féminine; et l'Arabe, aussi épris de la beauté des vers que de la gloire des armes, offre à la femme aimée l'hommage de sa victoire et de sa *Kasida* ².

Attendons maintenant dans l'une de ces vallées que dévastent les razzias. Peut-être trouverons-nous quelque commentaire en action des sentiments chevaleresques qu'avant l'islam inspiraient à l'Arabe le culte de la beauté des femmes et le respect de leur honneur.

Nous sommes dans la vallée d'El-Akhram, sur le territoire des Benou-Firâs, qui soutiennent une lutte opiniâtre contre les Soulaym et les Benou-Djocham.

Une troupe de cavaliers pénètre dans le ravin et s'y met en embuscade. C'est l'ennemi; c'est un parti de Benou-Djocham commandé par Dourayd, guerrier et

1. Cf. dans la *moallaca d'Imroulcays*, une belle description du cheval : *Essai sur l'Histoire des Arabes avant l'islamisme*, par M. Caussin de Perceval.
2. Pièce de vers. Cf. *Histoire générale du système comparé des langues sémitiques*, par M. Renan, 3ᵉ édit., 1863. Première partie, liv. IV, chap. II, branche ismaélite ou maaldique.

poëte à la fois, comme il convient à tout héros de l'histoire antéislamique.

Dourayd attend; et quand il voit dans le lointain se dessiner un groupe composé d'un cavalier tenant la bride d'un chameau sur lequel une femme repose, le moment de la razzia est venu pour le hardi coureur d'aventures. Déjà, à une parole brève de son chef, un Djochamite s'est élancé à la rencontre des voyageurs, et a crié au cavalier : « Lâche prise et sauve-toi[1]. »

L'étranger demeure impassible. Rassurant avec douceur sa compagne, il lui confie la bride du chameau qui la porte; puis, se précipitant sur l'ennemi, d'un coup de lance il le jette mort à ses pieds, et offre à la femme qu'il protége l'hommage du cheval que montait le vaincu.

Impatienté sans doute du retard de son messager, Dourayd confie à un second soldat la mission dont il avait chargé le premier.

Le voyageur accueille avec un muet dédain la sommation du Djochamite; celui-ci s'avance. Mais l'inconnu, fondant sur lui, lui dit avec hauteur :

« Laisse passer la femme libre et inviolable; car tu « as rencontré Rabîa entre elle et toi. »

---

1. Traduit du *Kitâb-al-Aghâni*, par *M. Caussin de Perceval, Essai sur l'Histoire des Arabes avant l'islamisme*. C'est à cette traduction qu'appartiennent les phrases que nous avons placées entre des guillemets dans la suite de cet épisode.

Déjà le second Djochamite subissait le sort du premier.

Même accueil est réservé à un troisième messager de Dourayd; mais à la suite de ce dernier duel, la lance de Rabîa se rompt; et quand Dourayd, qui accourt lui-même au-devant des voyageurs, quand Dourayd, qui voit sur son passage ses trois hommes tués, quand Dourayd atteint l'étranger, celui-ci est désarmé... Dourayd le regarde... Le cavalier avait repris la bride du chameau de sa compagne, et regagnait tranquillement avec celle-ci le camp de sa tribu. Rien dans la grâce nonchalante et hautaine de son attitude ne décelait une récente émotion. Sa jeunesse, la calme beauté de son visage; la fierté, le rayonnement de son regard, de son sourire, frappent Dourayd d'un involontaire respect, l'émeuvent d'une généreuse sympathie. Il s'approche de celui qu'il était venu attaquer.

« O cavalier, » lui dit-il, « on ne tue pas un homme
« comme toi. »

Avec un tendre intérêt il continue :

« Cependant nos gens battent le pays, tu es sans ar-
« mes, et si jeune!... »

Et d'un chevaleresque mouvement Dourayd se désarme : « Prends ma lance, mon ami, » dit-il à son adversaire, « et je vais, de ce pas, ôter à mes compa-
« gnons l'envie de te poursuivre. »

Il tourne bride, va à ses guerriers, leur dit que, sachant défendre l'honneur de sa compagne, l'inconnu a tué trois de leurs contribules, lui a enlevé à lui-même sa lance ; et devant ce redoutable adversaire, il donne le signal d'une prompte retraite. Et le poëte-guerrier, frémissant du désir de connaître le nom du héros, celui de son père, celui de sa mère, exprimait dans une kasida l'admiration qu'il éprouvait pour le plus valeureux protecteur des femmes.

La compagne de voyage que défendait Rabîa, fils de Moucaddam, était sa femme. Elle se nommait Rayta. Comme son époux, elle avait la jeunesse, la beauté, le courage ; et c'était naguère en échange du salut de leur tribu menacée qu'elle avait offert sa main à Rabîa.

Peu de temps après la journée d'El-Akhram, la maladie attaquait les forces physiques de Rabîa, sans pouvoir néanmoins abattre son indomptable vaillance. Sa mère et ses sœurs voyageaient alors, et, tout dévoré qu'il fût par la fièvre, il avait voulu les escorter, et se faisait porter à leur suite dans une litière.

On était arrivé à Cadid, entre la Mecque et Médine. Une bande de Soulaym, entrevue dans le lointain, semblait menacer le convoi. Rabîa monte à cheval, court au-devant de l'ennemi, et revient ruisselant de sang auprès de sa mère.

« Oumm-Seyyâr, » lui dit-il, « applique un ban-
« dage sur ma blessure. Tu es frappée à mort dans la
« personne de ton fils. »

— « Hélas ! » répond-elle, « c'est ainsi que nous

« perdons nos plus vaillants défenseurs. Nous ne con-
« naissons point d'autre calamité que celle-là, et nous
« y sommes faites. »

Elle panse la plaie de Rabîa; et avec un courage tout lacédémonien, l'intrépide Bédouine renvoie son fils au combat.

Rabîa vainquit; mais épuisé par l'effort qu'il venait de faire, par le sang qui coulait à flots de sa blessure, il se sentit mourir. Alors il dit à sa mère, à ses sœurs :

« Mettez vos chameaux au trot, et gagnez les habi-
« tations les plus voisines. Je reste ici pour protéger
« votre retraite. J'attends l'ennemi au défilé de la
« montagne, à cheval, appuyé sur ma lance; il n'osera
« point passer sur moi pour aller à vous. »

Ce fut dans cette attitude qu'à l'endroit le plus resserré de la gorge le blessé demeura. L'ennemi regardait, et, cloué par une crainte magnétique, n'avançait pas... Cette attente se prolongea... Quel moment, quel tableau! Sous les feux du désert, la caravane disparaissant dans les replis des âpres montagnes du Hedjaz;— des nomades sans frein se disposant à la poursuivre avec l'enivrement de la vengeance; — et un homme, leur vainqueur, seul et mourant, les arrêtant d'un regard!

La tête du jeune Firâcide[1] s'inclina sur sa poitrine...

---

1. Rabîa appartenait à la tribu des Benou-Firâs.

L'ennemi s'en aperçut... Une flèche atteignit le cheval de Rabîa; mais, en s'abattant, le coursier ne désarçonnait qu'un cadavre... Les femmes étaient sauvées. Vivant, Rabîa les défendait; mort, il les protégeait encore.

Ce fut en vain qu'osant alors franchir le défilé les Soulaym les poursuivirent.

Les hostilités avaient continué entre les contribules de Rabia et ceux de Dourayd, et les premiers, victorieux d'une attaque qu'ils avaient dirigée contre les seconds, s'étaient retirés sous leurs tentes, suivis de leurs prisonniers de guerre. Les femmes de Firâs se promenaient devant les captifs, et par l'altière et radieuse expression du triomphe semblaient vouloir augmenter l'éclat de leur beauté. Les regards de l'une d'elles s'attachèrent sur un Djochamite qui, selon la coutume des prisonniers bédouins, avait tu son nom...

« Par la mort ! » s'écria-t-elle, « nos gens ont fait
« un beau coup ! Savez-vous quel est ce personnage ?
« C'est précisément celui qui fit cadeau de sa lance à
« Rabîa, le jour où il sut défendre sa pèlerine contre
« trois adversaires. »

Et jetant sur l'inconnu son manteau :

« Enfants de Firâs, » s'écrie-t-elle encore, « je me
« déclare sa protectrice. C'est l'homme de la journée
« d'El-Akhram. »

C'était Dourayd, Dourayd qui apprenait en même

temps le nom et la mort de son héros de prédilection! Et comme il demandait ce qu'était devenue la jeune femme dont Rabîa avait sauvegardé l'honneur :

« Tu la vois, » répondit sa protectrice, « c'est moi, « Rayta, fille de Djidhl-Ettiân, et Rabîa était mon « mari. »

Armé par la veuve de celui à qui il avait cédé sa lance, Dourayd partit libre, et jamais ne combattit contre les Benou-Firâs.

Mais où étions-nous? et où sommes-nous maintenant? Des temps les plus reculés de la vie sémitique nous arrivons à la limite des beaux jours de l'Arabie. L'islam approche [1] et va enlever à la femme jusqu'au sentiment de son individualité. Remontons vers les patriarches hébreux, et reconnaissons que, si chez eux la femme ne fut pas entourée d'hommages aussi enivrants que chez leurs descendants arabes, ce fut dans leur postérité israélite seulement qu'elle atteignit progressivement cette place élevée d'où elle put un jour recevoir l'auréole chrétienne.

Dans la société primitive des enfants d'Héber avait été posé du reste, avec l'institution du mariage, le principe qui en fait la grandeur et la force, celui de la

[1]. Dourayd, qui, parvenu à l'extrême vieillesse, soutint de sa présence la lutte des Hawâzin contre Mahomet, périt à la bataille de Honayn, gagnée par celui-ci, l'an 630 après J. C.

monogamie. Un seul homme, une seule femme devaient, en se réunissant, reconstituer cet être double que Dieu avait animé de son souffle. Mais la chute originelle avait altéré l'unité du mariage. La femme avait amené la mort sur la terre ; elle ne pouvait se racheter qu'en y perpétuant la vie, qu'en y amenant le Sauveur ; et la maternité seule devait la régénérer.

Aussi, quand la nature lui a refusé le fils dans lequel elle avait rêvé l'un des fondateurs d'une nation bénie, l'un des ancêtres du Rédempteur, quelle intensité de souffrance, mais aussi quelle force de réaction ! C'est alors que cette fière créature, naguère si jalouse de ses droits, non-seulement consentira à les partager avec une autre femme, mais présentera elle-même à son époux la rivale par laquelle elle se créera une maternité factice [1]. C'est alors qu'éclatera entre deux femmes, deux sœurs, cette lutte où la maternité sera comptée comme une victoire, la stérilité comme une défaite ; — cette lutte où l'épouse aimée, mais qui ne peut être mère, s'écriera à la vue de l'épouse délaissée, mais qu'entourent des enfants, des fils : « La mater- « nité ou la mort ! » — cette lutte qui ne se terminera que par le cri suprême de la femme stérile enfantant un fils : « Dieu a enlevé mon opprobre [2] ! »

L'épouse avait elle-même aidé à l'établissement de la polygamie.

1. *Gen.*, XVI, XXX.
2. *Id.*, XXX, 23, traduction de *Cahen*.

La mère de famille! Quel horizon dut s'ouvrir devant la première femme à sa première maternité! La puissance créatrice de Dieu est descendue en elle; ici la mère de famille devient la mère de cette humanité qui par elle souffrira, luttera, mais par elle aussi triomphera! Elle le sent, le comprend, et dit : *J'ai acquis un homme de l'Éternel*[1]*!*

La mère de famille! Ce titre seul consacre l'autorité souveraine de l'épouse. Ce fils qu'elle a acheté au prix de ses larmes, il est à elle, il lui appartient! Elle l'appelle d'un nom qui exprime les angoisses de son attente, les douleurs de sa délivrance ou les joies de sa maternité[2]. Elle lui imprime son caractère, elle lui insuffle ses sentiments[3]. Ce fils devient sa couronne! L'Arabie ancienne avait ses *mères heureuses*[4] : c'étaient les mères de ses héros! De même, chez les descendants israélites des patriarches, le nom de la mère continua d'être associé à la gloire du fils.

L'homme semble comprendre de quelles souffrances il a été le prix. Sans doute, à ces heures de désespoir

---

1. *Gen.*, IV, 1, traduction de *Cahen*.
2. Ève, Lia, Rachel nomment leurs fils. Cf. *Gen.*, IV, 25; XXXIX, XXX.
3. On trouve dans le caractère de Jacob la finesse et la bonté de Rébecca. C'est à l'impulsion de sa mère que Jacob obéit en attirant sur sa tête la bénédiction d'Isaac. *Gen.*, XXVII.
4. Fatima, l'une des trois *Mères heureuses*, est l'une des figures les plus intéressantes et les plus dramatiques de l'histoire antéislamique. Cf. *Essai sur l'Histoire des Arabes avant l'islamisme*, par M. *Caussin de Perceval*.

et d'abattement où la nature entière se voile à nos yeux du deuil de notre cœur, il pensera à l'héritage de douleur, de faiblesse, que lui a légué sa mère ; il pensera à la fragilité de cette existence qu'elle lui a donnée, au venin qui empoisonne cette vie fuyante comme l'ombre, passagère comme la fleur; et si le néant seul lui semble devoir la terminer, alors « l'homme né de la femme » lancera cet anathème : « Périsse le jour où je suis né[1] ! »

Mais, loin de faire porter à sa mère le poids de ses misères, il lui paie par son amour les angoisses qu'il lui a coûtées à elle-même. Il lui obéit pendant qu'elle passe sur cette terre[2], et la pleure longtemps quand elle est descendue dans le scheol[3].

Veuve, le titre de mère protége encore la femme; et, un enfant sur le bras ou à son côté, elle voit s'ouvrir devant elle les tentes de ces chefs de famille qui consoleront sa douleur, allégeront sa misère[4].

Nous ne savons si ce titre la soustrayait à l'autorité, à la juridiction de son beau-père[5]; mais il l'exemptait de l'obligation d'épouser le frère de son mari.

Il ne fallait pas que le nom du patriarche s'éteignît

---

1. *Job*, III, 3; XIV, 1. Voir aussi le discours d'Éliphaz, xv, 14 ; celui de Bildad, xxv, 4, traduction de *Cahen*.
2. *Gen.*, XXVII.
3. *Id.*, XXIV, 67.
4. Job protége la veuve, XXIX, 13; XXXI, 16.
5. Pendant son veuvage, Thamar est condamnée à mort par son beau-père. *Gen.*, XXXVIII, 24.

avec lui. Aussi, de même que la servante procurait à sa maîtresse stérile une maternité d'emprunt, le frère de l'Hébreu mort sans enfants devait s'allier à la veuve de ce dernier et donner à celui qui n'était plus la postérité où en revivrait du moins la mémoire[1]!

1. *Gen.*, xxxviii.

CHAPITRE DEUXIÈME

INSTITUTIONS MOSAÏQUES

Le lendemain des fêtes nuptiales. — La hutte du pauvre. La ménagère. — La maison du riche. La femme forte. — Influence de l'épouse. — L'amour conjugal chez les Israélites et chez les Indiens. — L'homme et la femme égaux dans leur union chez les Hébreux et chez les Égyptiens. — L'époux placé entre « la femme de sa jeunesse » et la femme étrangère. — Culpabilité de l'épouse. — Moïse autorisa-t-il la répudiation de l'épouse fidèle? Interprétations talmudiques d'un texte douteux. Dieu venge l'épouse injustement bannie du toit conjugal. Difficultés matérielles de l'acte de divorce. Droits de la femme répudiée. Réconciliation et nouvelles fiançailles des époux séparés. — Moïse restreint la polygamie. — Apre besoin de maternité. Hymne de triomphe d'une mère. Le jugement de Salomon. — Pitié de Moïse pour les mères d'animaux. — Part de la femme dans l'éducation de son fils. — Autorité de la mère. — Sans la participation de la mère, le père ne peut entraîner devant les juges son fils coupable. Exquise délicatesse de cette loi. — Prospérité de la nation hébraïque basée sur le respect filial. — Rachel pleurant ses enfants. — Jéhova et Israël protègent la veuve. — La veuve participe à la seconde dîme de la troisième année. — La veuve appelée aux moissons, aux récoltes. — Jéhova, vengeur de la veuve. — Lévirat. Ruth. Théocrite et l'auteur du livre de Ruth. L'églogue grecque et l'églogue hébraïque.

Aux coutumes d'une peuplade nomade ont succédé les institutions régulières d'une nation stable. Le gouvernement patriarcal régit encore, sinon l'État, du moins la famille, et, de la tente, a transporté son siége dans la maison.

Naguère, nous assistions aux fêtes des premiers jours de l'hymen. Le chant nuptial nous envoyait en notes mélodieuses les accents émus, passionnés, d'un amour jeune, naïf, tout entier aux sensations du moment, insoucieux des devoirs du lendemain.

Nous avons quitté la nouvelle mariée, cherchons maintenant l'épouse; cherchons-la aussi bien dans la cabane du pauvre que dans la maison du riche.

Une hutte de terre se présente à nous, et étend en surface plane son toit de chaume où serpente une herbe maigre et rare[1]. Sur cette terrasse, le linge nouvellement lavé déploie ses blanches draperies; là aussi séchent les grains, les figues, les raisins[2].

Entrons dans cette cabane. Une natte, l'humble couche sur laquelle s'étend le pauvre en s'enveloppant de son manteau, un moulin à bras, tel en est l'ameublement. L'Hébreu ne peut se voir enlever par un créancier ni la couverture qui protége son repos de la nuit, ni le moulin qui lui assure sa nourriture du jour [3].

Une femme tourne la meule du moulin; le travail est pénible, et le riche le réserve au prisonnier, à

---

1. Ps. CXXIX, 6; *Palestine*, par *M. Munk*; *House*, by *Henry Wright Philloth* (*Dict. of the Bible*); *A compendious introduction to the study of the Bible*, originally written by the late *Thomas Hartwell Horne* and now revised and edited by *John Ayre*, *M. A.*, 10th edition. London, 1862.

2. *House*, étude précitée.

3. *Ex.*, XXII, 25, 26; *Deut.*, XXIV, 12; *id.*, 6.

l'esclave [1] ; mais l'épouse du pauvre ne lui a pas apporté de servante [2], et c'est elle qui d'une main agite la lourde machine, de l'autre y jette les grains d'orge [3]. Elle se fatigue, et néanmoins elle chante, et sa voix accompagne le bruit criard et monotone du moulin [4].

Elle pétrit la pâte, l'amincit, imprime aux pains

---

1. *Ex.*, xi, 5; *Juges*, xvi, 21 ; *Lament.*, v, 13.
2. These are the kinds of work which the woman is bound to do for her husband. She must grind corn, and bake, and wash, and cook, and suckle her child, make his bed, and work in wool. If she brought him one bondwoman (or the value of one, for her dowry), she needs not to grind, bake, or wash : if she brought him two bondwomen, or the value of two, she needs not cook nor suckle her child : if three, she needs not make his bed nor work in wool : if four, she may sit in her easy chair (Catheder, a raised seat or dais). *Mishna*, Ketuboth, v, 5. Translated by *D. A. de Sola*, and *M. J. Raphall*. — Telles sont les sortes de travaux qu'une femme est obligée de faire pour son époux. Elle doit moudre le grain, faire du pain, laver, faire la cuisine, nourrir son enfant, faire le lit de son mari, et travailler dans la laine. Si elle lui apporte une servante ou la valeur d'une pour sa dot, elle n'a pas besoin de moudre, de faire du pain ou de laver. Si elle lui apporte deux servantes ou la valeur de deux, elle n'a pas besoin de faire la cuisine ni de nourrir son enfant. Si elle lui en apporte trois, elle n'a pas besoin de faire son lit ni de travailler dans la laine. Si elle lui en apporte quatre, elle peut s'asseoir sous son dais. *Mishna*, Ketuboth, v, 5.
3. *Eccli.*, xii, 4, et note de *Cahen*; *Matth.*, xxiv, 41 ; *Mill*, by *William Aldis Wright* (*Dict. of the Bible*); *Robinson's biblical researches*. — Le peuple se nourrissait de pain d'orge. II *Rois* iv, 42.
4. *Eccli.*, xii, 4, et note de Cahen ; *Mill*, by *William Aldis Wright*. — Le Dr Robinson n'a pas entendu dans son voyage sur les terres bibliques l'antique chant des meunières.

cette forme circulaire qui leur donne le nom de *kiccar*[1], et les passe au four[2].

Elle prépare la laitue et l'endive, fait cuire les fèves, les lentilles et sécher les fruits ; pressant les figues, elle en compose des gâteaux taillés en brique et en tuile[3].

Et quand arrive l'heure à laquelle son époux doit rentrer, elle l'attend.

« Le mari n'est-il qu'un cardeur de laine, » dit le Talmud, « la femme l'appelle néanmoins gaiement de-
« vant le seuil de la maison, et s'assied à côté de lui[4]. »

---

1. *Palestine*, par *M. Munk*.
2. *Lév.*, XXVI, 26 ; *Mishna*, Ketuboth, v, 5, alinéa reproduit plus haut.
3. La femme du pauvre fait la cuisine, *id.* — Pour la nourriture du peuple, Cf. II *Sam.*, XVII, 28 ; *Prov.*, xv, 17 ; *Mishna*, Pesachim, II, 6 ; *Palestine*, par *M. Munk*, et les articles suivants du *Dict. of the Bible* : Food, by *William Latham Bevan* ; Fig, by *William Drake*.
4. Ist der Mann auch nur ein Wollkämmer, so ruft ihn die Frau dennoch wohlgemuth vor die Schwelle des Hauses und setzt sich neben ihn. *Rabbinische Blumenlese* von *Leopold Dukes*. Leipzig, 1844. II *Talmudische Sprichwörter*, etc., 222. — L'anthologie rabbinique du savant hébraïsant allemand contient encore deux maximes qui témoignent de l'importance que l'époux le plus vulgaire acquiert aux yeux de sa compagne : Ist der Mann auch nur ein Feldhüter, so ist die Frau zufrieden und verlangt nicht viel von ihm. L. c. 226. — Ist der Mann auch nur so gross wie eine Ameise, so setzt sich die Frau dennoch zwischen die Vornehmem hin. L. c. 227. — Le mari n'est-il qu'un garde champêtre, la femme est contente et n'exige pas beaucoup de lui. — Le mari n'est-il pas plus grand qu'une fourmi, la femme se place néanmoins parmi les gens distingués.

Plus d'une fois un roi reportera sa pensée sur le plus humble de ses sujets, et sous les lambris de cèdre de son palais il rêvera à la hutte du pauvre. Lui, le monarque absolu, le despote oriental, il se sentira mal à l'aise au milieu de ces trésors tout imprégnés des sueurs de son peuple; il se sentira affamé au sein de la chère la plus exquise; il se sentira seul dans cette cour adulatrice, où il ne voit que des esclaves, où il ne compte pas un ami! Il enviera à l'homme du peuple la fête perpétuelle d'une âme sereine et juste; et ce morceau de pain, ce plat d'herbes que son travail a payés, et que partage avec lui un être qui l'aime[1]. Et d'ailleurs, souffrir à deux, n'est-ce pas encore jouir?

Les joies de la famille n'appartiennent pas cependant sans réserve à tous ceux qui achètent le droit de vivre. L'ouvrier peut être obligé de s'éloigner de sa femme, et d'aller demeurer sous le toit étranger où le retient son salaire. Alors la même pensée de travail réunit les époux séparés. La femme file la rude laine des cordages[2], et remet à son mari le fruit de son travail en échange de la nourriture, des vêtements qu'il lui donne[3].

Où est la femme de harem, esclave payée, indolente,

---

1. *Prov.*, xv, 15-17 ; xvii, 1.
2. La matière ordinaire des cordages, le chanvre, n'est pas mentionnée dans la Bible. Le chanvre est originaire de la Perse, et la culture n'en fut probablement introduite en Palestine qu'au retour de l'exil de Babylone. Cf. *Palestine*, par *M. Munk*.
3. *Mishna*, Ketuboth, v, 8, 9.

irresponsable? Nous saluons ici la femme de ménage, compagne de l'homme et lui apportant cette part de travail et de souffrance qui consacre la dignité de l'épouse, imprime au lien conjugal sa véritable valeur, et assied une maison sur les labeurs et les sacrifices égaux et réciproques de ceux qui la fondent.

Le jour du sabbat ramène le travailleur à sa femme, et le repas du soir réunit les époux[1]. L'homme fatigué se repose auprès de sa compagne. Il la voit, et la beauté de la jeune femme éclaire son front attristé d'un rayon de bonheur; il l'entend, et une voix tendre comme l'amour, austère comme le devoir, pénètre son cœur d'un baume adoucissant, fortifiant, qui en ferme et en guérit les blessures.

« La beauté de la femme répand la joie sur le vi-
« sage de son époux et la met au-dessus de tous les
« désirs de l'homme.

« Si sa langue répand la miséricorde, la douceur et
« la guérison, son époux surpassera en félicité les en-
« fants des hommes.

« Celui qui possède une femme bonne fonde sa mai-
« son ; il a un aide semblable à lui, et son repos est
« comme une colonne.

« Où il n'y a point de haie, une terre est au pillage ;
« et où il n'y a point de femme, l'homme gémit dans
« le dénûment[2]. »

1. *Mishna*, Ketuboth, v, 9.
2. *Eccli.*, xxxvi, 24-27, traduction de *Genoude*. — Dans son élo-

« L'ami aide son ami au jour du besoin ; mais une
« femme unie à son mari l'emporte sur l'un et sur
« l'autre.

« Les frères sont un secours au temps de l'afflic-
« tion ; mais la miséricorde est un secours plus puis-
« sant[1]. »

Il n'y a rien à ajouter à cette glorification de la mission suprême de la femme, si ce n'est de faire rayonner maintenant cette auréole dans une autre sphère.

Pénétrons aux premières clartés de l'aube[2] dans les rues de la cité israélite, et arrêtons-nous devant la demeure du riche.

La maison de pierre[3], peinte en rouge[4], couronnée d'une plate-forme, est précédée d'une avant-cour qu'un mur sépare de la route[5]. Franchissons cette première enceinte ; une porte qu'ouvre un verrou de bois[6] nous livrera, en tournant sur ses pivots[7], l'entrée d'une cour

---

quent discours sur les prix de vertu décernés en 1862 par l'Académie française, M. le comte de Montalembert appliquait heureusement ce dernier verset aux héroïnes de la charité.

1. *Eccli.*, XL, 23, 24, traduction de *Genoude*.
2. *Prov.*, XXXI, 15.
3. *Is.*, IX, 9.
4. *Jér.*, XXII, 14.
5. I *Rois*, VII, 12.
6. *Palestine*, par *M. Munk*.
7. Les portes des chambres funéraires du monument connu sous le nom de Qbour-el-Molouk, le Sépulcre des Rois, furent établies d'après ce système. Il en reste une que M. de Chateaubriand a remarquée. Cf. *Itinéraire de Paris à Jérusalem*, et *Palestine*, par *M. Munk*.

intérieure que limitent quatre corps de bâtiment, et au milieu de laquelle se trouve une citerne[1]. Des appartements lambrissés de cèdre[2] s'ouvrent sur cette cour. Les salles de réception, couvertes de tapis[3], nous offrent leurs divans[4]; les chambres à coucher recèlent leurs lits d'ivoire[5]. A la lueur du candélabre à sept branches déposé sur le sol de l'une de ces pièces[6], nous voyons circuler une femme vêtue de bysse et de pourpre[7].

Elle distribue « du pain à sa maison et la tâche à ses « servantes[8]. »

Et donnant aux femmes qu'elle surveille l'exemple du travail, elle-même saisit avec un joyeux entrain le fuseau, la quenouille ; et, sous ses doigts agiles, s'enroulent les fibres du lin. Tissus par elle, les fils qu'elle tord lui donneront les précieuses étoffes qui se draperont sur elle, les doubles vêtements qui préserveront sa famille du froid de l'hiver, les tapis qui s'étendront sous les pieds de ses hôtes, et les voiles, les ceintures qu'elle vendra au Phénicien.

1. II *Sam.*, xvii, 18.
2. *Jér.*, xxii, 14.
3. *Prov.*; xxxi, 32.
4. *Amos,* iii, 12.
5. *Id.*, vi, 4.
6. Le candélabre à sept branches du Tabernacle est le type du luminaire des maisons orientales. Cf. *Histoire de l'Art judaïque*, par M. *de Saulcy,* et *Palestine,* par M. *Munk.*
7. *Prov.*, xxxi, 22.
8. *Prov.*, xxxi, 15, traduction de *Cahen.*

Pourquoi chez la femme riche cette activité matinale, cette soif, cette volupté du travail, ce souci de l'argent gagné? C'est que la mère de famille a le noble et légitime orgueil d'accroître le patrimoine de son époux, de ses enfants; c'est que, du fruit de ses veilles, elle achètera un champ, une vigne, qui témoigneront de sa participation au grand œuvre de la prospérité d'une maison. C'est que la pieuse fille de Jéhova a besoin de nourrir son autre famille, le pauvre! C'est que son labeur, qui augmentera la richesse des fils de ses entrailles, donnera du pain aux enfants de son adoption vers lesquels, bonne et miséricordieuse, elle tend spontanément ses deux mains [1].

Voilà pourquoi, « ceignant ses reins de force, elle « affermit ses bras [2]; » voilà pourquoi « sa lampe « nocturne ne s'éteint pas [3]. »

Apprend-elle qu'un étranger, victime de sa foi courageuse, n'a point de refuge qui l'abrite contre la persécution de l'impie? Suivons-la, dirigeons-nous avec elle vers l'avant-cour, et montons l'escalier qui conduit de l'extérieur de la maison à ses étages supérieurs et à sa plate-forme. Sur le devant de la terrasse se trouve un kiosque : c'est la chambre haute [4]; c'est là que l'Hébreu se retire pour se livrer au recueillement; et

---

1. Cf. la belle description de la femme forte, *Prov.*, XXXI.
2. *Prov.*, XXXI, 17, traduction de *Cahen*.
3. *Id.*, id. 18, id.
4. Cf. *Palestine*, par *M. Munk*, et *House*, by *Henry Wright Philloth*.

quand un étranger lui demande un asile, la chambre de la prière devient la chambre de l'hospitalité.

Par les soins de la maîtresse de maison, un lit, une table, un siége et un luminaire sont placés dans cet appartement. Maintenant, elle peut offrir à l'homme de Dieu une retraite assurée[1].

Les occupations de la femme viennent de nous révéler ce caractère énergique et tendre où une éducation pieuse a gravé les trois plus sublimes manifestations de la Divinité : vérité, justice, charité ; et l'épouse imprime une valeur pratique aux idées qu'a reçues la jeune fille.

« Des fondements éternels sur un rocher immuable,
« tels sont les commandements de Dieu dans le cœur
« d'une femme sage[2]. »

C'est ainsi que la sagesse de la femme est vraiment « le don de Dieu[3]. »

Le divin sourire de l'espérance sur les lèvres, l'épouse prévoit et attend l'avenir. Calme dans sa force morale, réservée, bienveillante, elle subjugue ceux qui l'approchent par l'ascendant de sa dignité, par la séduction de sa grâce modeste et voilée, par le charme persuasif de sa parole véridique, indulgente. Et, aux yeux du Sage, la beauté qui, dans la jeunesse, res-

1. II *Rois*, IV, 8-10.
2. *Eccli.*, XXVI, 24, traduction de *Genoude*.
3. *Eccli.*, *id.*, 17, *id.*

plendit comme « une lampe dans un candélabre d'or, » semble, quand elle sert d'enveloppe à un cœur de femme, ferme et pur, « le soleil qui se lève » pour éclairer, vivifier, échauffer [1].

Salomon et le fils de Sirach opposent à la femme forte l'épouse, dont le caractère jaloux et querelleur trahit l'inquiète inactivité. La colère n'est point innée dans son sexe [2], mais jamais cette arme n'offre plus de danger que lorsqu'elle est maniée par une femme qu'aveuglent la faiblesse de sa nature et la violence de ses penchants : « Toute malice est légère auprès de la malice de la « femme [3]. »

L'épouse d'un mauvais caractère paraît au Sage « sombre comme l'aspect d'un cilice [4]. » Elle ne lui rappelle que la première influence de la femme, et c'est devant elle qu'il s'écrie : « Par la femme le péché a « eu son commencement, et par elle nous mourons « tous [5]. »

« ..... Que le sort des pécheurs tombe sur elle [6] ! »

C'est à l'époux de la femme irascible que s'adresse particulièrement cette dernière allusion ; c'est à celui dont le caractère s'aigrit, dont le cœur se ferme par ces dissensions domestiques qu'on ne peut fuir

---

1. *Prov.*, XXXI, et *Eccli.*, I, 16 ; XXVI, traduction de *Genoude*.
2. *Eccli.*, X, 22, *id.*
3. *Id.*, XXV, 26, *id.*
4. *Id., id.*, 24, *id.*
5. *Eccli.*, XXV, 33, traduction de *Genoude*.
6. *Id., id.*, 26, *id.*

qu'en se fuyant soi-même. Aussi le Sage préfère-t-il la solitude de la chambre haute, celle du désert même, le voisinage du lion enfin, à la compagnie d'une méchante femme [1].

Il établit de frappants contrastes entre les désastres qu'attire sur sa famille l'épouse paresseuse et maligne, et les bienfaits que répand autour d'elle la femme vigilante et aimante. La première est la ruine, le déshonneur d'une maison ; c'est « le chemin montant et sablonneux » qui fait glisser et chanceler un époux ; c'est « la gangrène » qui lui ronge les os ; c'est « le scorpion » qui le brûle d'une piqûre envenimée ; sa langue est « le dard » qui le déchire [2].

Mais « la femme forte, qui la trouvera [3] ? » Son prix est au-dessus du prix de l'or, des perles, de tous les trésors de la terre [4] ! Et le Sage exalte le bonheur de celui qui l'a rencontrée.

Ici le renom de l'épouse devient la gloire de l'époux. La femme forte édifie une maison, en soutient l'honneur ; c'est l'héritage d'un mari ; la joie, la force, la sérénité, la prolongation de ses jours ; sa couronne, le don par lequel Dieu récompense et bénit ses vertus [5].

---

1. Cf. *Prov.*, XXI, 9 ; XXV, 24 ; XXI, 19 ; *Eccli.*, XXV, 23.
2. Cf. *Prov.*, XIV, 1 ; *Eccli.*, XXV, 27 ; *Prov.*, XII, 4 ; *Eccli.* XXV, XXVI.
3. *Prov.*, XXXI, 10.
4. *Id., id.* ; *Eccli.*, VII, 21 ; XXVI, 20.
5. *Prov.*, XIV, 1 ; XI, 16 ; XXXI, 12 ; *Eccli.*, XXII, 4 ; XXVI, 1-3 ; *Prov.*, XII, 4 ; XIX, 14 ; *Eccli.*, XXVI, 3 ; *Prov.*, XVIII, 22.

L'époux le comprend ; et avec ses fils, il se lève devant la femme forte ; et, dans un élan d'admiration, de respect, de tendresse, le père et les enfants s'écrient :

« Plusieurs filles ont agi avec vertu ; mais toi, tu les
« as surpassées toutes. »

Et le Sage conclut :

« La grâce est trompeuse, la beauté est vaine ; une
« femme qui craint Dieu est seule digne de louange.

« Donnez-lui le fruit de son activité, et qu'aux
« portes de la ville ses œuvres la louent[1]. »

Il y a loin des tableaux que nous venons d'esquisser aux scènes du Cantique des Cantiques. Quand sont terminées les fêtes nuptiales, l'Hébreu, avec un délicat sentiment de ce respect que lui inspire le foyer domestique, semble craindre de profaner son chaste bonheur en l'exprimant. Mais, de temps en temps, le voile sous lequel il nous dérobe sa vie intime se soulève à demi, et nous fait pressentir ce qu'elle avait de doux et d'enivrant.

Sans doute, nous chercherions en vain chez le Sémite à la parole sobre, contenue, nerveuse, l'expansion des races indo-européennes. Nous ne trouverons pas dans la littérature hébraïque de ces épopées colossales qu'animent tout entières le souffle de la femme et l'inspiration de l'amour conjugal[2]. Une Sîtâ, une Da-

---

[1]. *Prov.*, xxxi, 29-31.
[2]. Nous avons essayé de reproduire les types féminins de la poésie

mayantî ne nous entraîneront pas à leur suite dans les forêts où elles suivent un mari exilé ; nous n'assisterons pas à ces scènes gracieuses et dramatiques, où la tendresse émue de l'époux répond au dévouement exalté de l'épouse. Nous ne verrons pas la femme, personnifiant en un mari, vertueux ou coupable, cette idée du devoir qui est l'élément naturel de la poésie sanscrite, n'exister qu'en celui qui est sa vie, son âme, son dieu ! — Il y a dans l'amour conjugal, tel que le comprenait l'Hébreu, moins de beauté humaine peut-être, mais plus de grandeur divine. Pour la femme d'Israël, au-dessus de l'homme il y a Jéhova, et son affection pour son mari est, non l'expression complète, mais l'une des manifestations de sa piété religieuse. Et cependant, bien que son individualité soit plus saillante que celle de la femme de l'Inde, la femme d'Israël n'a pas encore appris, nous l'avons vu, à développer complétement toutes ses facultés originales. Elle non plus ne peut avoir une existence indépendante de celle de l'homme qui est à la fois le maître de sa vie et « l'ami de sa jeunesse[1]. » Mais le mariage qui, sur les bords du Gange, est l'abdication de la femme devant son époux, devant l'incarnation du Devoir, le mariage est, sur la terre de Jéhova, la réunion des deux parties du même être, toutes deux égales en valeur morale, en intelli-

---

sanscrite dans notre étude précédente : *La Femme dans l'Inde antique*, études morales et littéraires.

[1] *Osée*, II, 16, et note de Cahen ; *Prov.*, II, 17 ; *Jér.*, III, 4.

gence, toutes deux illuminées au même degré des rayons de cette lumière dont le foyer est au ciel, et à la lueur desquels toutes deux cherchent ensemble le bien, se préservent réciproquement du mal[1]. C'est à ce couple dont chaque membre sent que veiller sur l'autre c'est veiller sur soi, c'est à ce couple animé d'un même cœur, d'un même esprit[2], que Dieu peut dire: « Toi[3] ! »

Au temps où les Hébreux habitaient Misraïm, la terre des Pharaons conservait encore le souvenir de l'égalité primitive de l'homme et de la femme dans leur union[4]. Les monuments égyptiens que nous avons sous les yeux le prouvent éloquemment. Des groupes de granit rose, de grès, de pierre calcaire, représentent la femme, « la maîtresse de la maison, » enlaçant son bras dans celui de son mari[5]; et, sur la première tablette d'un coffre funéraire, nous voyons les âmes de deux époux, purifiées par une suite de transmigrations et de souffrances terrestres, revenir animer au même

1. Cf. *Eccli.*, xvii, 5-12.
2. *Id.*, xxv, 2.
3. *Ex.*, xx, 10; *Deut.*, v, 14; xii, 18; xvi, 11, 14.
4. « La condition de la femme en Égypte, » écrit M. le vicomte de Rougé dans la lettre particulière que nous citons plus haut, « paraît avoir été bien plus élevée qu'on ne le soupçonnerait main-
« tenant en parcourant l'Orient. Elle était, dès le début de l'his-
« toire, associée à tous les honneurs, même à ceux du sacerdoce.
« Elle apparaît partout avec son mari; le fils cite, par préférence,
« le nom de sa mère, et la princesse possédait un droit spécial à
« l'hérédité du trône. »
5. Musée du Louvre, salle Henri IV, et la *Notice* de *M.* le vicomte de Rougé.

moment et pour toujours les corps qu'elles avaient naguère quittés, et qui reposent dans des cénotaphes[1]. Idée sublime qui unit dans l'éternité ceux qui ont passé ensemble dans le temps!

L'harmonie des deux moitiés de l'être humain est la préoccupation du Sage. La domination de la femme ne pèsera pas sur l'époux[2], et la jalousie de l'homme ne troublera pas sa compagne[3]. Ici la confiance de l'époux assure la liberté de l'épouse; et, de même que dans l'ancienne Égypte, la femme est honorée parce que, avec l'initiative de ses actions, elle en a la responsabilité.

Il y a une sollicitude touchante dans les instances avec lesquelles le Sage, le prophète, recommandent à l'homme le bonheur de sa compagne, ce bonheur qui est le sien. Ils craignent que la voix du calomniateur ou la beauté plus dangereuse encore de la femme étrangère n'éloigne l'époux de l'épouse[4]. Salomon rappelle à l'homme son ancienne affection pour l'amie de toute sa vie; il lui peint « la femme de sa jeunesse, » belle et aimante comme au premier jour, gracieuse comme la gazelle aux yeux noirs, à la svelte démarche :

1. Musée du Louvre, salle funéraire. La sœur de l'époux accompagne son frère et sa belle-sœur.
2. *Eccli.*, IX, 2; XXXIII, 20.
3. *Id.*, IX, 1.
4. *Kohéleth*, IX, 9; *Eccli.*, VII, 21; XXVIII, 19; *Michée*, II, 9, et note de *Cahen*; *Prov.*, V.

« Que ses charmes t'enivrent en tout temps, que
« son amour te transporte toujours[1] ! »

Est-ce sur un cœur qui n'a point souffert de ses souffrances, joui de ses joies, frémi de ses inquiétudes, palpité de ses espérances, que l'homme appuiera son cœur avec sécurité[2] ? Et si le souvenir du bonheur que lui a donné sa compagne, et qu'elle lui réserve encore, n'arrête pas l'époux infidèle, n'y a-t-il point dans sa conscience une voix qui lui crie que l'épouse outragée a un vengeur en Dieu[3] ? Il trouvera son châtiment dans sa faute même, dans son amour insensé pour l'étrangère, cette femme « qui est elle-même un piége, « et dont le cœur est un filet et les mains des liens[4]. »

Auprès de cette femme qui se rit de tout ce qu'elle profane, comment conserverait-il ce qui soutient et fait vivre, la croyance au bien, le respect de l'humanité, la crainte de Dieu ? Affaibli, attristé, découragé, il mourra aux rêves bénis de son adolescence, aux saints enthousiasmes, aux chastes amours de sa jeunesse ; et, las de l'existence, il se laissera glisser dans le scheol[5], ce gouffre au delà duquel il n'entrevoit que le néant !

Quant à la femme qui avait sacrifié l'honneur con-

---

1. *Prov.*, v, 19, traduction de Cahen.
2. *Id., id.,* 20.
3. *Id., id.,* 21, 23.
4. *Kohéleth*, vii, 26, traduction de Cahen.
5. *Prov.*, vii ; *Kohéleth*, vii, 26.

jugal à une affection illégitime, elle était lapidée avant même d'avoir pu sentir l'aiguillon du remords[1]. A elle plus qu'à son époux il appartenait de sauvegarder la dignité de l'être humain, de l'être complet que par leur union ils représentaient.

Le divorce aurait dû sembler un suicide au législateur qui, posant en principe l'union primitive des deux sexes dans un seul être, savait que l'homme, en repoussant sa compagne, s'arrache une part de sa vie, cette part à laquelle il a donné peut-être le meilleur de son âme : sa tendresse et sa confiance !

Cependant Moïse permit la répudiation sans préciser les causes qui l'autorisaient[2]. L'infidélité de l'épouse étant punie de mort, à quelle situation devait s'adapter le divorce? L'incertitude du texte biblique qui réglait la répudiation laissait toute liberté aux caprices de l'époux, et le Talmud nous montre jusqu'où l'arbitraire avait interprété la loi.

Une femme a-t-elle servi à son mari, à l'insu de celui-ci, une nourriture qui n'a pas payé la dîme? A-t-elle, dans un moment d'exaltation, formé un vœu qu'elle n'a point accompli? Sa voix, vibrante de colère, s'est-elle fait entendre hors de sa maison? Irritée contre ses enfants, les a-t-elle maudits en présence de leur père? S'est-elle, le fuseau à la main, livrée au travail

---

1. *Lév.*, xx, 10. La femme simplement soupçonnée était soumise à une épreuve nommée sacrifice de jalousie. *Nomb.*, v, 11-31.
2. *Deut.*, xxiv, 1-4.

dans la rue? Est-elle sortie sans avoir emprisonné sa chevelure dans une résille ou un turban ? Répudiée comme une femme coupable, elle n'aura même pas le droit d'emporter son mohar[1], cette dot nuptiale que son fiancé lui avait assurée en échange de la main que son mari repousse aujourd'hui. Et là ne devait pas s'arrêter le despotisme de l'époux. Comme Beth-Shammaï, l'un des docteurs de la loi, fidèle au respect des traditions du foyer, protestait contre ces interprétations de la pensée de Moïse, et ne faisait correspondre la répudiation qu'au déshonneur de la femme, Beth-Hillel déclarait qu'un mets brûlé par l'épouse était une cause de divorce; et Rabbi Akiva ajoutait qu'il suffisait à un homme de trouver plus de charme à une autre femme qu'à la sienne pour qu'il eût le droit d'expulser celle-ci de la maison conjugale. Il y a loin de ces commentaires, qui désorganisent et détruisent la famille, au livre dont ils altèrent le sens, et qui, en promulguant les lois naturelles et immuables du sanctuaire domestique, leur avait imprimé son divin caractère!

Hâtons-nous de dire que le cœur de l'homme sut se défendre de la subtilité de l'esprit doctoral, et que l'Halaca, le recueil des constitutions judaïques, rejette l'interprétation du Rabbi Akiva[2].

Quant à l'épouse dont la stérilité se prolongeait

1. *Mishna*, Ketuboth, vii, 6.
2. *Mishna*, Gittin, ix, 10, et note des traducteurs anglais.

pendant dix années, elle pouvait être répudiée, mais elle entrait, par le divorce, en possession de son douaire [1].

Il n'est pas jusqu'au Talmudiste qui ne soit saisi de commisération devant la douleur de la femme délaissée [2]. Il se souvient de Malachie évoquant à l'imagination de ses contemporains cet autel mouillé des larmes de l'épouse répudiée, sur lequel Dieu ne veut plus recevoir l'offrande de l'époux coupable. A ce peuple qui, se plaignant de n'être plus entendu de son Dieu, demande pourquoi Jéhova l'a abandonné, le prophète crie soudain avec une émotion profonde :

« Pourquoi? Parce que Jéhova est témoin entre toi
« et la femme de ta jeunesse, envers laquelle tu as été
« perfide, et elle est ta compagne et la femme de ton
« alliance.....

« Car il hait la répudiation, dit Jéhova, Dieu
« d'Israël [3]. »

Aussi les docteurs de la loi eux-mêmes multiplièrent-ils les difficultés matérielles de la consommation du divorce. L'époux rendait à l'épouse son indépendance par une lettre nommée *Get*. Cet acte de répudiation, dressé par un lévite, signé de deux

---

1. *Mishna*, Gittin, et note sur la femme hébreue, insérée dans le tome V de la Bible de Cahen.
2. *Gemara*, Gittin, citée par les traducteurs anglais de la *Mishna*, Treatise Gittin, chap. ix, note de l'alinéa 10.
3. *Mal.*, ii, 14, 16, traduction de *Cahen*.

témoins, pouvait être invalidé par une multitude d'irrégularités. Examinons-nous en eux-mêmes les défauts de forme qu'énumère un chapitre de la *Mishna* [1], ils nous feront sourire par leur minutie; mais considérons-nous ces mêmes illégalités comme autant d'obstacles posés paternellement par la loi pour retarder la séparation de deux êtres qui peut-être s'aimaient encore jusqu'à se réconcilier, notre disposition railleuse cédera à une sympathique émotion.

Ce n'était qu'au moment où l'épouse recevait légalement l'acte de scission que son mariage était rompu. Elle était libre, et avait le droit de chercher auprès d'un autre époux le bonheur que le premier lui avait refusé [2].

Contractait-elle une seconde union, tout espoir de retour vers « l'ami de sa jeunesse » était perdu pour elle : la loi défendait avec énergie que la femme, veuve d'un second mari ou répudiée par lui, fût reprise par son premier époux [3]. Conservait-elle sa liberté, il lui était permis de céder au repentir de celui qui n'était plus son mari, mais pouvait redevenir son

---

1. Le traité Gittin, ou des lettres de divorce.
2. *Mishna*, Gittin.
3. *Deut.*, XXIV, 1-4 ; *Jér.*, III, 1. — Le Koran contient une prescription radicalement opposée. Le musulman a la faculté de reprendre deux fois la femme qu'il a répudiée ; mais, pour qu'il lui soit permis de se réunir à elle une troisième fois, il faut qu'elle ait été mariée à un autre homme, et répudiée par celui-ci. *Koran*, II, 229, 230, traduction de *M. Kasimirski*.

fiancé[1]. Quand Isaïe, Jérémie symbolisent Dieu et Israël sous la figure de l'époux et sous celle de l'épouse, ils font de touchantes allusions à ces secondes fiançailles, moins joyeuses que les premières, moins dorées par les rayons de l'espoir, mais plus remplies d'émotions pénétrantes et de mélancoliques souvenirs.

Sous le voile de ces comparaisons, nous croyons assister à la première entrevue de ceux qui naguère vivaient de la même vie, et qui maintenant devraient être étrangers l'un à l'autre. L'époux, encore sous l'impression de ses anciens griefs, les expose avec sévérité ; puis se souvenant de ce que la femme qu'il afflige a été pour lui, de ce qu'elle a souffert pour lui, il fait succéder à ses reproches des expressions de regret et d'amour qui laissent pressentir la réconciliation.

« Je me rappelle, par rapport à toi, la grâce de ta
« jeunesse, l'amour de tes fiançailles, lorsque tu me
« suivis dans le désert, sur une terre inculte [2]... »

C'est dans un accès de colère qu'il a repoussé sa compagne, mais cette colère n'a duré qu'un moment... Qu'attend-il? Un cri de détresse qui soulève la poitrine de l'épouse abandonnée.....

« Si à présent, du moins, tu m'appelais : Mon
« père! tu as été l'ami de ma jeunesse [3]! »

1. *Os.*, I.
2. *Jér.*, II, 2.
3. *Id.*, III, 4.

Ce cri, il l'entend; et, ému d'une « grande pitié, » il saisit sa femme, et la consolant, la garde à jamais dans son sein protecteur [1].

La polygamie devait souvent supprimer l'une des principales causes de répudiation, celle qui naissait de la stérilité de l'épouse. Toutefois la coutume d'acheter les femmes ne rendait la polygamie accessible qu'aux riches Hébreux.

Nous avons vu comment le sentiment exagéré de la paternité, de la maternité même, avait introduit la pluralité des femmes dans la société primitive. Nous avons vu aussi que ce sentiment qui, chez les patriarches, s'appuyait sur leur désir de propager le genre humain naissant et de vivre encore dans leur postérité, se fortifia chez leurs descendants par le besoin de multiplier les représentants d'une idée religieuse et d'un droit politique.

Les seconds comme les premiers considérèrent dans la stérilité de la femme le châtiment de l'époux; dans sa fécondité, la récompense de celui-ci. Souvenons-nous de Moïse, montrant aux Hébreux dans leurs enfants les gages de leur union avec Jéhova [2]. Écoutons les pèlerins qui montent vers Jérusalem; entendons-les évoquer la paisible image de ce bonheur domestique qui est le fruit du labeur de l'homme et de

---

1. Cf. *Is.*, LIV.
2. *Deut.*, VII, 13, 14.

sa confiance en Dieu ; entendons-les chanter avec le Psalmiste :

« Heureux tout homme qui craint Jéhova, qui
« marche dans ses voies.

« Lorsque tu te nourris du travail de tes mains, le
« bonheur et la satisfaction sont en toi.

« Ta femme sera comme une vigne fertile dans
« l'intérieur de ta maison ; tes enfants seront comme
« des plants d'olivier autour de ta table.

« C'est ainsi que sera béni l'homme qui craint
« Jéhova [1]. »

Et ces voix nous feront comprendre pourquoi le législateur qui proclama l'unité primitive du mariage sembla autoriser implicitement la pluralité des femmes.

Moïse restreignit néanmoins cette coutume [2] en défendant à l'homme de s'allier à la sœur de sa compagne, du vivant de celle-ci [3] ; en accordant des droits égaux aux femmes de l'époux polygame, qu'elles fussent entrées libres ou esclaves sous le toit conjugal [4] ; en rappelant enfin au futur souverain d'Israël que le roi qui s'expose à subir les influences d'un harem ne tarde pas à abdiquer, avec sa force d'âme, le sentiment de la justice [5].

---

1. *Ps.* CXXVIII ; voir aussi le psaume précédent.
2. De même que le Koran, le Talmud permet à l'homme d'épouser quatre femmes. Cf. *Koran*, IV, 3 ; et *Palestine*, par *M. Munk.*
3. *Lév.*, XVIII, 18.
4. *Ex.*, XXI, 7-11.
5. *Deut.*, XVII, 17. Le livre des Rois témoigne des violations de

Rien de plus contraire à la pluralité des femmes que les chants des Prophètes et les maximes des Sages. L'héroïne du *Cantique des Cantiques* pouvait être une reine de harem; mais la femme forte du livre des *Proverbes* devait être la compagne unique de celui qui l'associait à la souveraineté de la famille. La première est le type de l'amante; la seconde, celui de l'épouse.

Chez l'une on pressent l'inquiète jalousie de la favorite qui se sait exposée à subir des rivales; chez l'autre on respire le calme confiance de la mère de famille, de la maîtresse de maison, qui ne soupçonne pas qu'une autre femme puisse jamais être admise au partage de son autorité.

L'histoire d'Anne, mère de Samuel, témoigne du désespoir qui accablait la femme forte quand sa stérilité obligeait son mari de demander à une seconde épouse le bonheur de la paternité. En vain préférait-il la compagne de sa jeunesse à la mère de ses enfants; la première souffrait et pleurait, car elle sentait qu'un lien plus puissant que l'amour, un fils, unissait sa rivale à son époux.

Aussi, quand le Dieu qui protége l'épouse stérile[1]

---

cette loi. Les souverains d'Israël eurent leurs sérails, qu'ils transmettaient à leurs successeurs avec leurs droits au trône. II *Sam.*, xii, 8; xvi, 21, 22; 1 *Rois*, ii. Cf. *Michaelis Mosaiches Recht*, Erster Theil, vom Könige.

1. *Ps.* CXIII, 9.

faisait cesser la cause de sa douleur, on ne s'étonne pas que le premier cri de sa maternité ait été un hymne de reconnaissance; on ne s'étonne pas que la pensée de celle qui avait tant souffert du passé s'élance dans l'avenir, et que, des lèvres de cette mère, ait pu jaillir une des notes les plus enthousiastes et les plus vibrantes de la poésie prophétique[1] !

D'après ce qui précède, on comprend mieux l'étrange incident qui motiva le célèbre jugement de Salomon. Cette femme qui, ayant involontairement causé la mort de son fils, se lève pendant la nuit, couche le cadavre de son enfant sur le sein de sa compagne de chambre, prend dans ses bras le fils de celle-ci et le nomme le sien; cette femme qui, devant les angoisses, les cris de la véritable mère, maintient inflexiblement ses droits sur l'enfant qu'elle lui a volé, cette femme provoque plus de pitié que de colère! Et notre admiration s'accroît encore pour ce jeune souverain qui, sachant pressentir que, devant la vie menacée de son fils, la vraie mère ferait céder son orgueil à son amour, ordonna qu'on lui apportât un glaive, et dit :

« Coupez l'enfant vivant en deux, et donnez-en la
« moitié à l'une et la moitié à l'autre[2]. »

Frémissante, l'une des femmes criait : « De grâce,

---

[1]. 1 Sam., I-II. — Quand l'Hébreu avait un fils de la femme qu'il aimait, il ne pouvait sacrifier à cet enfant le droit d'aînesse du fils de l'épouse qu'il haïssait. Il devait à ce dernier la double part d'héritage que la loi attribuait au premier-né. Deut., XXI, 16-17.

[2]. 1 Rois, III, 25.

« mon seigneur! donnez-lui l'enfant vivant, mais
« qu'on ne le tue pas. » Calme et impérieuse, l'autre
disait : « Il ne sera ni à moi ni à toi ; coupez[1] ! »

La vraie mère s'était déclarée.

Parmi les lois de Moïse, il en est qui détendent notre cœur oppressé par la sévérité générale du code sinaïque, et le pénètrent d'une émotion douce et bienfaisante : ce sont celles qui nous excitent à l'une des manifestations les plus miséricordieuses de la charité : la pitié! La pitié qui nous fait donner aux pauvres, aux faibles, aux malheureux, plus que l'aumône de notre fortune, plus que le secours de nos soins, la consolation de notre sympathie!

Cette pitié, Moïse l'étend jusque sur les animaux. Le prophète, dont le cœur de bronze semble ne devoir vibrer que sous le choc d'impressions surhumaines, s'attendrit en recommandant au promeneur qui trouve, soit dans le feuillage d'un arbre, soit au bord du chemin, un nid d'oiseaux, de ne point priver la mère de sa liberté au moment où il lui enlèvera les œufs qu'elle couve ou les poussins qu'elle abrite de ses ailes. Moïse défend aussi que le veau et l'agneau soient égorgés le même jour que leurs mères, et que le chevreau soit cuit dans le lait qui l'a nourri[2].

---

1. 1 *Rois*, III, 26.
2. *Deut.*, XXII, 6, 7, et note de *Cahen*; *Lév.*, XXII, 28; *Ex.*, XXIII, 19; XXXIV, 26; *Deut.*, XIV, 21.

Ce sentiment si exquis de l'amour maternel trahit le cœur affectueux de l'homme à travers l'austère attitude du législateur.

Le type de la mère, déjà ébauché dans le premier livre de la *Thorah*, se dessine avec ampleur dans la suite de l'histoire biblique. Nous la voyons nourrir son fils de son lait[1], surveiller les premiers pas de l'enfant ; et lui donnant enfin deux fois l'existence, faire ruisseler en lui cette vie morale qu'elle-même avait puisée aux sources les plus pures de la foi et du patriotisme[2]. L'esprit de la femme, plus pratique que théorique, plus religieux que philosophique, devait être le véritable dispensateur d'une instruction toute d'application qui avait pour objet l'étude de ce qui *est*, et pour but la crainte de Jéhova, la Vérité suprême.

Cette éducation virile, tempérée par le sourire d'une mère, infusait dans le cœur de l'homme les qualités aimantes et délicates de la femme, et ceignait son front d'une « couronne de grâces[3]. »

Les femmes d'Israël formèrent des citoyens, des

---

1. 1 *Sam.*, I, 22-24 ; *Mishna*, Ketuboth, v, 5.
2. « Écoute, mon fils, la morale de ton père, et ne délaisse pas
« l'enseignement de ta mère, car ces leçons sont une couronne de
« grâce pour ta tête et une parure pour ton cou. » — « Mon fils,
« garde les commandements de ton père, et n'abandonne pas l'en-
« seignement de ta mère. Noue-les constamment sur ton cœur,
« attache-les à ton cou. » *Prov.*, I, 8, 9 ; VI, 20, 21, traduction de *Cahen*. Cf. *Josèphe, Martyre des Maccabées*, chap. XIII et XIV.
3. Voir la note précédente.

héros, des penseurs; et quand la croyance à l'immortalité de l'âme se fut embrasée au contact de l'esprit prophétique, ces femmes, si fières d'une maternité que leurs vœux et leurs pleurs avaient appelée, ces femmes surent être les mères des martyrs et enfanter leurs fils à la vie éternelle[1].

La mère tient de Dieu l'autorité qu'elle exerce sur son fils[2]. Même parvenu à l'âge d'homme et à la dignité royale, celui-ci respecte et écoute la voix maternelle qui le détourne des écueils des passions, et le guide vers le port où le calme l'attend. Se laisse-t-il séduire par la coupe qui lui offre une liqueur excitante, et par la femme étrangère dont la beauté lui cause une ivresse plus dangereuse encore, sa mère accourt et jette le cri d'alarme :

« Qu'est-ce, mon fils? Qu'est-ce, fils de mes en-
« trailles? Qu'est-ce, fils de mes vœux?

« Ne donne pas ta force aux femmes, ni ta conduite
« aux corruptrices des rois.

« Ce n'est pas aux rois, Lamuel, ce n'est pas aux
« rois à boire du vin, ni aux princes à goûter ce qui
« enivre,

« De peur que le roi, en buvant, n'oublie ce qui est
« fixé et qu'il ne change le droit de tous les fils du
« malheur.

1. La mère des Maccabées réalisa ce type idéal de la mère.
2. *Eccli.*, III, 3.

« Donnez des boissons fortes à celui qui périt, et
« du vin à ceux qui ont l'amertume dans l'âme.

« Que le malheureux boive et oublie sa pauvreté et
« ne se rappelle plus sa misère.

« Ouvre ta bouche pour le muet et pour le droit de
« tous les abandonnés.

« Ouvre ta bouche, juge équitablement, et défends
« la cause du pauvre et du nécessiteux[1]. »

Et pour le faire rougir des vaines idoles auxquelles il adresse son amour, elle ne les lui peint pas dans leur abjection; elle ne lui montre pas le péril qu'elles lui font courir : elle se contente de tracer l'idéal de l'épouse, cet admirable portrait de la femme forte devant lequel nous venons de nous arrêter, et qu'il appartenait à une mère de nous dessiner. Pour dissiper les ombres fallacieuses, il suffit que le soleil se lève. Le jeune roi voit la lumière, il est sauvé, et Israël compte un sage de plus.

Moïse, en enlevant au père la juridiction suprême de la famille, l'autorisa à conduire devant les anciens de la cité le fils rebelle aux conseils de ses parents. La lapidation attendait ce dernier. Mais, pour que le témoignage du père fût légal, il fallait que celui de la mère l'accompagnât[2]. C'était placer la miséricorde près de la justice, et donner au fils, dans son second et indispensable dénonciateur, son plus chaleureux défen-

1. *Prov.*, xxxi, 2-9.
2. *Deut.*, xxi, 18-21.

seur. Moïse sentit que, si le cœur d'un père pouvait sacrifier à un rigoureux devoir la vie de son enfant, jamais les entrailles d'une mère ne permirent à celle-ci un semblable héroïsme! Quand la mort plane sur ce fils qui est sa douleur [1], mais sa vie aussi, la mère a oublié la faute qu'il a commise, et ne frémit que du péril qu'il court. Le coupable n'est plus que malheureux! Sa mère sait le consoler [2], elle ne sait pas le châtier! Et si, aveuglée par la colère, elle pouvait jamais aider son époux à traîner son fils hors des portes de la ville; si, devant les juges prêts à rendre une sentence de mort, devant les bourreaux [3] prêts à l'exécuter, le père avait encore la force de dire : « Frappez! » Moïse prévit que la mère crierait : « Grâce! »

Mais jamais la Bible n'eut à enregistrer l'application de cette loi.

Dieu fit du respect filial l'un des statuts de son alliance avec Israël. Quand, sur le Sinaï, il proclama les obligations religieuses, sociales et morales qu'il imposait à l'homme, il ne promit pas à celui-ci d'autre fruit de l'observation de ses commandements que la satisfaction du devoir accompli et la paix de la conscience. Mais quand il érigea en loi le sentiment naturel de la piété filiale, il assura au fils obéissant la seule

---

1. *Prov.*, x, 1.
2. *Is.*, LXVI, 13.
3. L'office de bourreau n'existait pas chez les Hébreux; c'était le peuple qui exécutait la sentence des juges.

récompense matérielle que contienne le Décalogue[1].

« Honore ton père et ta mère, afin que tes jours se prolongent sur la terre que l'Éternel ton Dieu te donne[2], » dit Jéhova.

Et Moïse répéta : « Honore ton père et ta mère, comme t'a ordonné l'Éternel ton Dieu, afin que tes jours se prolongent, et afin que tu prospères sur la terre que l'Éternel ton Dieu te donne[3]. »

Fonder la longévité de l'homme, la prospérité de sa maison et de son pays sur la vénération qu'il témoignerait à son père, à sa mère, c'était lui rappeler que ses enfants, excités par son exemple, le feraient jouir à son tour des pieux hommages par lesquels il aurait adouci et prolongé la vieillesse de ses parents ; c'était lui rappeler que le respect filial conserve et perpétue les nobles traditions de la race; c'était lui rappeler enfin que ce devoir est l'application la plus immédiate de cet esprit de discipline qui soutient la famille et qui devient la base de l'ordre social.

De même que les lois de Manou, le code mosaïque place la mère au-dessus du père [4]. Nul reproche ne froisse plus péniblement l'Hébreu que celui qui atteint sa mère [5] : si son père représente l'honneur de sa race, sa mère en représente la pureté.

1. Cf. *Aben-Esra*, cité par Cahen, *Ex.*, note 7 du chap. xx.
2. *Ex.*, xx, 12.
3. *Deut.*, v, 16.
4. *Mânava-Dharma-Sâstra*, liv. II, çloka 145; *Lév.*, xix, 3.
5. I *Sam.*, xx, 30; *Is.*, lvii, 3, et notes de *Cahen*.

Les Sages précisèrent les applications de la loi du respect filial. Le fils honorera sa mère aussi bien par la déférence qu'il lui témoignera à elle-même que par celle qu'il aura pour son père. En souvenir de ce qu'elle a souffert pour lui, il la respectera dans ses infirmités, dans sa vieillesse, dans ses défauts même; et consacrera à son service les jours qu'il lui doit. S'il lui est rebelle, s'il l'aigrit, la méprise, la chasse, maudit soit-il, et de Dieu..... et d'elle aussi peut-être[1]!

« La bénédiction du père affermit la maison des « enfants, et la malédiction de la mère la renverse « jusqu'aux fondements[2]. »

Quant à celui que sa colère entraînerait à lancer l'anathème contre la femme qui avait été la source de sa vie, ou à lever sur elle une main sacrilége, « son sang sur lui! » avait dit Moïse[3].

La loi ne punit pas le parricide : elle ne l'avait pas prévu.

Chez les Hébreux, l'expression de la piété filiale était la même que celle de la piété religieuse; c'était la crainte, la crainte qui, il est vrai, produit plus de qualités négatives que de vertus actives; mais qui entou-

---

1. *Eccli.*, III, 5-8; VII, 29, 30; *Prov.*, XXIII, 22; *Eccli.*, III, 16, 17, 18; *Prov.*, XXX, 17; *Eccli.*, III, 18; *Deut.*, XXVII, 16; *Prov.*, XV, 20; XIX, 26.
2. *Eccli.*, III, 11.
3. *Ex.*, XXI, 17; *Lév.*, XX, 9; *Prov.*, XX, 20; *Ex.*, XXI, 15.

rait le sanctuaire de la famille et celui de la foi de cette barrière du respect qui en maintenait l'inviolabilité.

La crainte néanmoins n'excluait pas l'amour ; et si la mère était, plus que le père encore, respectée de son fils, plus que le père aussi elle était aimée et pleurée de lui.

« Comme celui qui est en deuil pour sa mère, » dit le Psalmiste, « j'étais courbé tristement [1]. »

Quand l'ordre de la nature était interverti, et que la mère perdait ses enfants, alors on voyait contre un rocher une femme exposée tour à tour à l'ardeur dévorante du soleil et à l'humide fraîcheur de la nuit, veillant sur les cadavres de ses deux fils injustement suppliciés, sur ceux de leurs compagnons d'infortune, les préservant des oiseaux qui, pendant le jour, s'abattent sur leur proie, et des chacals qui, lorsque vient le soir, cherchent leur funèbre pâture [2]. — Alors on entendait le prophète laisser échapper ce sanglot dont l'écho lamentable devait retentir à l'aurore de la loi nouvelle : « Une voix est « entendue à Rama ; une plainte, des pleurs amers, « Rachel pleurant pour ses enfants ; elle refuse de se

---

1. *Ps.* XXXV, 14, traduction de *Cahen*.
2. Cette femme était Ritspa, la mère des deux fils de Saül livrés aux Gabaonites par David. Touché de son dévouement, le roi d'Israël réunit les ossements de ses fils à ceux de Saül et de Jonathan dans le tombeau de Cis, père de Saül. Il accorda les mêmes honneurs funèbres aux cinq fils d'Adriel et de Mérab, fille de Saül, qui avaient partagé le sort de leurs oncles. II *Sam.*, XXI.

« laisser consoler au sujet de ses enfants, car ils ne
« sont plus [1]. »

Nulle loi n'imposait explicitement à l'Hébreu le devoir de soutenir sa mère quand la mort la privait de l'appui d'un époux ; mais le sens du cinquième commandement suppléait à cette lacune [2].

C'était avant tout à la communauté israélite que Dieu confiait la veuve d'un de ses membres ; c'était à cette grande famille qu'il appartenait d'entourer la veuve de cette sollicitude dont l'époux avait abrité l'épouse [3].

Les préceptes du code mosaïque, qui placent la veuve sous la protection de son peuple, témoignent de l'approche d'une époque où les Hébreux allaient passer de la vie pastorale à la vie rurale.

Tous les trois ans l'Hébreu devait abandonner au lévite, à l'étranger, à l'orphelin, à la veuve, la seconde dîme qu'il prélevait sur les produits de ses biens. Les

---

1. *Jér.*, xxxi, 15, traduction de *Cahen*.
2. A son veuvage, la femme entrait en possession de son mohar. La propriété entière de son époux lui répondait du paiement de ce douaire. Cf. *Mishna*, Ketuboth.
3. « Dans tes jugements, sois pour l'orphelin miséricordieux
« comme un père, et sois comme un époux pour sa mère. Et tu
« seras comme un fils obéissant du Très-Haut, et il aura compas-
« sion de toi plus qu'une mère. » *Eccli.*, iv, 10, 11, traduction de *Genoude*.

fruits nouveaux de ses travaux agricoles sont cités par Moïse avant les premiers-nés de son bétail[1].

Cette dîme du pauvre était l'impôt le plus naturel que l'Israélite payât à Jéhova sur la terre qu'il tenait de lui. La fertilité de ses champs, la fécondité de ses troupeaux, devaient répondre à son zèle charitable. Ne semble-t-il pas, en effet, que l'homme qui travaille pour son semblable trouve dans son généreux sacrifice une puissance de dévouement par laquelle il multiplie les résultats de son labeur?

De même qu'aux repas des dîmes, la veuve était, nous l'avons vu, admise aux réjouissances de ces solennités religieuses et nationales, qui en même temps étaient les fastes agricoles de la nation hébraïque. Inaugurées par les fêtes de pèlerinage, les moissons, les récoltes appelaient aussi la présence de la veuve.

Quand le moissonneur coupait les blés, sa faux devait respecter les épis qui avaient crû sur la limite du champ dont il faisait la récolte. Oubliait-il de recueillir une gerbe, il lui était moralement interdit de revenir sur ses pas pour la ramasser. — Quand le journalier secouait l'olivier, sa main ne devait pas rechercher sur les branches de l'arbre les fruits que n'avait

---

[1]. L'Hébreu prélevait deux dîmes annuelles sur ses biens ruraux. Il consacrait la première à Jéhova, à la tribu de Lévi ; il devait jouir lui-même de la seconde au sanctuaire central : c'était cette seconde dîme que la loi lui prescrivait d'abandonner au pauvre. *Deut.*, xiv. 29 ; xxvi, 12-15.

pas fait tomber son bâton. — Quand, sur les coteaux, les pampres rougis par les feux du soleil fléchissaient sous le poids de leurs grains succulents, et que retentissait le cri joyeux des vendangeurs, des vignerons: *Hédad! hédad!* le vendangeur ne devait pas grappiller, et sa serpe ne pouvait atteindre le cep isolé du vignoble. — Ces épis, ces olives, ces raisins étaient le bien de la veuve et du pauvre [1].

Ne pas tromper la veuve, ne pas l'opprimer, mais plaider pour elle; lui rendre justice si sa cause est celle du bon droit; la traiter avec miséricorde et ne pas prendre son vêtement en gage, si l'équité défend de faire triompher ses intérêts; ce sont là les préceptes dont Moïse et les prophètes élèvent l'accomplissement au-dessus de l'offrande des sacrifices; ce sont là les lois naturelles qui ne pouvaient être enfreintes sans que leurs violateurs s'exposassent à cette peine du talion qu'ici les lois civiles n'appliquaient pas, mais dont la justice divine s'était réservé l'exercice.

L'appui de Jéhova est la force de l'être faible et isolé; et quand les larmes de la veuve *montent* vers lui, le Dieu qui est son soutien, son protecteur, son juge, sait être aussi son rédempteur, son vengeur [2].

---

1. *Lév.*, xix, 9; xxiii, 22; *Deut.*, xxiv, 19-22; *Lév.*, xix, 10.
2. *Jér.*, xxii, 3; *Ex.*, xxii, 21; *Jér.*, vii, 6; *Zach.*, vii, 10; *Is.*, I, 17; *Deut.*, x, 18; xxiv, 17; *Is.*, I, 23; *Eccli.*, xxxv, 17-19; *Ps.* CXLVI, 9; *Prov.*, xx, 25; *Ps.* LXVIII, 6; *Deut.*, xxvii, 19; *Is.*, x, 1, 2; *Mal.*, iii, 5. — Quand le prophète veut exprimer éner-

« Vous n'opprimerez point la veuve ni l'orphelin, » dit la voix menaçante de Jéhova.

« Si vous l'opprimez!.... car s'il crie vers moi,
« j'entendrai bien ses cris,
« Alors ma colère s'enflammera, je vous tuerai avec
« l'épée, vos femmes seront veuves et vos enfants or-
« phelins[1]. »

Mais dans son déisme, le spoliateur ne croit pas que le regard qui embrasse l'univers puisse distinguer l'atome :

« Iah (Dieu) ne le verra pas, » se dit-il, « le Dieu de Jacob ne s'en apercevra pas. »

« O les plus stupides du peuple ! » répond le Psalmiste ; « soyez intelligents, insensés ! Quand serez-vous intelligents ?

« Celui qui plante l'oreille n'entendra-t-il pas ? est-
« ce que celui qui ferme l'œil ne verra pas ?

« Celui qui châtie les nations ne punira-t-il pas, lui
« qui enseigne la science à l'homme !

« Jéhova connaît les desseins de l'homme, sachant
« qu'ils sont vains[2]. »

Protégée par la loi, la veuve pouvait, sans être distraite par des préoccupations matérielles, se recueillir

---

giquement la dégradation du peuple élu, il dit que les veuves d'Israël ne méritent plus la miséricorde de Dieu. *Is.*, IX, 16.

1. *Ex.*, XXII, 21-23, traduction de *Cahen.*
2. *Ps.* XCIV, 7-11, *id.*

dans sa douleur; évoquer en son âme l'image de son époux, ou la retrouver, vivante encore, dans les enfants issus de leur union. Mais, de même qu'aux temps patriarcaux, la veuve d'un homme qui mourait sans postérité n'avait pas le droit de se livrer à jamais à ses regrets. Il lui fallait donner au mort une preuve suprême de son amour et de sa fidélité, en demandant à un second mariage l'enfant qui devait maintenir en Israël le nom et l'héritage de son premier époux.

C'était au frère du mort qu'était imposé le devoir d'en épouser la veuve [1]. Rebelle à la loi du *lévir*, il s'exposait à une cérémonie humiliante dont le *Deutéronome* nous a conservé les curieux détails.

Reproduisons ici ce texte biblique, auquel une simple analyse enlèverait cette naïveté d'expression qui lui imprime un saisissant caractère d'originalité, et qui, dans une simple loi, nous livre un tableau de mœurs locales :

« Mais si cet homme n'a pas envie de prendre sa
« belle-sœur, sa belle-sœur montera à la porte vers

---

1. Ce n'était qu'au cas où les deux frères avaient demeuré dans la même ville que l'un devait épouser la veuve de l'autre. *Deut.*, xxv, 5, 6. — Si la veuve du mort était parente de son beau-frère à un degré prohibé par la loi; si elle était veuve d'un grand prêtre ou femme divorcée, etc., etc., le frère de son mari était dispensé, non-seulement de s'allier à elle, mais encore d'épouser l'une des autres veuves de son époux. *Mishna, Yebamoth*. Le traité *Yebamoth* est consacré au lévirat, dont le nom talmudique est *Yebûm*, terme dérivé du mot : *Yabam, frère du mari*. Cf. *Marriage*, by *William Latham Bevan*, étude souvent citée.

« les anciens, et dira : « Mon beau-frère refuse de réta-
« blir à son frère un nom en Israël, il ne veut pas
« m'épouser par droit de lévirat. »

« Les anciens de la ville le feront appeler et lui
« parleront; il se présente et dit : « Je n'ai pas envie de
« la prendre. »

« Sa belle-sœur s'approchera de lui aux yeux des
« anciens, et lui tirera son soulier du pied et lui cra-
« chera à la figure ; elle reprendra et dira : « Ainsi est
« fait à celui qui n'édifie pas la maison de son frère. »

« Et son nom sera appelé en Israël *la maison du*
« *soulier tiré* [1]. »

Si le mort n'avait point de frère, la coutume attribuait le droit de lévirat au plus proche de ses parents,
de ses « rédempteurs du sang [2]. » Mais l'exercice de
ce droit devenait tout facultatif, et le rédempteur pouvait y renoncer sans être publiquement insulté par la
veuve de son parent. La cérémonie du déchaussement,
n'étant plus que le symbole de la cession d'une propriété, perdait son caractère ignominieux ; le rédempteur donnait lui-même son soulier à celui que les liens
du sang unissaient après lui le plus intimement au
mort, et auquel il transmettait ainsi son droit.

1. *Deut.*, xxv, 7-10, traduction de *Cahen*. Le mot *khalitzah*, dérivé de *khalatz*, *tirer*, désignait la cérémonie du déchaussement.
Cf. *Mishna, Yebamoth; Marriage*, by *William Latham Bevan*.

2. *Goël* en hébreu. C'était au rédempteur du sang qu'il appartenait de poursuivre la vengeance d'un parent assassiné. *Palestine*, par
M. Munk.

C'est à la coutume du lévirat, étendue au rédempteur, que nous devons le dénouement d'un des récits les plus poétiques de l'Histoire sacrée. La figure de Ruth résumant les traits divers que nous avons recueillis dans les annales bibliques pour reconstituer le type de la veuve, nous rappellerons ici l'épisode qui l'encadre. Rien de plus connu sans doute que cette fraîche églogue. Mais nous lassons-nous d'admirer l'agreste paysage qui nous sourit chaque matin; et les œuvres où se trouve fidèlement reproduite la simplicité rustique de la vie des champs ne participent-elles pas de la jeunesse, à jamais attrayante, de la nature qui les a inspirées ?

C'était au temps des Juges [1]. Bethléem, Éphrata [2], la fructueuse, n'étendait plus ses pieds sur les moelleux tapis qui naguère recouvraient son sol rocailleux. Ses champs étaient stériles, son peuple manquait de pain.

Un homme de Bethléem, Élimélech, quitta alors le lieu de sa naissance; et, accompagné de Noémi, sa femme, de Mahlon et de Chilion, ses deux fils, il se dirigea à l'est du Jourdain.

Au delà des rives désolées de la mer Morte, au sud de l'Arnon, se trouvait un vallon aux gras pâturages, aux moissons abondantes : c'étaient *les champs de Moab,* le peuple pasteur [3]. Élimélech abrita sa famille

---

1. La date de cet épisode est incertaine.
2. Ce mot veut dire fertilité. *Palestine*, par *M. Munk.*
3. Cf. *Moab,* by *George Grove* (*Dict. of the Bible*).

dans ce coin de verdure; puis il descendit dans le scheol. Ses fils s'allièrent à des filles de Moab; Mahlon épousa Ruth; et Chilion, Orpha. Pendant dix années ils vécurent sur la terre étrangère, et, comme leur père, ils y moururent.

Noémi n'eut pas la force de demeurer plus longtemps dans ce pays dont le sol s'était refermé sur ses plus intimes affections. Les liens qui l'avaient soutenue sur une terre inconnue à son enfance, à sa jeunesse, lui manquaient subitement; et, chancelante, elle sentit que son berceau, sa patrie, était le seul appui auquel elle pût rattacher son existence.

« Jéhova avait visité son peuple et lui avait donné « du pain [1]. » Noémi partit.

Ses deux brus l'accompagnaient sur le chemin de Bethléem. Elles l'aimaient; et, pour la suivre, elles renonçaient à leur patrie, à leur famille. Mais Noémi repoussait leur généreux sacrifice. Elle avait connu les douleurs de l'exil !

Elle engageait ses brus à retourner auprès de leurs mères, et elle priait Jéhova d'étendre sur toutes deux cette miséricordieuse sollicitude dont elles avaient entouré leurs époux, leur belle-mère. La femme privée de son mari, de ses enfants, à l'âge auquel on ne les remplace plus, cette femme pouvait mourir à l'espérance. Mais l'avenir souriait encore à ces deux

---

1. *Ruth*, 1, 6, traduction de *Cahen*.

jeunes veuves qui n'avaient pas connu la maternité, ni épuisé toutes les joies d'ici-bas. Dans la demeure pastorale des fils de Moab, elles pouvaient encore être épouses, elles pouvaient devenir mères! Le calme de la vie de famille guérirait leurs cœurs froissés et souffrants ; et les replis onduleux de leurs belles montagnes abriteraient encore leur bonheur!

« Que Jéhova vous permette de trouver le repos
« chacune dans la maison de son mari [1]. »

Noémi donna à ses brus le baiser d'adieu ; mais, tout en larmes, les jeunes femmes résistaient, et disaient : « C'est avec toi que nous retournerons chez ton peuple [2]. »

Retrouvant dans sa tendresse maternelle un éclair de gaieté, Noémi demandait à ses belles-filles si elles espéraient qu'elle-même leur donnerait, par une seconde union, ces beaux-frères qui, selon la loi du lévir, pourraient devenir leurs maris? Mais, fût-elle assez jeune encore pour avoir des fils, ses brus les attendraient-elles? Et sacrifieraient-elles à des époux qui n'étaient pas nés encore ceux qui, aujourd'hui, leur pourraient tendre la main?

Retombant dans sa tristesse, Noémi éloignait d'elle avec plus d'énergie que jamais la pensée d'associer à son existence décolorée la vie pleine de sève de ses filles d'adoption.

L'image du bonheur domestique qu'avait évoquée

1. *Ruth*, I, 9, traduction de *Cahen*.
2. *Id.*, I, 10, *id.*

Noémi s'offrit elle alors dans son ineffable attrait à la veuve de Chilion? Le cœur de la jeune femme se troubla-t-il?..... Orpha ne résistait plus; dans une suprême étreinte, elle embrassait celle qui avait été la mère de son époux; et, sanglotant, elle rentrait sous le toit qui l'avait vue naître.

« Voici que ta belle-sœur s'en est retournée à son
« peuple et à ses dieux, » dit Noémi à Ruth, « retourne
« à la suite de ta belle-sœur [1]. »

Ni les paroles de Noémi, ni l'exemple d'Orpha, n'ébranlèrent la jeune femme. Sentait-elle la supériorité de cette race à laquelle avait appartenu son époux sur celle qui l'avait produite elle-même? Saluait-elle en Jéhova un Dieu plus grand que le dieu national de Moab, le sombre Chemosh? Une voix intérieure l'entraînait-elle à suivre les inspirations de son dévouement, et lui faisait-elle pressentir qu'il lui serait donné de concourir à la mission surhumaine du peuple élu? Son affection pour une belle-mère, sa pitié pour une veuve isolée et âgée, eussent-elles suffi à lui faire oublier que sa mère selon le sang vivait encore?

« N'insiste pas auprès de moi pour que je t'aban-
« donne et m'en retourne d'auprès de toi, » répon-
dait-elle; « car là où tu iras j'irai; là où tu t'arrê-
« teras je m'arrêterai; ton peuple est mon peuple, et
« ton Dieu mon Dieu.

---

1. *Ruth*, I, 15, traduction de *Cahen*.

« Là où tu mourras je mourrai, et là je serai ense-
« velie. Que Jéhova me fasse ainsi et continue à me
« faire, si ce n'est pas la mort seule qui me sépare de
« toi [1]. »

Noémi se tut. Elle n'avait plus la force de briser le lien de la seule affection qui lui restât.

Les deux femmes arrivèrent à Bethléem.

Quand Noémi revit cette terre que depuis dix ans ses pieds n'avaient foulée, que de souvenirs durent mêler dans son âme leur douceur et leur fiel! Sa jeunesse tout entière revivait sur ce sol béni. La jeunesse! cette jouissance anticipée de l'avenir pendant laquelle on oublie le présent! la jeunesse! ce rêve que n'effectue pas, mais qu'interrompt la vie réelle!

Son mariage, sa maternité, ses adieux à sa patrie, toutes ces images durent aussi passer et s'évanouir tour à tour devant Noémi. Naguère elle quittait Bethléem, appuyée sur son époux, entourée de ses enfants. Comment y revenait-elle maintenant? Veuve, elle n'y ramenait que la veuve d'un de ses fils!

« Est-ce là Noémi[2]? » disaient les femmes de Bethléem, se souvenant de ce nom qui symbolisait la félicité[3].

« Ne m'appelez pas Noémi, » répondait la pauvre

---

1. *Ruth*, 1, 16, 17, traduction de *Cahen*.
2. *Id.*, 1, 19, *id.*
3. *Josèphe*, *Ant. jud.*, liv. V, chap. xi.

veuve; « appelez-moi Mara [1], car le Tout-Puissant m'a
« donné beaucoup d'amertume.

« Je suis partie pleine de biens, et Jéhova me ra-
« mène vide ; pourquoi donc m'appeler Noémi, moi
« que Jéhova a humiliée et que le Tout-Puissant a
« affligée [2] ? »

Noémi s'était éloignée de sa ville natale pendant la
famine ; elle y rentrait au temps de la récolte des
grains, au mois d'abib, ce premier et radieux sourire
du printemps. La moisson de l'orge était commencée.

La moitié d'une année s'était écoulée depuis le temps
où, après la pluie hâtive, le laboureur dirigeait et
aiguillonnait les bœufs ou les ânes attelés à cette
charrue sans roues, qui, de son soc de fer, déchirait
la terre. Depuis, courbé sur le sillon qu'il avait
hersé, il l'ensemençait péniblement [3]. Il exécutait alors
cette sentence du travail à laquelle la pensée rédemptrice de l'Éternel avait soumis l'homme pour le forti-
fier et le purifier. Maintenant la terre, fécondée par
ses sueurs, les lui payait au centuple. Le moissonneur
chantait en coupant les épis, en les recueillant dans un
panier, en les liant ; il chantait en élevant les mon-

1. Mara signifie douleur. *Josèphe*, *Ant. jud.*, liv. V, chap. xi.
2. *Ruth*, i, 20, 21, traduction de *Cahen*.
3. Cf. *Palestine*, par *M. Munk*, et les textes bibliques cités par le savant orientaliste dont l'œuvre est aussi riche en détails archéologiques qu'en conceptions philosophiques.

ceaux de gerbes, en les plaçant sur les chariots qui les entraînaient à l'aire [1]. C'était le temps des joies sereines et expansives ; c'était la fête rémunératrice du travail.

« Permets que j'aille au champ, » dit Ruth à Noémi, « et je recueillerai les épis derrière celui aux yeux de « qui je trouverai. grâce. »

« — Va, ma fille [2], » répondit Noémi.

La jeune femme entra dans un champ qui appartenait à Booz, l'un des habitants les plus considérables de Bethléem ; et pria les moissonneurs de lui permettre de ramasser les grains qu'ils laisseraient échapper.

Pendant que, glanant, elle se livrait tout entière à une occupation qu'elle n'interrompait que rarement pour se reposer sous la hutte des moissonneurs, un homme descendait de la colline sur les pentes de laquelle est couchée Bethléem [3]. C'était Booz ; et, saluant les travailleurs, il appela au milieu d'eux la présence de l'Éternel :

« Que Jéhova soit avec vous ! »

Et les moissonneurs, attirant sur la tête de leur maître la protection du ciel, répondaient :

« Que Jéhova te bénisse [4]. »

---

1. *Is.*, IX, 2 ; *Ps.* CXXIX, 7 ; *Am.*, II, 13 ; *Ruth*, III, 7 ; *Palestine*, par *M. Munk*.
2. *Ruth*, II, 2, traduction de *Cahen*.
3. Pour la description du lieu où la tradition place l'entrevue de Ruth et de Booz, Cf. *Domestic life in Palestine*, by *Miss Rogers*.
4. *Ruth*, II, 4, traduction de *Cahen*.

La vue de Ruth frappe Booz. A sa chaste et juvénile attitude, il la croit jeune fille. Il demande à celui de ses serviteurs qui surveillait les journaliers, le nom de l'étrangère; et quand il apprend que c'est cette fille de Moab qui a suivi Noémi, il s'émeut, et ressent pour elle toutes les sollicitudes, toutes les inquiètes prévoyances d'un père. Il craint que, dans un autre champ que le sien, la pure et délicate jeune femme ne subisse le froissement d'un accueil inhospitalier; il craint même que dans son propre domaine la dignité de l'étrangère ne soit atteinte par la rustique familiarité d'un homme de sa maison; et, allant à Ruth, il lui dit :

« Entends-tu, ma fille, ne va pas recueillir dans un
« autre champ, et ne t'éloigne pas d'ici, et joins-toi
« ainsi à mes servantes.

« Que tes yeux soient fixés sur le champ qu'elles
« moissonneront, tu marcheras derrière; voilà que
« j'ai commandé aux serviteurs de ne pas t'inquié-
« ter; quand tu auras soif, tu iras vers les vases,
« et tu boiras de ce que les domestiques auront
« puisé[1]. »

Ruth s'était prosternée devant Booz. Elle, fille de ces Moabites que le peuple élu repoussait de son alliance; elle, pauvre et sans appui, elle entendait une voix plus douce que celle de la pitié lui souhaiter

---

[1] *Ruth*, II, 8, 9, traduction de *Cahen*.

la bienvenue sur la terre de Jéhova ; elle voyait une main protectrice sauvegarder jusqu'à la pudeur de son âme ! Et elle demandait à Booz :

« Pourquoi ai-je trouvé grâce à tes yeux, que tu me
« remarques, moi étrangère[1] ? »

Booz lui rappelait ce dévouement qui lui avait fait sacrifier et sa patrie, et sa famille, et son bien-être, à un pays que la veille encore elle ne connaissait pas, à une belle-mère dont elle partageait la misère :

« Que Jéhova te rémunère pour ton œuvre, et que
« ta récompense de la part de Jéhova, Dieu d'Israël,
« sous les ailes duquel tu es venue te réfugier, soit
« complète[2]. »

La jeune femme était consolée : Booz avait *parlé à son cœur*[3] !

Le noble Hébreu l'invita à partager le repas des moissonneurs, à mouiller son pain dans ce mélange d'eau et de vinaigre avec lequel, pendant les chaleurs, l'homme des champs se rafraîchit[4]. Ruth s'assit auprès des moissonneurs. De sa main même Booz lui offrit ces épis qui, rôtis avant qu'ils ne soient complètement secs et durs, sont un des mets savoureux de l'alimentation orientale[5].

---

1. *Ruth*, II, 10, traduction de *Cahen*.
2. *Id.*, *id.*, 12, *id.*
3. *Id.*, *id.*, 13, *id.*
4. Cf. *Palestine*, par *M. Munk*.
5. *Robinson's biblical researches*.

Tout en satisfaisant sa faim, Ruth réservait sur sa collation la part de Noémi. Au moment où elle se levait pour reprendre sa tâche, Booz, confiant la jeune étrangère au respect de ses serviteurs, leur ordonnait de la laisser glaner entre les gerbes, de répandre sur son passage des « paquets » d'épis, et il insistait encore pour qu'elle fût traitée par eux avec douceur et déférence.

Le soir était arrivé. La glaneuse avait fait ample moisson. Chargée de gerbes, elle dut battre son orge dans le champ même de Booz, et la secouant, elle en retira près d'un épha[1] de grains. Puis elle retourna auprès de l'amie dont elle était séparée depuis le matin.

Noémi vit la récolte de Ruth, et quand elle reçut des mains de la jeune femme sa part de nourriture, elle lui demanda à quel maître hospitalier appartenait le champ où elle avait butiné. Ruth le lui nommait, et Noémi bénissait Jéhova : Booz était un de leurs rédempteurs.

La veuve d'Élimélech engagea sa bru à continuer de glaner sur la terre de leur parent.

A la moisson de l'orge avait succédé celle du froment, et cette dernière était terminée.

Ruth allait-elle être condamnée à un travail qui n'au-

---

[1]. Mesure de capacité égale au bath. Le bath équivalait à un métrète attique (38 litres 843 millilitres). *Palestine*, par *M. Munk*.

rait ni la facilité, ni la poésie de son labeur champêtre? Son dévouement allait-il l'exposer à briser ses forces dans ces luttes quotidiennes auxquelles la faim excite, et dont le prix est un morceau de pain?

« Ma fille, » dit Noémi à sa bru, « ne te cherche-« rai-je pas un repos qui te soit bienfaisant[1]? »

Et elle lui rappela les droits qu'accordait à la veuve la loi mosaïque.

Vers le soir qui suivit ce jour, Booz vannait son orge dans l'aire, enceinte arrondie qui avait le ciel pour voûte, et dont le sol aplani était couvert des tas de céréales que les chariots avaient déchargés[2]. La tiédeur de l'atmosphère permettait aux Hébreux de se livrer pendant la nuit au battage des blés, à cette fatigante opération que la chaleur diurne eût rendue plus pénible.

Ce fut dans son aire que Booz prit son repas du soir. Il jouissait de ce calme moral, de cette plénitude d'âme, qui accompagnent la fatigue du travail; il sentit le besoin du repos; et, s'étendant au pied d'un monceau de gerbes, il s'endormit.

Au milieu de la nuit, il se réveilla. Une femme, ointe d'aromates[3], enveloppée d'un ample et élégant manteau[4], était couchée à ses pieds.

1. *Ruth*, III, 1, traduction de *Cahen.*
2. L'aire se nommait *goren*. *Palestine*, par *M. Munk.*
3. *Ruth*, III, 3.
4. *Id. id.*, 15.

Saisi d'effroi : « Qui es-tu? » demanda-t-il.

« Je suis Ruth, ta servante, » répondit l'apparition ; « étends tes ailes sur ta servante, car tu es notre rédempteur[1]. »

Booz a compris. Une émotion profonde le saisit devant cette femme qui, lui demandant l'appui de sa maturité, lui offrait en échange le sourire consolateur de la jeunesse, le rayonnement de la vie à son aurore. La fleur recherchait l'ombrage de l'arbre et faisait monter vers lui son parfum!

« Sois bénie de Jéhova, toi, ma fille; ta dernière
« miséricorde a surpassé la première, en ne recher-
« chant pas les jeunes gens, pauvres ou riches.

« Et maintenant, ma fille, ne crains pas; tout ce
« que tu diras, je le ferai, car tout mon peuple habi-
« tant les portes sait que tu es une femme vertueuse.

« Et maintenant, quoiqu'il soit vrai que je suis
« pour toi un rédempteur, il y en a pourtant un plus
« proche que moi.

« Reste ici cette nuit, et au matin, s'il te rachète,
« bien, qu'il te rachète; mais s'il ne veut pas te
« racheter, je te rachèterai, vive Jéhova[2] ! »

Aux premières clartés de l'aube, Ruth s'était éloignée de l'aire. Elle tenait dans son manteau six mesures d'orge que lui avait données Booz, et les apportait à sa

1. *Ruth*, III, 9, traduction de *Cahen*.
2. *Id.*, *id.*, 10-13, *id.*

belle-mère. Noémi, qui connaissait le cœur généreux de Booz, sa nature active, son caractère ferme et persévérant, attendait avec confiance le succès de l'œuvre qu'elle avait entreprise.

Pendant que les deux femmes s'entretenaient de leurs espérances, Booz gravissait la colline de Bethléem, et montait aux portes de la ville. Il s'y assit et attendit. Un homme passa : c'était le rédempteur de ses deux parentes. Booz l'arrêta, réunit dix anciens de la ville ; et, devant ce tribunal, il demanda au rédempteur si celui-ci comptait user de son droit de rachat sur l'héritage d'Élimélech, ou consentait à le lui céder. Déjà le rédempteur maintenait son privilège sur la terre de son parent ; mais lorsqu'il apprit que son droit de rachat s'étendait sur la veuve de Mahlon, il refusa de soutenir la maison d'Élimélech aux dépens de la sienne ; et, tirant sa chaussure, il la remit à Booz.

Le bienfaiteur de Ruth, s'adressant solennellement aux anciens et au peuple, dit :

« Vous êtes témoins aujourd'hui que j'ai acheté de
« Noémi tout ce qui était à Elimélech et tout ce qui
« était à Chilion et à Mahlon.

« Ainsi que Ruth la Moabite, femme de Mahlon,
« je l'ai acquise pour être ma femme, pour faire sub-
« sister le nom du mort sur son héritage, afin que le
« nom du mort ne soit pas retranché d'entre ses frères

« et de la porte de son endroit; vous êtes témoins « aujourd'hui[1], »

« — Témoins, » répondirent les hommes assemblés qui, unissant leurs voix graves et émues, prononcèrent les bénédictions de l'hymen :

« Que Jéhova rende cette femme qui entre dans ta « maison comme Rachel et Lia, qui toutes deux ont « fondé la maison d'Israël, et acquiers de la force à « Ephrata, et fais-toi un nom en Bethléem.

« Que ta maison soit comme la maison de Pharès, « que Thamar a enfanté à Juda, par la postérité que « Jéhova te donnera de cette jeune femme[2]. »

Les vœux des habitants de Bethléem devaient recevoir une auguste sanction. Symbole de la participation d'une nation païenne au développement de l'idée messianique, image de la diffusion de la loi évangélique, Ruth la Moabite sera la branche qui, entée sur la tige de Juda, produira le rameau de la dynastie royale du peuple élu, ce rameau où sera fécondée la parole de Dieu, rédemptrice de l'humanité. Et la ville qui accueillit la jeune étrangère est la même que celle où naîtra le Sauveur du monde!

Noémi avait cru ne retrouver que des regrets sur sa terre natale, elle y recueillait des espérances. Rattachée à la vie, elle s'appuyait sur le dévouement de Booz, sur la tendresse de Ruth; et quand sa bru mit au monde

---

1. *Ruth*, IV, 9, 10, traduction de *Cohen.*
2. *Id.*, id., 11, 12, id.

un enfant, quand Noémi, soulevant dans ses bras le nouveau-né, l'approcha de son sein, elle sentit plus que l'émotion de l'aïeule : le tressaillement de la mère!

« Il est né un fils à Noémi[1], » disaient les femmes de Bethléem.

Avait-il lu cette églogue, le poëte de Syracuse, qui, à Alexandrie, avait pu voir les Septante faire de la langue grecque le premier interprète des livres sacrés d'Israël?

Surpris de rencontrer chez le poëte d'une société sénile, chez le courtisan de la tyrannie, cette inspiration jeune et ardente, cette observation de la vérité, cette simplicité de style, qui caractérisent les civilisations primitives, un critique de génie[2] a senti que Théocrite avait dû les puiser à la source suprême des poétiques élans, la parole de Jéhova!

Mais le Syracusain s'était-il plongé complétement dans cette source? Il en avait retenu la fraîcheur, la limpidité, l'éclat. En avait-il conservé tout le naturel?

---

1. Les voisines de Noémi appelèrent l'enfant *Obed*, *dévoué à Noémi*. *Ruth*, IV, 17, et note de *Cahen*; Josèphe, *Ant. jud.*, liv. V, chap. XI. — « Loué soit Jéhova, qui ne t'a pas laissé manquer de « rédempteur aujourd'hui, » avaient dit à Noémi les femmes de Bethléem; « que son nom soit invoqué en Israël. Qu'il soit pour toi « le soulagement de l'âme et le soutien de ta vieillesse; car ta bru, « qui t'aime, l'a enfanté, elle qui vaut mieux pour toi que sept fils. » *Ruth*, IV, 14, 15, traduction de *Cahen*. — Noémi devint la garde de l'enfant.

2. M. Villemain, *Essais sur le génie de Pindare et sur la poésie lyrique dans ses rapports avec l'élévation morale et religieuse des peuples.* 1859, chap. XIII

En avait-il surtout ressenti et exercé toute l'influence salutaire?

Comparons à l'églogue hébraïque les deux idylles que le poëte grec a consacrées aux fêtes de la moisson, aux travaux des moissonneurs[1].

Théocrite, homme de cour, tout en peignant avec un saisissant relief, une réalité merveilleuse, les laboureurs et les pasteurs, est cependant étranger aux mœurs rustiques qu'il décalque. En lui, l'art reproduit la nature. — L'auteur inconnu du livre de Ruth participe à la vie rurale qui palpite dans son œuvre. Ici la nature se reproduit elle-même.

L'esprit objectif et panthéiste du poëte grec excelle à donner à un paysage la couleur et le mouvement de la vie. A l'ombre de l'orme, le Syracusain se repose sur sa couche de pampres et de joncs ; il note le bruissement des feuilles du peuplier, le chant de l'alouette, la plainte de la tourterelle, le bourdonnement de l'abeille et le murmure de l'onde. Il aspire les senteurs du printemps, il goûte aux fruits de l'automne. Il peuple de nymphes les ondes et les bois : ce sont elles qui, au pied des autels où sont déposées les prémices de la moisson, font ruisseler le vin dans sa coupe. Il salue la blonde déité dont les mains entourent des gerbes d'épis entremêlées de pavots. Il suit les moissonneurs ; celui-ci, triste et abattu, perd de vue son

---

1. *Idylles*, vii et x.

sillon, se traîne languissamment à l'écart; celui-là se livre gaiement à son labour, excite à l'ouvrage le journalier paresseux, en provoque les confidences, et les accueille d'une mordante raillerie. Le poëte redit avec le premier l'hymne de l'amour, et entonne avec le second le chant du travail :

« O Cérès, déesse des grains, déesse des blés,
« seconde les travaux de la moisson, et comble notre
« attente.

« Moissonneurs, liez bien vos gerbes, de peur que
« le passant ne dise : Ouvriers paresseux, est-ce là
« gagner son argent [1] ! »

Le poëte continue les couplets du joyeux moissonneur. Avec lui il envie le sort de la grenouille qui n'attend pas que la générosité d'un maître lui permette de se désaltérer; il attaque l'intendant avare qui se blesse les doigts en coupant le grain de cumin que se partageront les travailleurs. Et, goûtant tout le sel de cette vigoureuse et rustique poésie, il s'écrie avec le malin journalier :

« Voilà les chansons qui conviennent à des moisson-
« neurs brûlés du soleil [2] ! »

Mais ce paysage tout encombré de divinités champêtres, tout animé de passions humaines, ne tarde pas à nous paraître monotone, car nous y cherchons en

---

1. *Idylles et autres poésies de Théocrite*, traduites par *Gail*, 179?, idylle x.
2. *Id.*, *id.*

vain cette idée de Dieu et de l'infini, qui ennoblit le travail, excite la charité, purifie l'amour, et peuple la solitude.

L'esprit subjectif et monothéiste du Sémite donne un tout autre caractère aux scènes de l'églogue hébraïque. Le poëte sacré indique, sans l'esquisser, le théâtre de l'action ; mais ce lieu est la vallée aux moissons opulentes qui s'étend au pied de Bethléem ; Bethléem, le futur berceau d'une dynastie royale et d'un Dieu incarné ; Bethléem, la ville des gloires nationales et des espérances humaines ! — Des champs, des moissonneurs, voilà tout le paysage. Mais ces champs appartiennent au Dieu unique qui les a confiés à l'homme, au Dieu unique qui a reçu sur son autel la première gerbe de la récolte. Mais ces moissonneurs reconnaissent, au sein de cette nature souriante dans sa grandeur, la présence de *Celui qui est*. C'est sous le regard de Jéhova qu'ils travaillent, c'est en son nom qu'ils se saluent, et qu'ils accueillent la veuve, pauvre et étrangère, qui glane à leur suite. — La pieuse beauté de cette scène serait profanée par l'expression des faiblesses humaines ; mais elle est admirablement appropriée à la peinture du bonheur domestique. — Dieu, le travail, la charité, le sentiment et le respect de la famille, voilà les idées qu'on respire dans cette solitude champêtre, et qui nous en font goûter les paisibles impressions. — Avec le poëte grec, nous nous livrons à un repos artificiel qui n'est que l'oubli momentané de nous-mêmes ; avec le poëte hébreu, nous jouissons du repos véritable qui est la calme et pleine possession de notre être. Le premier nous arrache à nos douleurs, le second nous les fait dompter. L'un agit sur notre imagination, l'autre sur notre âme.

CHAPITRE TROISIÈME

LOI ÉVANGÉLIQUE

Le christianisme développe les plus nobles et les plus doux penchants de la femme. — Apostolat de l'épouse. — Influence réciproque des époux. — L'union en Dieu. — Jésus et l'épouse infidèle. — Indissolubilité, unité du mariage. — La mère. — Son bonheur sans mélange. — Elle transmet à son fils une vie régénérée. Elle infuse dans l'âme de son fils ses qualités originales développées dans toute leur ampleur. Nos civilisations modernes témoignent de cette influence. — Reconnaissance filiale. — L'individualité que le christianisme imprime à la femme permet à la veuve le rôle de chef de famille ou celui de membre actif de l'humanité. — La veuve retrouve son époux en se recueillant en Dieu. — La veuve croira-t-elle que l'âme, dégagée de son enveloppe terrestre, abdique sa personnalité ? Fusion des âmes en Dieu.

Nous ne suivrons pas l'épouse chrétienne dans les détails matériels de sa vie domestique. Par ses occupations, la femme hébraïque posait les bases de sa maison. Par ses sentiments, la femme de l'Évangile coopérera à la fondation du monde nouveau.

Les vertus, les penchants que l'Évangile développait dans l'humanité, étaient précisément ceux qui sont innés dans le cœur de la femme. Quel que fût l'encens que brûlassent sur l'autel de Vénus le Grec et le Romain, le respect de l'homme saluait la chasteté de la vierge, de la matrone. Quelle que fût la déchéance civile de la femme dans le code de Manou, l'épouse subjuguait par la puissance infinie de sa tendresse et et de son dévouement l'époux aux pieds de qui la courbait la loi. Quelle que fût la justice rémunératrice de l'Israélite, le poëte sacré aimait à faire jaillir du cœur de la femme l'inspiration de la clémence, à faire déborder de ses lèvres ces paroles d'apaisement et de guérison, dont une sensibilité délicate sait trouver le secret.

La pureté, l'amour, le sacrifice, la miséricorde, le tact du cœur, n'est-ce pas l'essence du christianisme? Que manquait-il donc à la femme, sinon de recevoir le souffle qui devait enflammer le feu qu'elle sentait couver dans son cœur?

En donnant aux instincts de la femme cette puissance d'expansion qui allait se mêler aux forces civilisatrices, l'Évangile imprima au type de l'épouse sa véritable signification.

Consciente de son individualité, la femme chrétienne se recueille devant sa mission : infuser sa vie morale dans celle de son époux, tel est son but. Ce but, elle ne le poursuit point par l'apostolat de la parole, mais elle l'atteint par l'entraînement de l'exemple. Le regard fixé sur le Verbe incarné, l'écoutant dans le silence de son cœur, elle essaye de dégager en elle les traits de l'idéal divin, et les laisse exercer d'eux-mêmes leur irrésistible attraction. Et l'époux qu'elle enveloppe de sa tendresse dévouée reçoit en même temps les effluves magnétiques de sa vertu. Devant cette femme, l'idée du bien se présente à lui sous la forme sympathique que lui avaient donnée les rêves de sa jeunesse, et qu'avait altérée son expérience de la vie. Devant cette femme, il se dit que l'humanité est belle, et que sa grandeur morale témoigne de l'existence de Dieu ; il se dit que l'humanité, quelles que soient les ombres qui parfois l'égarent, marche vers la lumière ; qu'il est doux de lui pardonner ses erreurs au nom même de ses efforts pour atteindre la vérité ; qu'il est noble de la relever quand elle tombe et de guérir ses meurtrissures ; il se dit qu'il est grand d'aider à son mouvement dans la voie du progrès, et de mourir pour sa cause ! Il aime, il croit, il espère, avec toutes les délicatesses de la charité, tous les enthousiasmes de la foi, tous les pressentiments d'une généreuse attente !

La femme a animé son mari de la vie de son cœur ; l'époux fait vivre sa compagne de la vie de son intelligence. La femme sentait sa mission ; maintenant elle la comprend, et ses impressions deviennent des idées.

Au temps où elle partageait plus les sentiments que les idées de son époux, son activité morale risquait de se renfermer dans un cercle étroit ; désormais cette activité reçoit une direction virile qui la maintient dans une sphère élevée.

La mansuétude de l'épouse a enlevé à l'homme son âpreté, sans le priver de sa mâle vigueur. L'énergie de l'époux fortifie l'épouse, sans lui faire perdre sa grâce et sa délicatesse.

Entre les époux chrétiens naît un amour que jusqu'à l'Évangile l'homme pressentait sans en comprendre toute la valeur. Dans le regard de sa compagne, l'époux lit-il le calme de l'innocence, l'ardeur du bien, l'émotion de la charité, il surprendra en elle le principe de la beauté morale. Sur le front de l'homme, la femme voit-elle rayonner l'auréole du génie ou le nimbe du martyre, elle sentira ruisseler en lui la source inspiratrice des plus saints enthousiasmes. Et les époux aimeront et vénèreront l'un dans l'autre le Dieu qui les anime tous deux. C'est l'apparition de l'amour idéal, c'est-à-dire de la réunion en Dieu de deux âmes jumelles qui se touchent et se confondent. Ainsi se trouve complétement rempli le rôle qu'à l première page de l'histoire du monde Dieu avait attribué à la femme, en la nommant aide et compagne de l'homme. Ainsi se trouve reconstitué dans toute son ampleur le type de l'être humain, de l'être double et cependant un.

En proscrivant le règne de la violence, même quand il peut préparer celui de la justice, la loi chrétienne assure à la femme la liberté de ses pensées, de ses actions. En apprenant à l'homme que la force n'a d'autre privilège que celui de soutenir la faiblesse ; en le pénétrant, pour la souffrance d'autrui, de ce tendre respect que l'on nomme la pitié, l'Évangile fait de la délicatesse physique de la femme un titre de plus à l'affection de son époux. L'homme a compris sa mission protectrice ; il en a le respect, la fierté ; il la considère comme un devoir d'honneur ; et puise dans le cœur de Jésus le secret de cette sollicitude délicate qui lui fait craindre de heurter, même en l'abritant, la frêle créature dont sa vigueur est l'appui.

Le dévouement conjugal devient l'expression la plus intime de la charité évangélique. Ce n'est pas seulement sur son lit de maladie que l'homme est soutenu par la présence assidue de la femme qui le soigne, le calme et le rassure. Que, perdant de vue la lumière du devoir, il vienne à chanceler, c'est cette même femme qui raffermit ses pas, et qui, s'il tombe, le relève avec amour, même quand la chute du coupable a été un outrage à la dignité de l'épouse. En appuyant sur la croix ses lèvres muettes de douleur, la femme n'a-t-elle pas vu le Christ prier et mourir pour ses meurtriers !

L'épouse elle-même courait-elle sur la pente du mal, les législations antiques refermaient impitoyablement sur elle l'abîme qui s'ouvrait sous ses pas. Comment la loi chrétienne, la souveraine expression du spiritualisme, châtiera-t-elle la violation de son principe de pureté ?

Jésus était assis dans le temple.

Les scribes et les pharisiens entrèrent dans la maison de Jéhova. Ils entraînaient une femme qu'ils placèrent au milieu d'eux. Cette femme avait trahi la foi conjugale, et, selon la loi de Moïse que les scribes et les pharisiens rappelèrent à Jésus, elle avait mérité la lapidation : « Toi donc, que dis-tu[1] ? » ajoutèrent-ils.

Si la justice du Dieu prononçait l'arrêt, que devenait la clémence de Jésus? Si la miséricorde du Rédempteur faisait taire la sévérité du juge, où donc était la véracité de Celui qui avait dit : « Je viens, non « pour abolir, mais pour accomplir? »

C'était un piége; et ceux qui le dressaient comptaient que le Sauveur y perdrait sa popularité; ou le Dieu, son autorité.

Le front incliné, le Christ se taisait. Son doigt traçait sur la terre de mystérieuses paroles. Il se taisait; et les scribes, les pharisiens, le pressaient de parler.

Il se redressa.

« Que celui de vous qui est sans péché jette contre « elle la première pierre[2], » dit-il.

Et, retombant dans sa méditation, de nouveau se courba, et continua d'écrire sur le sol.......

L'orgueil du pharisien, celui du docteur, avaient cédé

---

1. *Jean*, viii, 5, traduction de *Genoude*.
2. *Id., id.*, 7, *id.*

au cri de la conscience de l'homme. Les vieillards, les hommes mûrs, les jeunes gens, tous avaient, l'un après l'autre, passé devant la coupable, sans la frapper, sans l'insulter. Tous avaient disparu. Tous s'étaient sentis responsables de l'iniquité de la femme qu'ils avaient accusée....... Le Christ venait de poser le principe de la solidarité humaine.

Quand Jésus se releva, seule la pécheresse était devant lui.

« Femme, » dit-il, « où sont ceux qui vous accusaient? Aucun ne vous a-t-il condamnée[1]? »

— « Aucun, Seigneur[2], » répondit-elle.

Elle semblait attendre. Les hommes l'avaient absoute, Dieu lui pardonnerait-il? Elle se tenait devant son Juge suprême.......

Dès le commencement de cette scène, l'intuition de l'Homme-Dieu avait-elle surpris dans la coupable plus de souffrance de sa faute que de terreur de ce châtiment qui l'avait menacée? Jésus eut un de ces divins mouvements de pitié par lesquels il savait faire succéder chez les pécheurs, aux étreintes du remords, les larmes salutaires du repentir.

« Et moi je ne vous condamne pas, » dit-il; « allez, « et ne péchez plus[3]. »

Le déshonneur de l'épouse était la seule cause de

---

1. *Jean*, viii, 10, traduction de *Genoude*.
2. *Id.*, *id.*, 11, *id.*
3. *Id.*, *id.*

répudiation qu'admit le Christ[1]. En commençant sur la montagne sa prédication, il avait déclaré que l'homme qui renverrait une épouse vertueuse serait responsable de la conduite à laquelle la tristesse de l'isolement et le besoin d'affection entraîneraient la femme répudiée[2]. Plus tard quand les pharisiens, que nous avons vus multiplier les motifs de divorce, demandent à Jésus : « Est-il permis à l'homme de quitter sa femme pour « quelque cause que ce soit[3]? » il leur répond :

« N'avez-vous point lu que celui qui a fait l'homme « dès le commencement l'a fait mâle et femelle, et « qu'il dit :

« A cause de cela, l'homme laissera son père et sa « mère et s'attachera à sa femme ; et ils seront deux « dans une seule chair.

« C'est pourquoi ils ne sont plus deux, mais une « seule chair. Que l'homme ne sépare donc pas ce que « Dieu a joint. »

« — Pourquoi donc Moïse a-t-il commandé de don-« ner à sa femme un acte de répudiation et de la ren-« voyer[4]? » reprennent insidieusement les docteurs.

---

1. Saint Paul, peu favorable cependant au mariage, en maintient l'indissolubilité. Et même, si celui des époux qui a violé sa foi n'abandonne pas de son propre mouvement le toit conjugal, l'apôtre désire qu'il n'en soit pas expulsé. L'innocent sauvera et régénérera le coupable. Cf. I *Cor.*, vii.
2. *Matth.*, v, 31, 32.
3. *Id.*, xix, 3, traduction de *Genoude*.
4. *Id.*, *id.*, 4-7, *id.*

Mais le Christ, montrant ce qu'ont de périssable les lois qui, ne pouvant encore élever l'homme à l'idée du devoir, approprient momentanément celle-ci à sa faiblesse, dit :

« A cause de la dureté de votre cœur, Moïse vous a
« permis de renvoyer vos femmes ; mais au commen-
« cement il n'en était pas ainsi [1]. »

Et devant l'indissolubilité du lien nuptial, Jésus déclare que ni l'homme qui a injustement renvoyé sa compagne, ni sa femme elle-même, ne pourront, sans crime, rechercher l'un hors de l'autre le bonheur conjugal.

Les mêmes raisons qui consolaient le disciple du Christ de mourir sans enfants mâles [2] devaient, en effaçant la honte du manque de postérité, empêcher, sinon de fait, au moins de droit, la répudiation de l'épouse stérile, et abolir la polygamie et le lévirat.

La femme hébraïque jetait un cri d'orgueil en se sentant sauvée par sa maternité ; elle aimait dans son fils le prix de sa victoire. — Régénérée par la divine maternité de Marie, la femme chrétienne ne mêlera à sa tendresse pour son fils nulle préoccupation personnelle. Son bonheur en sera-t-il moins profond? Oh !

---

[1]. *Matth.*, xix, 8, traduction de *Genoude*. *Saint Marc* reproduit aussi cette scène, x, 1-12.
[2]. Voir plus haut, pages 129 et 130.

rappelons-nous Jésus peignant les tortures de celle qui va être mère, et dont le visage, altéré par la souffrance, soudain se rassérène, se transfigure : « Elle ne se sou-« vient plus de sa douleur à cause de sa joie, parce « qu'un homme est né au monde[1]. »

« *Un homme est né au monde!* » Telle fut aussi la première pensée de la première mère! pensée empreinte de tristesse pour la femme coupable qui transmettait à son fils l'héritage de ses fautes et de ses douleurs ; pensée remplie d'un bonheur ineffable pour la femme régénérée qui ouvrait à son enfant l'entrée d'une vie libre et sainte, couronnée par l'éternité!

Les Sages d'Israël avaient noté l'influence de la mère sur le caractère du fils. Cette influence s'accentue sous la loi évangélique. En pleine possession de ses facultés originales, l'épouse chrétienne, enrichie encore des qualités viriles qu'elle doit à son association plus intime à la vie de son mari, l'épouse chrétienne est digne de former des hommes au monde nouveau ; elle a même la force de les lui sacrifier, et de se rappeler que, debout au pied de la croix, une mère adopte l'humanité pour laquelle son fils expire.

De cette participation de la femme à l'éducation des générations chrétiennes naîtront la foi ardente et émue, le sacrifice de soi-même à Dieu, à l'humanité ; les délicatesses du cœur, de l'esprit, de la parole, tout

---

[1]. *Jean*, XVI, 21, traduction de *Genoude*.

ce qu'il y aura enfin de pur et d'élevé dans les civilisations qu'enfantera le moyen âge.

Le chrétien ne lancera pas l'anathème de Job contre le jour qui a vu naître *le fils de la femme :* le chrétien ne doit à sa mère que des espérances ! Et si même la persécution le frappe et le renverse, soldat, le chrétien maudira-t-il la main qui l'a envoyé à la gloire, à l'immortalité !

L'habitude de vivre de sa propre vie rendra à la femme chrétienne, sinon moins amer, du moins plus supportable, l'isolement de son veuvage.

L'Église du Christ devait hériter de la tutelle nationale qui, sous la loi ancienne, abritait l'épouse après la mort de l'époux. Notre plan n'embrassant pas les temps apostoliques, nous ne nous arrêterons pas sur l'ordre des veuves « vraiment veuves, » cette institution à laquelle saint Paul donna des statuts[1]. Mais dans la mission que l'intelligence de la loi évangélique devait révéler à la veuve, nous trouverons une nouvelle preuve de cette puissante individualité que le christianisme imprimait à son sexe.

Mère, que la veuve sache unir aux inspirations de son cœur la direction virile du pouvoir paternel. Qu'elle sache faire de ses fils des pères de famille.

Privée d'enfants, qu'elle sache être la mère de ceux qui ont besoin d'être aimés, guidés, consolés. En ces-

---

1. I *Tim.*, v.

sant d'appartenir à une famille, elle reste membre de l'humanité, et doit à celle-ci le dévouement qu'elle prodiguait à celle-là.

Si, fidèle au souvenir de son mari, elle ne retrouve pas dans une autre union le titre d'épouse, qu'elle attende le moment où la mort qui l'a séparée de son mari la réunira à lui. La femme chrétienne ne croira pas que l'âme de l'époux, affranchie de son enveloppe terrestre, ait en même temps rompu les liens qui l'unissaient à l'âme de l'épouse [1]. Que le souvenir des impressions que le corps seul a éprouvées s'anéantisse avec lui, soit! Mais que l'âme oublie en regagnant sa patrie l'un des amours qui ont été sa vie pendant l'exil; que l'âme n'ait plus conscience d'elle-même, et l'immortalité sera ce rêve monstrueux que les philosophies indiennes nomment l'absorption finale dans le grand tout.

---

[1]. Les saducéens, niant que l'homme fût animé d'un souffle divin, ne pouvaient comprendre l'immortalité et l'union des âmes. Allant à Jésus, ils lui demandèrent auquel de ses époux appartiendrait dans l'éternité la femme qui aurait été mariée sept fois. Jésus leur répondit : « Vous êtes dans l'erreur, ne sachant ni les Écritures ni « la puissance de Dieu ; car au jour de la résurrection les hommes « n'auront point de femmes, ni les femmes de maris; mais ils « seront comme les anges de Dieu dans le ciel. » (*Matth.*, XXII, 29, 30, traduction de *Genoude.* Cf. aussi : *Marc*, XII, 18-25.) N'est-il pas évident que, loin de rendre les époux étrangers l'un à l'autre, Jésus ne fait que spiritualiser leurs relations? « Ils ne sont plus « femmes et maris, » dit le Père Gratry. « Ils seront amants éter-« nels! » (*Commentaire sur l'Évangile selon saint Matthieu.* Seconde partie.)

Penser que ceux avec lesquels notre vie s'est confondue ne nous reconnaîtront plus quand nous les rejoindrons dans l'éternité, ce serait là une torture que le Dante lui-même n'a pas osé ajouter aux supplices de son enfer!

Mais la femme chrétienne n'éprouvera pas cette angoisse. Naguère, elle cherchait Dieu en aimant son époux. Maintenant, c'est en priant Dieu qu'elle retrouve celui dont elle pleure le départ. C'est en pratiquant le devoir qu'elle se prépare à cette réunion qui consomme dans l'éternité le mariage évangélique : la fusion des âmes en Dieu!

LIVRE QUATRIÈME

LA FEMME DEVANT L'HISTOIRE

CHAPITRE PREMIER

ÉPOQUE PATRIARCALE

Figures antédiluviennes : Ève, Ada et Tsilla. — Sara. — Agar, les femmes d'Ismaël et les légendes arabes. — Rébecca. — Rachel et Lia. — Dina.

La science moderne a reconstitué l'œuvre des créations primitives antérieures à la formation de l'homme, ou contemporaines de son apparition. Fouillées par le paléontologiste, les couches qui se sont accumulées sur notre globe lui ont livré les débris des animaux, des végétaux, qui ont caractérisé chacun des âges de la terre. Qu'un jour, dans cette région caucasienne qui fut notre berceau, on interroge les terrains diluviens, ne distinguera-t-on pas aussi les traces matérielles qu'a dû laisser de son passage l'humanité naissante? Par la découverte de l'homme-type, ne surprendra-t-on pas l'origine de ces variations physiques qui devaient constituer les races?

Mais la véritable existence de l'homme est-elle là? Seraient-ce ces couches de cadavres qui nous révéleraient le secret de la vie? Demandons à la matière les annales de la terre, mais à l'esprit l'histoire de l'homme! L'âme de l'humanité n'est-elle pas le terrain où se sont déposées, comme des alluvions, les idées des générations qui se sont succédé? Et quand, par la contemplation de la vérité, nous nous recueillons dans la simplicité de notre être, nous, types des races qui partagent l'humanité, ne retrouvons-nous pas en nous le même homme, l'homme primitif, non déchu et souffrant, mais jeune, immortel, tel enfin qu'il sortit des mains du Créateur?

L'histoire doit nous dire quelles sont les couches qui, en se superposant, ont formé nos civilisations. Mais les annales des peuples de l'antiquité sont toutes nationales. Seul le peuple hébreu a rattaché son origine à celle de l'humanité. Seule la Bible conserve l'empreinte des premiers pas de l'homme.

Quelques apparitions féminines traversent les scènes antédiluviennes. C'est Ève, douce et triste figure que nous avons fait planer au début de notre étude; Ève, la source de toutes les joies et de toutes les douleurs humaines! C'est Ada, l'aïeule des nomades et des peuples pasteurs; l'aïeule de ceux qui, les premiers, arrachèrent aux cordes de mélodieuses vibrations. C'est Tsilla, la mère de Tubalcaïn le forgeron, et de Naama, la vierge dont le nom exprime la douceur. Ombres silencieuses, Ada et Tsilla entendent la confidence du second crime qui a souillé la terre. Le meurtrier, le rejeton de Caïn, leur époux, Lemech est devant elles; et, exhalant son émotion dans la seule strophe poétique que nous aient léguée les temps antédiluviens, il cherche d'une voix brève, haletante, saccadée, à s'absoudre à ses propres yeux d'un crime auquel l'ont entraîné les droits d'une légitime défense. Redisons ce chant, où semble vibrer la voix la plus délicate de la conscience qui s'interroge :

« Ada et Tsilla, écoutez ma voix, femmes de Le-
« mech, soyez attentives à ma parole : j'ai tué un
« homme, de là ma blessure; j'ai tué un jeune homme,
« de là ma meurtrissure. »

Se souvenant du châtiment que Dieu réservait à celui qui tuerait Caïn, son coupable aïeul, Lemech, le meurtrier innocent, ajoute :

« Si Caïn doit être vengé au septuple, Lemech le
« sera soixante-dix-sept fois [1]. »

Il nous faut descendre maintenant aux temps qui suivirent les migrations des peuples, pour rencontrer des types féminins.

Pendant que nous recherchions quelle fut l'œuvre de notre sexe dans le développement de l'idée religieuse, un écrivain arabe nous montrait dans Saraï, femme d'Abram, le premier disciple du patriarche, sa coopératrice dans sa mission divine.

1. *Gen.*, IV, 23, 24, traduction de *Cahen.*

Sœur de Loth, selon la tradition juive[1], Saraï, en épousant Abram, s'était alliée à son oncle.

Quand Tharé, père d'Abram, quitta la ville d'Ur en Chaldée pour la ville d'Aram en Mésopotamie, Abram, Saraï, Loth, l'accompagnèrent. Ce fut de cette dernière résidence qu'Abram, obéissant au souffle de l'esprit divin, se rendit dans le pays de Canaan pour y répandre la connaissance de l'Etre suprême. Sa femme, son neveu, le suivirent[2]. (1965 av. J.-C.)

Les émigrés s'arrêtèrent dans cette vallée de Sichem, dont l'opulente végétation, les eaux courantes, arrachent, de nos jours encore, un cri d'admiration au voyageur. Aussi bien dans la vallée de Sichem que sur la montagne aux gras pâturages qui se dresse à l'orient de Béthel, Abram invoquait le Dieu unique et lui élevait des stèles.

Alors commençait pour Saraï cette vie de fatigues et de périls à laquelle l'avaient entraînée son dévouement conjugal et sa foi religieuse. Que, dans le cours de l'œuvre civilisatrice d'Abram, une famine obligeât celui-ci de se réfugier avec sa famille dans la fertile Égypte,

---

1. Josèphe, *Ant. jud.*, liv. I, chap. vi, vii, et *saint Jérôme*, cité par Alfred Barry (*Sarah*, *Dict. of the Bible*), ont adopté la tradition juive, qui identifie Sara avec Iisca, sœur de Loth, et de Milca, femme de Nachor. *Gen.*, xi, 29. Abraham dit, il est vrai, au roi de Gerar, que Sara est sa sœur de père, *Gen.*, xx, 12 ; mais son neveu Loth est aussi nommé son frère, *Vulgate*, *Gen.*, xiv, 14, 16.

2. Nous avons suivi ici le système chronologique du Dr Zunz, système adopté par Cahen dans sa traduction de la Bible, tome XVIII.

l'irrésistible beauté de sa compagne lui semblait un danger personnel ; et, n'osant se dire l'époux de Saraï, il la suppliait de lui donner le nom de frère [1]. Mais le Pharaon [2], trompé par ce titre, enlevait la femme qu'il croyait libre; et peut-être allait-il ceindre son front du diadème, quand de soudaines calamités l'avertissaient qu'il avait mérité le châtiment du ciel : sa fiancée était l'épouse de son hôte.

Effrayé, il mandait Abram, lui reprochait d'avoir douté de lui, d'avoir employé une ruse qui eût pu provoquer le même crime qu'elle était destinée à prévenir; et le Pharaon, congédiant les époux, leur fournissait une escorte pour protéger leur départ.

D'après une tradition arabe, le roi avait donné à Saraï une esclave de race égyptienne : cette esclave se nommait Agar.

Abram remonta à Béthel. Ce fut là que l'époux et le frère de Saraï, trop puissants désormais pour qu'ils vécussent ensemble sans que des rixes éclatassent entre leurs pasteurs, durent se séparer. Loth se dirigea vers les villes de la Pentapole. Abram planta sa tente près d'Hébron, sous les ombrages de Mamré [3].

C'est à ce moment que le caractère d'Abram se ré-

---

1. Nous avons exprimé plus haut l'impression que nous causent des incidents de cette nature. Voir page 139.
2. M. Champollion-Figeac croit que ce Pharaon dut appartenir à la seizième dynastie. Voir *Égypte ancienne*.
3. Voir plus haut la description de la vallée d'Hébron, p. 19.

vèle dans toute sa beauté. Jusqu'ici nous avons appris à respecter dans l'époux de Saraï le serviteur de Dieu ; nous commençons maintenant à aimer en lui l'ami de l'humanité.

Le roi d'Élam et ses alliés ont-ils vaincu les rois de la Pentapole, et emmené Loth parmi leurs prisonniers ? Abram rassemble trois cent-dix-huit hommes de sa maison, s'élance à la poursuite des vainqueurs, les harcèle jusqu'aux environs de Damas, délivre les captifs et les captives, reprend aux ennemis leur butin, en offre la dîme à un adorateur cananéen du vrai Dieu, le pontife-roi de Salem, et en abandonne le reste à ceux qu'il a défendus, sauvés, et à ceux qui l'ont aidé dans son œuvre de salut.

Mais en vain Abram était-il en pleine possession de ses richesses, de son renom; en vain, et dans la ville d'Aram, et dans la vallée de Sichem, et sur la montagne de Béthel, avait-il reçu de Dieu l'assurance que sa postérité peuplerait le sol cananéen; en vain le Tout-Puissant lui avait-il fait pressentir que de sa race naîtrait le Rédempteur de l'humanité, Abram n'avait point de fils! Quand, après sa victoire sur le roi d'Élam, il entendit le Seigneur lui confirmer les promesses auxquelles il n'osait plus croire, il exhala ses doutes et ses regrets devant son souverain Maître, son père et son ami! De nouveau la foi lui rendit l'espérance.

Saraï ne pensant plus qu'elle dût être la mère du

peuple élu, eut un mouvement sublime. Elle, l'unique compagne d'Abram, elle, l'impérieuse maîtresse de la tente, elle sacrifia ses droits d'épouse et son orgueil de reine à la gloire de son mari, au triomphe de l'idée religieuse qu'avait répandue Abram, et que la postérité de celui-ci devait perpétuer. Elle jeta les yeux sur Agar, son esclave ; et, se livrant à l'illusion de la maternité, elle prononça ces mots dont la touchante expression voilait une pensée triste et consolante à la fois :

« Peut-être aurai-je des enfants par elle[1]. »

De sa main elle unit sa servante à son époux.

Mais les natures mobiles sont plus aptes à suivre un élan de soudaine générosité qu'à se plier à une longue et patiente abnégation. Elles savent se sacrifier momentanément à un but élevé, elles ne savent pas s'y consacrer. La constance dans l'héroïsme leur manque. Saraï ne tarda pas à souffrir de son dévouement. Agar s'était sentie mère ; elle avait l'orgueil de son bonheur ; et l'esclave rêvait peut-être qu'un jour viendrait où un rayon de la gloire de son fils, se posant sur son front, désignerait en elle la vraie reine de la tente.

Saraï comprit tout. Compagne du prince hébreu, elle avait partagé sa mission, et une autre femme en recueillerait le fruit ! Éperdue de colère et de douleur, elle vint à son époux ; et lui reprochant d'avoir accepté son sacrifice, elle osa lui dire :

1. *Gen.*, xvi, 2, traduction de *Cahen*.

« Mon injure vient de toi... Que l'Éternel juge entre « moi et toi[1]. »

Abram respecta le désespoir de sa femme, et répondit :

« Ton esclave est en ton pouvoir, traite-la comme bon te semblera[2]. »

La jalousie rendit Saraï cruelle. Sans pitié pour cette femme faible et abandonnée, pour cette femme qui allait être mère, elle fit peser sur sa tête jeune et fière le joug d'un dur esclavage.

Humiliée par la tyrannie de sa maîtresse, par le silence du père de son enfant, Agar s'enfuit.

Instinctivement elle se dirigeait vers sa patrie. Elle était près d'une source, dans le désert, sur le chemin de Sur, entre Kadès et Barad, quand elle s'entendit interpeller par une voix surhumaine :

« Agar, esclave de Saraï, d'où viens-tu ? et où vas-tu ? »

« — Je fuis ma maîtresse Saraï[3], » répondit la jeune femme.

La voix mystérieuse ordonnait à l'esclave de retourner sur ses pas. On triomphe d'une épreuve, non en s'y dérobant, mais en s'y soumettant.

« Retourne auprès de ta maîtresse, et souffre sous « elle[4]. »

---

1. *Gen.*, xvi, 5, traduction de *Cahen*.
2. *Id.*, *id.*, 6, *id.*
3. *Id.*, *id.*, 8, *id.*
4. *Id.*, *id.*, 9, *id.*

L'idée du devoir l'a relevée; que l'espérance la soutienne! Cet enfant qui vit en elle, cet enfant est un fils, cet enfant sera le père d'un peuple innombrable.

« Nomme-le Ismaël [1], car l'Éternel t'a entendue
« dans ta misère;

« Il sera un homme farouche, sa main sur chacun,
« la main de chacun sur lui; il campera en face de ses
« frères [2]. »

Agar invoquait l'Éternel. Elle en avait reconnu la voix, elle avait pu l'entendre sans mourir! La fontaine qui fut témoin de sa vision fut nommée « le *puits*
« consacré *au vivant qui voit* [3]. »

Agar retourna sous la tente de Mamré. Ismaël naquit.

L'historien sacré ne nous dit pas comment Saraï accueillit la naissance du fils de son esclave.

Quand la tente de Mamré s'ouvre de nouveau à nos regards, nous y voyons l'émir et sa femme dans tout l'éclat d'une gloire nouvelle. Dieu, apparaissant au patriarche qu'il nommait Abraham [4], lui avait promis une lignée de rois et de peuples, et avait établi la circoncision comme un signe de l'alliance qu'il contractait avec les descendants du prince hébreu.

---

1. Ismaël signifie : Dieu exauce.
2. *Gen.*, XVI, 11, 12, traduction de *Cahen*.
3. *Id., id.*, 14, *id.* « Il était reçu parmi les anciens qu'on ne
« pouvait voir Dieu ou un ange sans mourir, ou du moins devenir
« aveugle. » Note de *Cahen*.
4. Voir, pour l'explication du nom d'Abraham et de celui de Sara, l'une de nos notes précédentes, page 20.

« Quant à Saraï, ta femme, » avait ajouté Adonaï, « tu ne l'appelleras plus Saraï, son nom est maintenant Sara ;

« Je la bénirai et je te donnerai d'elle un fils ; je la bénirai, et elle sera une souche de nations ; des rois de peuples descendront d'elle [1]. »

Abraham s'était prosterné ; mais un sourire avait effleuré ses lèvres. Ce fils qui avait été refusé aux jeunes époux, comment pourrait-il être accordé au couple vieilli et chancelant ?

« Ismaël puisse-t-il vivre devant toi [2] ! » dit Abraham à l'Éternel. Mais Dieu, lisant dans la pensée de l'émir, déclarait que, bien qu'il regardât avec faveur le fils d'Agar, c'était Isaac, le fils de Sara, qui hériterait de la mission de son père. A Ismaël la bénédiction de l'Éternel ; mais à Isaac son alliance ! (1941 av. J.-C.)

C'était pendant la chaleur du jour. Abraham était assis à l'entrée de sa tente. Trois voyageurs passèrent. L'émir courut à eux, et courbant vers la terre son noble front, les supplia de se reposer sous son bocage, et de recevoir de lui les soins de l'hospitalité.

Les étrangers acceptèrent l'offre d'Abraham. A l'ombre du chêne, ils étaient servis par l'émir, quand ils lui demandèrent :

« Où est Sara, ta femme ? »

---

[1]. *Gen.*, xvii, 15, 16, traduction de *Cahen*. (Voir la note ci-dessus.)
[2]. *Id., id.*, 18, *id.*

« — Elle est dans la tente[1], » répondit Abraham.

Et l'un de ses hôtes lui disait que, l'année suivante, il lui demanderait l'hospitalité, et qu'alors Sara serait mère d'un fils.

De l'intérieur de la tente Sara écoutait; et le même sourire qu'Abraham n'avait pu naguère réprimer devant l'Éternel anima de sa railleuse expression les traits de la princesse.

Adonaï (était-ce l'un des trois voyageurs?), Adonaï devina ce sourire : « Pourquoi Sara a-t-elle ri? disant : « Est-ce que j'enfanterai encore? et je suis vieille! »

« — Y a-t-il quelque chose d'impossible à l'Éternel? « A l'époque déterminée je reviendrai vers toi, et vers « le même temps Sara aura un fils. »

« — Je n'ai pas ri, » disait la princesse, effrayée du doute qu'elle avait osé exprimer.

« — Non, tu as ri[2], » répliqua l'Éternel.

Les étrangers se levaient pour partir. Ils se dirigèrent vers Sedome, la résidence de Loth. Abraham les accompagna.

La voix de l'Éternel s'éleva de nouveau. Elle annonçait à Abraham que les habitants de Sedome et d'Amora avaient, par leur dépravation, attiré son courroux sur leurs cités. Le châtiment était proche.

---

1. *Gen.*, XVIII, 9, traduction de *Cahen*. — Pour la part de la maîtresse de la tente, dans les préparatifs du repas hospitalier, voir plus haut, page 138.
2. *Id., id.,* 13-15, *id.*

Les messagers de Dieu se rendaient à Sedome. Ému d'une inexprimable angoisse, Abraham s'approchait de l'Éternel. Eh quoi! innocents et coupables allaient-ils tous périr dans les villes réprouvées? Les vertus des uns ne suffiraient-elles pas pour racheter les vices des autres? Telles étaient les questions qu'Abraham adressait à la Justice suprême.

Dieu répondait que la présence de cinquante justes dans Sedome serait la rançon de la ville.

Livré à l'impulsion de son cœur, sacrifiant dans son chaleureux élan la crainte de Dieu à l'amour de l'humanité, Abraham sondait la miséricorde du Seigneur: s'il n'y avait que quarante-cinq justes à Sedome? s'il n'y en avait que quarante? ou trente? ou vingt? ou dix? A chacune de ces interrogations rapides, pressantes, Dieu répondait qu'il saurait pardonner à l'innocence du petit nombre les crimes de la multitude.

Ces dix justes, Sedome ne les renfermait pas. Le lendemain matin, les étrangers qui, la veille, après s'être reposés sous le chêne de Mamré, avaient reçu de Loth une hospitalité patriarcale, les étrangers font sortir de Sedome leur hôte, sa femme, ses deux jeunes filles. Les parents d'Abraham sont sauvés; mais qu'ils ne s'arrêtent pas, qu'ils ne se retournent pas! qu'ils fuient! l'heure arrive!

Les deux gendres de Loth se sont ri des avertissements que leur a transmis leur beau-père. Ils restent avec leurs femmes. Comment redouter que se déchire jamais la nappe de végétation qui recouvre la Pentapole? Mais cet Éden cache un enfer. Ces arbres, ces gazons, ces fleurs, croissent sur un sol bitumineux, volcanique... Soudain la foudre éclate; sous le feu du ciel, l'asphalte, le soufre s'enflamment, et un immense incendie embrase les villes maudites.... Loth, ses filles, courent, poursuivis par une pluie de feu... Mais la femme de Loth, voulant peut-être jeter un dernier regard sur la fournaise où se consument les cadavres de deux de ses filles, la femme de Loth se retourne... Les vapeurs salines l'enveloppent... Ce n'est plus une femme, c'est une pétrification, c'est une statue de sel !

Abraham se tenait à la place même où il avait parlé la veille à l'Éternel. Il contemplait la fumée épaisse et rougie qui s'élevait de ce circuit jordanique où, quelques heures auparavant, reposaient, dans leur voluptueuse beauté, les villes de Sedome et d'Amora.

Abraham planta sa tente dans le pays de Gerar. Ici encore le nom de sœur, qu'il donnait à sa femme, induisit en erreur Abimélech, le *père-roi* de Gerar, qui se fit amener Sara, belle, sans doute, d'une nouvelle jeunesse. La voix de Dieu, qu'il entendit dans un rêve, lui découvrit sa méprise; et la princesse fut rendue à son époux par le souverain qui devint plus tard un fidèle allié d'Abraham.

16

L'Éternel se souvint de Sara. Au temps fixé par lui, elle allaitait un fils, et, souriante et confuse, semblait, avec une douce ironie, se plaindre de son bonheur [1]. (1940 av. J.-C.)

Au festin qui célébra le sevrage d'Isaac, la princesse surprit un sourire narquois sur le visage d'Ismaël. Froissée naguère dans sa dignité d'épouse, elle se sentit blessée dans son orgueil maternel. La colère qui depuis longtemps fermentait dans son sein éclata avec une sauvage énergie. S'adressant à son époux, Sara dit :

« Chasse cette esclave et son fils ; car le fils de cette « esclave ne doit pas hériter avec mon fils, avec Isaac [2]. »

Abraham se révolta contre l'idée d'éloigner de lui cet enfant, qui, le premier, lui avait donné le nom de père. Mais l'Éternel lui apparut et fit cesser sa résistance :

« Ne sois pas inquiet du jeune homme ni de ton « esclave, » lui avait dit Adonaï ; « obéis à tout ce que « Sara te dira ; car c'est par Isaac seulement que se « nommera ta postérité.

« Quant au fils de l'esclave, je le ferai aussi devenir « une nation, puisqu'il est ta postérité [3]. »

---

1. Le nom d'Isaac exprime la gaieté qui devait accueillir sa naissance. Ce nom venait du mot *yishak*, *on rit*. Cf. *Palestine*, par M. *Munk*. Ce fut Dieu lui-même qui imposa ce nom à l'enfant avant qu'il fût né. *Gen.*, XVII, 19.
2. *Gen.*, XXI, 10, traduction de *Cahen*.
3. *Id.*, *id.*, 12, 13, *id.*

Le lendemain, au lever du jour, l'émir plaça sur l'épaule d'Agar une outre d'eau et du pain. Il lui tendit leur enfant, lui dit un dernier adieu. L'esclave s'éloigna.

Selon une légende arabe, Abraham conduisit Agar et Ismaël dans la solitude où devait s'élever la Mecque. A la vue de ce désert, son cœur se serra, et sa foi dans la Providence soutint seule son courage défaillant. Agar l'étreignait, comme pour le retenir. « Quoi ! » s'écriait-elle, « abandonneras-tu dans un désert une « femme sans force et un jeune enfant ? »

« — J'obéis à l'ordre du ciel [1], » répondit le patriarche.

La Bible nous montre Agar errant dans le désert de Bersabée. Sans guide, sans appui, elle s'égare... Sa provision d'eau est épuisée, son fils a soif, et nulle source ne s'offre à son regard. Ah ! que ses propres lèvres, que son gosier se dessèchent et s'enflamment, peu lui importe ! Elle ne se meurt que du péril de son fils ! Elle n'a plus la force d'être témoin de ces souffrances qu'elle ne peut alléger ; et dans un fol élan de désespoir, elle jette Ismaël sous un arbre.

« Je ne veux pas voir la mort de l'enfant [2], » dit-elle.

---

1. *Essai sur l'Histoire des Arabes avant l'islamisme*, par *M. Caussin de Perceval*.
2. *Gen.*, XXI, 16, traduction de *Cahen*.

Elle ne peut toutefois se résoudre à perdre entièrement de vue son fils. S'en éloignant assez pour ne plus en entendre les plaintes, elle s'assied en face de lui, et sa voix éclate en sanglots.

Cependant les gémissements de l'enfant montaient vers le ciel. Dieu rassurait la mère, la consolait :

« Lève-toi ! relève ce jeune homme et serre-le dans « tes bras, car je le ferai devenir une grande na- « tion[1]. »

Au travers de ses larmes, Agar aperçut une de ces sources dont les enfants du désert scellent l'ouverture. Elle recueillit dans son outre l'eau qui allait sauver son enfant ; et, osant alors revenir à lui, elle le fit boire.

Une vie nouvelle s'ouvrait pour Agar. Soucieuse de sa dignité, l'esclave ne s'était même pas appartenue, elle n'avait eu aucun droit sur son enfant. Maintenant elle était maîtresse d'elle-même, responsable de ses actes ; elle élevait son fils dans cette solitude où nulle clameur mondaine n'étouffe la voix de Dieu, dans cette solitude où ceux que l'oppression des hommes a humiliés, amoindris, relèvent la tête, apaisent et agrandissent leur âme, et jettent le cri de la liberté !

L'enfant du désert, habitué à lutter contre une nature aride, exercé à tendre l'arc, devint le type de cette race bédouine qui allait naître de lui. Et cette race, avide d'air, d'espace, d'indépendance, devait donner à

---

1. *Gen.*, XXI, 18, traduction de *Cahen*.

Agar, l'esclave, le titre de *mère*, et saluer en elle une de ses prophétesses[1] !

Les annales bibliques, après avoir mentionné qu'Agar maria son fils à une femme d'Égypte, se taisent sur la destinée de la mère d'Ismaël.

Abraham se souvint-il de son premier-né? Revit-il cette femme à laquelle il avait dû la première ivresse de la paternité? Les descendants d'Ismaël racontent que le patriarche qu'ils nomment « l'ami de Dieu » vint quelquefois à son fils, à sa seconde femme, et rattachent même à deux de ses visites de poétiques légendes.

Ismaël venait d'épouser une Amalécite, Amâra, fille de Saïd[2]. Abraham sollicita de Sara la permission d'aller voir son fils. La princesse la lui accorda sous la condition que, parvenu au but de son voyage, il resterait sur sa monture.

Arrivé à la Mecque[3], Abraham frappa à la porte de

---

[1]. Cf. l'ouvrage d'un illustre arabisant : *Monuments arabes, persans et turcs* du cabinet de M le duc de Blacas et d'autres cabinets, considérés et décrits d'après leurs rapports avec les croyances, les mœurs et l'histoire des nations musulmanes, par **M. Reinaud**. Paris, 1828.

[2]. C'est le nom que lui donne M. Caussin de Perceval. Maçoudi l'appelle *el-Djada*. — Nous avons fondu pour ce récit les traditions qu'a groupées M. Caussin de Perceval dans l'*Essai sur l'Histoire des Arabes avant l'islamisme*, et les dires que rapporte Maçoudi dans *les Prairies d'or*, texte et traduction de **MM. Barbier de Meynard** et *Pavet de Courteille*.

[3]. De même que M. Caussin de Perceval, nous suivons l'exemple des écrivains arabes qui, par anticipation, nomment *la Mecque* l'emplacement où s'éleva plus tard la ville sainte.

la tente de son fils. Ismaël et sa mère étaient absents.

Mais une jeune femme parut sur le seuil de l'habitation. Abraham s'inclina. Dédaigneuse, elle ne se courba pas devant le salut du vieillard.

« Qui es-tu? » lui dit l'émir.

« — Je suis la femme d'Ismaël. »

« — Où est Ismaël? »

« — Il est à la chasse [1]. »

Sans se faire connaître, le voyageur demandait quelque nourriture à la hautaine Amalécite; et lui, l'enfant d'une race hospitalière, il entendait cette brève et sèche réponse :

« Je n'ai rien; ce pays est un désert [2]. »

Le patriarche avait voulu éprouver la compagne de son fils. En la quittant, il la chargea d'un message pour Ismaël :

« Dis-lui donc, quand il reviendra, qu'Abraham, après
« avoir demandé des nouvelles de lui et de sa mère,
« lui recommande de changer le seuil de sa demeure et
« d'en prendre un autre [3]. »

Quand Agar et Ismaël revinrent à leur habitation, le temps du soir était arrivé, et cependant les teintes lumineuses et rosées de l'aurore caressaient l'azur du

---

1. *Essai sur l'Histoire des Arabes avant l'islamisme*, par *M. Caussin de Perceval*.

2. *Id.*

3. *Maçoudi. Les Prairies d'or*, traduction de *MM. Pavet de Courteille et Barbier de Meynard*.

ciel. Dans la vallée, étincelante de clarté, les brebis flairaient des traces... Ismaël pressentit qu'un mystérieux événement avait dû s'accomplir en son absence. Il interrogea sa femme. Amâra lui apprit qu'un vieillard s'était arrêté devant la tente, et elle lui redit les paroles du voyageur.

Ismaël comprit le sens de ce conseil qu'Abraham avait voilé sous l'une de ces allégories familières aux Orientaux. Il renvoya sa femme.

Quelque temps après, Abraham frappa de nouveau à la demeure de son fils, pendant une absence d'Ismaël et d'Agar. Cette fois encore, une jeune femme parut sur le seuil de la tente.

Elle était belle, et la suave expression de ses traits décelait une âme aimante et pure. C'était une nouvelle épouse d'Ismaël. Fille des Djorhom [1], le sang des rois des anciennes tribus yectanides empourprait ses veines.

Elle s'avança avec grâce, apprit au voyageur que son époux et sa belle-mère faisaient paître leurs troupeaux [2]. Quand l'étranger lui témoigna le besoin de se soutenir par quelques aliments, la Djorhomite, s'empressant de

---

1. On ne s'accorde pas sur le nom de cette princesse. Parmi les traditions qui la concernent, les unes la nomment Rala (ou Wàla), les autres Sayyida (Cf. *Essai sur l'Histoire des Arabes avant l'islamisme*, par *M. Caussin de Perceval*). Maçoudi l'appelle Sameh. (Voir *les Prairies d'or*.)

2. D'après une tradition rapportée par Maçoudi, Agar n'aurait plus vécu à ce moment, et serait morte à quatre-vingt-dix ans.

lui apporter du lait, du gibier, des dattes, s'excusa de manquer de pain.

Fidèle à la promesse qu'il avait renouvelée à Sara, Abraham ne descendit pas de sa monture pour goûter à la collation que lui offrait la noble et gracieuse compagne d'Ismaël. Il bénit les aliments auxquels il avait touché, et qui, en souvenir de la charité de son hôtesse, devaient dès lors, dit la légende, abonder à la Mecque.

La Djorhomite baigna et parfuma la tête du vieillard. Pendant ce temps, Abraham demeurait toujours sur sa monture; mais incliné vers la jeune femme qui n'eût pu atteindre à sa hauteur, il appuyait tantôt la jambe droite, tantôt la jambe gauche, sur une pierre qui conserva l'empreinte de ses pieds.

La femme d'Ismaël regardait cette pierre avec étonnement : « Mets-la à part, » lui dit Abraham, « car « plus tard on la vénérera [1]. »

Avant de partir, il dit à sa douce bienfaitrice : « Quand Ismaël reviendra, dépeins-lui ma figure, et dis-« lui de ma part que le seuil de sa porte est également « bon et beau [2]. »

La jeune femme s'acquitta de sa mission. Ismaël lui dit :

---

1. *Maçoudi, etc.*, traduction de MM. *Barbier de Meynard* et *Pavet de Courteille*.
2. *Essai sur l'Histoire des Arabes avant l'islamisme*, par M. *Caussin de Perceval*.

« Celui que tu as vu est mon père. Le seuil de ma
« porte, c'est toi-même. Il m'ordonne de te gar-
« der[1]. »

Les traditions arabes font de la Djorhomite la mère
de tous les descendants d'Ismaël, ces magnanimes et
hospitaliers enfants du Hedjaz.

Après l'exil d'Agar, Abraham, invoquant l'Éternel
à Bersabée, avait planté en ce lieu un bois à l'ombre
duquel il avait dressé sa tente.

La tradition juive rapporte que Sara apprit que son
mari et son fils étaient allés offrir un holocauste sur
le mont Morya. Abraham était le sacrificateur, Isaac la
victime.

La mère courut au-devant d'Abraham. Qu'allait-elle
faire? Elle ne pouvait plus sauver son enfant; allait-
elle le venger? Déjà elle avait atteint la vallée d'Hébron, l'asile de ses premières espérances maternelles.
Elle n'alla pas plus loin, elle était morte.

Quand Abraham, en qui le Tout-Puissant venait de
nommer pour la seconde fois l'aïeul du Messie, quand
Isaac, qui avait miraculeusement échappé au coup fatal, arrivèrent à Hébron, il n'y trouvèrent plus que le
cadavre d'une épouse, d'une mère[2]. (1903 av. J.-C.)

Abraham pleura. Il regrettait la compagne qui l'a-

---

1. *Essai sur l'Histoire des Arabes avant l'islamisme*, par M. *Caussin de Perceval*.

2. Sara mourut à cent vingt-sept ans. C'est la seule femme dont l'âge, au moment de sa mort, soit indiqué dans la Bible.

vait courageusement assisté dans son œuvre civilisatrice, la compagne qui l'avait aimé jusqu'à la jalousie, et qui avait conservé intacte la pureté de la race patriarcale.

Sara était une de ces natures primitives dont la puissante vitalité n'a pu encore se plier à toutes les exigences de la loi morale. Impressionnables, mobiles, impérieuses, elles se livrent à tous leurs instincts, généreux ou cruels; ressentent au même degré le bienfait et l'outrage; sont ardentes dans leur gratitude, implacables dans leur vengeance; brisent ce qui s'oppose au déploiement inintelligent de leur exclusive personnalité; caressent et mordent tour à tour la même main; se repentent de leurs bonnes actions comme de leurs fautes; passent du rire à la terreur, de la joie à la colère, d'une foi d'enfant à un scepticisme railleur. Elles savent aimer et haïr, torturer un ennemi, et mourir de la mort d'un être aimé. Elles attirent et repoussent; elles intéressent enfin sans provoquer la sympathie.

Abraham acheta la caverne de Machpéla, à Hébron, ainsi que le champ et les arbres qui l'entouraient. Il plaça « son mort » dans cette grotte, qui devint le sépulcre des patriarches[1].

Trois ans après la mort de Sara, Abraham mariait

---

1. Au-dessus du tombeau des patriarches s'élève aujourd'hui une mosquée. Cf. *Robinson's biblical researches*; *Voyage en Terre-Sainte*, par *M. de Saulcy*.

son fils. Nous disions plus haut ce que fut, ce que devint cette union[1].

Abraham lui-même prit encore une femme nommée Cetura[2]; il en eut six fils qui devinrent chefs de tribus arabes.

Il devait voir naître et grandir les fils d'Isaac. Stérile pendant vingt années, Rébecca était devenue mère : deux jumeaux, Ésaü et Jacob, lui étaient nés.

Les fils d'Isaac avaient quinze ans quand mourut Abraham. Les enfants de Cetura avaient été envoyés par lui à l'orient du pays de Canaan ; seul le fils d'Agar se joignit au fils de Sara pour réunir les restes d'Abraham à ceux de la princesse dans le sépulcre de Machpéla.

Son attachement pour Rébecca avait consolé Isaac de la mort de Sara. A cet amour était venu s'en joindre un autre qui dut rendre moins pénible au fils d'Abraham la perte de son père. La vie qu'il avait reçue du fondateur de sa race, il avait pu la transmettre : ses enfants représentaient son père.

L'aîné de ses fils, Ésaü, lui était particulièrement cher. Il aimait sa nature à la fois rude et généreuse, son caractère loyal et aventureux, sa passion pour la vie au grand air. Il aimait à le voir, fuyant la tente, s'élancer à travers les champs, atteindre de sa flèche le gibier.

1. Voir pages 85-94.
2. Le Targum Jonathan Ben Ouziel dit que Cetura est Agar. Cf. *Gen.*, xxv, note 1 de Cahen.

Mais la plus tendre prédilection de la mère reposait sur Jacob. Rébecca retrouvait en lui la douceur de ses habitudes, la flexibilité de son caractère, la finesse de son esprit. Quand Ésaü courait à la recherche du gibier qu'il destinait à son père, Jacob restait sous la tente maternelle, aidait même Rébecca dans ses occupations culinaires. Tandis que l'aîné des deux frères développait, en les dépensant au dehors, ses forces physiques, Jacob, se repliant sur lui-même, concentrait par la méditation toute son activité dans le déploiement de ses facultés intérieures. Rébecca comprenait que celui-ci, mieux que celui-là, saurait garder la parole de Dieu.

Deux souvenirs fortifiaient encore la conviction de la mère. Avant que ses fils vissent le jour, elle les avait sentis lutter l'un contre l'autre. Consultant l'Eternel, elle en avait appris que c'était là le choc de deux chefs de nations, et que le plus grand servirait le moindre. Puis, quand naquirent les jumeaux, Ésaü tenait à la main le talon de son frère. Et Rébecca espérait que l'élection divine tiendrait lieu de droit d'aînesse au second fils d'Isaac.

Un jour vint où ce droit d'aînesse même appartint à Jacob. Son frère, exténué de fatigue, mourant de faim, le lui avait vendu au prix d'un plat de lentilles.

Une famine obligea Isaac de se rendre à Gerar avec sa famille. Suivant l'exemple que son père lui avait

ÉPOQUE PATRIARCALE. 253

donné, il se disait le frère de sa femme. Mais Abimélech, étant à une fenêtre de son palais, surprit les deux époux ensemble. Au caractère de leur entretien, il devina la vérité. Pure comme l'amour fraternel, leur affection s'exprimait avec tout l'élan de la tendresse conjugale [1].

Abimélech ordonna que la vertu de l'épouse fût respectée, et menaça du châtiment suprême celui de ses sujets qui oserait attenter à l'honneur de son hôte.

De misérables querelles suscitées par les habitants du pays contraignirent Isaac de chercher le repos à Bersabée, où il reçut la bénédiction de l'Éternel. Il dressa ses tentes sous ces ombrages qui avaient abrité son père et sa mère, et fit creuser un puits qui, peut-être, est l'un de ceux qu'encadre de nos jours une belle pelouse de gazon, toute diaprée de lis et de crocus [2].

Isaac ne jouit pas du calme qu'il avait espéré. Ésaü s'allia à deux Cananéennes, Judith et Basmath. Isaac, à qui son père avait fait chercher au loin une compagne digne de lui, vit avec tristesse cette union. Mais ce fut la chaste mère de famille qui souffrit le plus de la profanation de son sanctuaire. Seraient-ce ces deux

1. Saint François de Sales a admirablement fait ressortir le caractère de cette scène. Cf. *Introduction à la Vie dévote*. Troisième partie, chap. XXXVIII.

2. Cf. *Beer-Sheba*, by *George Grove* (*Dict. of the Bible*). Robinson, qui a minutieusement décrit les deux puits principaux de Bersabée, vante la douceur et la pureté de leur eau. *Biblical researches,*

femmes qui lui succéderaient dans le gouvernement de sa maison?

Elle prévint ce malheur, cette honte.

Isaac était vieux; ses yeux s'étaient éteints. Il appela son fils aîné, le pria d'aller à la chasse, et de lui rapporter de ce gibier qui, préparé par Ésaü, avait pour le vieillard une saveur parfumée. Il lui promit de lui donner à son retour cette bénédiction qui était, en quelque sorte, l'héritage des promesses divines.

Rébecca entendit tout.

Le souci de la gloire de sa maison, la tendresse qu'elle avait vouée à Jacob, le chagrin que lui avaient causé les mésalliances d'Ésaü, firent taire en elle les délicatesses du sens moral. Quand Ésaü fut sorti, elle dit à Jacob :

« J'ai entendu ton père parlant ainsi à ton frère Ésaü :

« Apporte-moi du gibier et fais-moi un plat ragoû-
« tant pour que j'en mange, et que je te bénisse de-
« vant l'Éternel avant ma mort.

« Et maintenant, mon fils, » continua Rébecca,
« écoute ma voix pour ce que je vais t'ordonner.

« Va aux bestiaux et prends-moi de là deux bons
« chevreaux, j'en ferai un ragoût pour ton père, comme
« il l'aime.

« Tu l'apporteras à ton père pour qu'il en mange,
« afin qu'il te bénisse avant sa mort [1]. »

---

1. *Gen.*, xxvii, 6-10, traduction de *Cahen*.

Jacob hésita.

« Mon frère Ésaü est un homme velu, et moi je suis « un homme uni.

« Peut-être mon père me tâtera-t-il ; alors je serai « à ses yeux comme un trompeur, je m'attirerai une « malédiction et non une bénédiction [1]. »

Ce que, femme, Rébecca avait conseillé, mère, elle l'ordonnait.

« Que cette malédiction retombe sur moi, mon fils ; « obéis seulement à ma voix, va et apporte-moi [2]. »

A cette parole énergique, impérative, Jacob ne résista plus.

Quand Rébecca eut donné aux chevreaux un goût de venaison, elle revêtit Jacob des plus riches habillements d'Ésaü, couvrit ses mains et son cou de la peau des cabris, et lui remit le ragoût et le pain qu'elle destinait à Isaac.

Quelques moments après, tout avait réussi au gré de Rébecca, et quand Ésaü, rentrant de la chasse, vint à Isaac, celui-ci ne pouvait plus bénir en lui l'héritier de sa mission.

Un cri de douleur déchira la poitrine d'Ésaü, et le hautain chasseur pleura. Larmes terribles qui, loin d'apaiser son courroux, l'envenimèrent ! Il aimait son père et ne voulait pas le priver d'un enfant ; mais un jour, prochain peut-être, quand Isaac ne serait plus,

---

1. *Gen.*, xxvii, 11, 12, traduction de *Cahen*.
2. *Id.*, *id.*, 13, *id.*

Ésaü saurait réunir dans le scheol son frère à son père.

Rébecca apprit les sinistres desseins de son fils aîné. Elle eut peur. Il fallait prévenir la première explosion de cette colère qui, du reste, ne pouvait agiter longtemps le noble cœur d'Ésaü.

Rébecca manda Jacob. Elle l'avertit des intentions d'Ésaü, lui ordonna d'aller en Mésopotamie, de se rendre auprès de Laban, son frère, d'attendre auprès de celui-ci qu'elle le fît prévenir que l'offensé lui avait pardonné.

Elle se sentait encore un cœur de mère pour Ésaü. Ce n'était pas seulement l'assassinat de Jacob qu'elle redoutait, c'était aussi l'exil ou la mort du fratricide.

« Pourquoi serais-je privée de vous deux en un même « jour[1] ! »

Elle ne répéta pas à Isaac les menaces d'Ésaü. Sans doute, elle ne voulait pas attrister le vieillard, ni enlever au fils déshérité le seul bien qui lui restât : l'affection de son père. Mais elle dit à son mari :

« Je suis dégoûtée de la vie à cause des filles des « Héthéens[2]. Si Jacob prend une femme des filles hé- « théennes, comme celles-ci, des filles du pays, à quoi « me sert la vie[3] ? »

---

1. *Gen.*, XXVII, 45, traduction de *Cahen*.
2. Peuplade cananéenne à laquelle appartenaient les femmes d'Ésaü.
3. *Gen.*, XXVII, 46, traduction de *Cahen*.

Isaac appela Jacob, l'envoya à Padan-Aram, dans cette maison d'où était sortie Rébecca ; l'adjura d'épouser une des filles de Laban, et comprenant que Dieu était avec son plus jeune fils, lui donna une bénédiction qui n'était plus usurpée. Isaac supplia l'Éternel de réaliser dans la postérité de Jacob les promesses qu'il avait faites à Abraham.

Jacob partit. Ésaü, apprenant que son frère avait été béni par leur père, et qu'il avait filialement obéi à celui-ci en allant chercher, sur une terre lointaine, une femme qui ne déshonorât pas la tente patriarcale, Ésaü comprit de quelle poignante douleur ses alliances avec des Cananéennes avaient dû torturer le cœur d'Isaac. Il alla vers son oncle Ismaël, dont il épousa la fille.

La vie aventureuse de ce prince du désert dut vivement impressionner le chasseur aux habitudes indépendantes et hardies. Ésaü fut le père des Édomites, l'une des branches de la famille arabe.

Jacob se dirigeait vers « le pays entre les fleuves. » Pendant ce voyage, il rêvait à l'avenir ; il entendait l'Éternel lui rappeler qu'une œuvre civilisatrice et rédemptrice lui était réservée ; il éprouvait cette émotion religieuse qui fait palpiter le cœur de ceux auxquels Dieu confie l'exécution de ses desseins, et, rempli de foi et d'enthousiasme, il arriva à Padan-Aram.

Un doux tableau s'offrit à sa vue. Dans un champ, autour d'un puits, reposaient trois troupeaux de brebis. Les pasteurs qui les gardaient, répondant aux questions que leur adressa Jacob, lui apprirent qu'ils connaissaient Laban, que celui-ci était en paix. Ils lui montrèrent dans le lointain Rachel, sa fille, qui guidait ses troupeaux vers l'abreuvoir.

Pendant que les pasteurs attendaient, pour rouler la pierre qui fermait l'ouverture du puits, l'arrivée de tous les troupeaux, Rachel s'avançait.

Les traits de la jeune fille étaient d'un dessin pur et correct; le coloris de la vie les animait des plus délicates nuances. Elle avait cette beauté qui frappe et qui attire, qu'on admire et qu'on aime.

Jacob, séparé de sa mère, sa meilleure amie ; Jacob, sevré de ces affections de famille dont sa nature rêveuse et sensible devait avoir un irrésistible besoin ; Jacob fut entraîné par un sympathique élan vers cette nièce de sa mère, belle comme l'avait été celle-ci, et qu'il rencontrait sur la terre natale de Rébecca. Il venait de rêver une gloire surhumaine. Dieu lui-même ne semblait-il pas lui présenter la fiancée qui partagerait ses divines espérances, la compagne qui l'aiderait à les réaliser ?

Jacob roula en silence la pierre qui scellait le puits, et désaltéra les bestiaux de Laban.

Une émotion profonde soulevait le cœur de l'exilé. Il ne put la contenir davantage. Déjà ses lèvres s'étaient posées sur le doux visage de sa cousine, et ses larmes jaillissaient. Il se nomma.

Averti par sa fille, Laban accourut, et saisissant dans ses bras le fils de cette sœur qu'il avait vue à regret s'éloigner, il dit à Jacob dans l'expressif langage des époques primitives : « Tu es mon os et ma chair [1]. »

Depuis un mois, Jacob consacrait gratuitement à son oncle son temps et son labeur. Laban le pria de lui fixer le salaire qui désormais rémunérerait ses services.

Jacob répondit :

« Je te servirai sept ans pour Rachel ta plus jeune « fille [2]. »

Laban agréa la demande de son neveu.

Les sept années qui suivirent s'envolèrent sur les ailes de l'espoir. Le fiancé de Rachel, vivant auprès de la jeune fille, sentait toute l'ivresse de cette chaste intimité, et les années avaient pour lui la brièveté des jours.

Mais pendant que Rachel attendait l'heure de l'hymen, l'espérance même du mariage semblait devoir

---

[1]. Gen., xxix, 14, traduction de *Cahen*.
[2]. Id., id., 18, id.

être refusée à Lia, sa sœur aînée. Celle-ci avait les yeux faibles, dit l'Écriture.

L'union du neveu et de la fille cadette de Laban fut célébrée (1796 av. J.-C.). Jacob était assuré de son bonheur : il l'avait payé de son travail.

Mais le lendemain, quand revint le jour, une cruelle déception l'attendait. Les sept dernières années de sa vie n'avaient servi qu'à assurer le mohar d'une autre femme que Rachel. Il était l'époux de Lia.

Comme il protestait avec indignation contre la trahison dont il avait été victime, Laban lui répondit qu'il n'était pas de coutume à Padan-Aram que la sœur cadette fût mariée avant l'aînée; et lui offrant de l'unir, la semaine suivante, à Rachel, il évalua le douaire de celle-ci aux services que, pendant sept années encore, son gendre consacrerait à sa maison.

Jacob se soumit à cette nouvelle épreuve. Rachel devint sa femme.

Mais le véritable amour ne se partage pas. Rachel seule fut la compagne de Jacob. Ce dernier avait été trop péniblement impressionné de la ruse de Laban pour qu'il pût la pardonner à la femme qui s'y était prêtée.

Lia souffrit. Sa douleur expia sa faute. Dieu eut pitié d'elle, et la naissance de quatre fils lui fit espérer que son nom rappellerait désormais à son époux plus de joie que de regret.

Pendant que Lia rendait grâce à Dieu de son triomphe, Rachel se désespérait. Stérile, elle s'écriait : « Des enfants, sinon je meurs[1]. » A ce cri, Jacob s'emportait contre Rachel; mais la violence même de sa colère témoignait de son amour pour cette femme qu'il voyait souffrir sans qu'il pût la consoler.

Comme Sara, Rachel unit sa servante à son époux. Elle se croit mère en recueillant dans ses bras les fils de son esclave. Dans son enthousiasme elle s'écrie : « J'ai lutté contre ma sœur dans les luttes divines et « je l'ai vaincue[2]. » Lia se redresse. Elle ne peut plus avoir d'enfants; mais si les quatre fils auxquels elle a donné la vie sont moins précieux à Jacob que les deux fils d'esclave qu'a adoptés Rachel, Lia aussi a une servante qui ajoutera de nouveaux fleurons à sa couronne maternelle. Deux fils naissent à son esclave, et elle se dit heureuse! Elle-même redevient trois fois mère. Alors, entourée de six fils, d'une fille, elle n'envie plus rien à sa sœur. Mais là ne s'arrête point ce duel étrange. Rachel rentre seule dans la lice, tenant dans ses bras un enfant, un fils de ses entrailles, et prononçant ces paroles qui trahissent la souffrance dont elle était rongée :

« Dieu a enlevé mon opprobre[3]. »

1. *Gen.*, xxx, 1, traduction de *Cahen*.
2. *Id.*, *id.*, 8, *id*.
3. *Gen.*, xxx, 23, traduction de *Cahen*. — Les noms que Lia et Rachel donnèrent aux enfants de Jacob expriment toutes les péripéties de cette lutte. Cf. *Gen.*, xxix, xxx.

Avant la naissance de Joseph, fils de Rachel, Jacob avait vu s'écouler les sept nouvelles années de services qu'il avait dues à son beau-père. Mais Laban, le retenant sous ses tentes, lui assurait la propriété des brebis d'un rouge foncé et des chèvres piquetées et tachetées qui naîtraient dans ses troupeaux. Une ruse de Jacob multiplia le bétail nuancé que lui avait promis son beau-père, et le gendre de Laban devint puissamment riche. Les frères de Rachel et de Lia s'alarmèrent d'une opulence qui s'accroissait à leur détriment; Laban lui-même s'en inquiéta.

Ce fut alors que l'Éternel enjoignit au fils d'Isaac de retourner dans sa patrie. Jacob communiqua à ses deux femmes son désir d'obéir à la voix de Dieu, de quitter ce chef de famille qui toujours avait fait céder son affection paternelle à son intérêt particulier.

Rachel et Lia, qui étaient péniblement froissées des marchés dont elles avaient été l'objet, lui répondirent :

« Avons-nous encore quelque part, quelque héri-
« tage dans la maison de notre père ?

« Ne sommes-nous pas considérées par lui comme
« des étrangères, puisqu'il nous a vendues ? et il vou-
« drait encore nous manger notre bien ! Car toute la
« richesse que Dieu a ôtée à notre père nous appar-
« tient, ainsi qu'à nos enfants. Et maintenant fais ce
« que Dieu t'a dit[1]. »

---

1. *Gen.*, XXXI, 14-16, traduction de *Cahen*.

Laban était allé tondre ses brebis. Il apprit que, depuis trois jours, ses filles, son gendre, ses petits-enfants, avaient disparu. Les troupeaux de Jacob, ses richesses, avaient suivi les voyageurs. Et les idoles même de Laban avaient déserté son toit comme pour protéger la fuite de sa famille (1783 av. J.-C.).

Il s'élança à la poursuite de Jacob. Courant sur ses traces, il passa l'Euphrate ; et au moment où, parvenu à la montagne de Galaad, il atteignait le campement de la caravane, il reçut de l'Éternel l'ordre de respecter Jacob.

Les premières paroles que Laban adressa à son gendre furent des reproches plus affectueux que sévères : Pourquoi Jacob enlevait-il, comme des prisonnières de guerre, les femmes que son oncle lui avait données ? Est-ce ainsi que les filles de Laban devaient quitter la demeure où elles étaient nées ? Eh quoi ! sans recevoir le baiser et la bénédiction de leur père, sans entendre l'éclatant retentissement du tympanon et les mélancoliques vibrations du kinnor[1]. Toutefois Laban ne se vengera pas. Dieu le lui a défendu. Et d'ailleurs il s'explique que l'exilé ait eu soif de cette patrie où l'attendaient son père, sa mère ! Mais pourquoi Jacob lui a-t-il enlevé les talismans qui protégeaient sa demeure ?

L'époux de Lia et de Rachel avouait à son beau-

---

1. La harpe.

père qu'il eût craint, en lui communiquant ses projets, de se voir enlever par lui ses deux femmes. Il y avait, dans cette appréhension, un souvenir qui dut être un remords pour Laban.

Quant aux idoles de son beau-père, Jacob, se disculpant de les avoir enlevées, s'écriait :

« Que celui près de qui tu trouveras tes dieux ne vive point[1] ! »

C'était Rachel qui les avait dérobées; son époux l'ignorait. Le jour approchait où il se souviendrait de l'imprécation qu'il venait de prononcer.

Y avait-il dans le larcin de Rachel une mutinerie d'enfant, ou une superstition de femme? Quel que fût le mobile auquel elle eût cédé, elle sut garder le secret de sa faute. Les talismans ne se retrouvèrent pas. — Ce n'était pas ainsi que Rébecca s'était séparée de sa famille.

Devant les recherches infructueuses de Laban, Jacob s'irrita des nouveaux soupçons de son beau-père, et laissa déborder la douleur et la colère qu'avaient amassées dans son cœur les vingt années de son séjour à Padan-Aram. Il reprocha au père de Rachel et de Lia ses ruses, ses trahisons.

Ici Laban eut un rôle qui nous réconcilie avec lui. Au lieu de réprimer sévèrement les emportements de son gendre, il n'écouta que la voix de sa conscience et

---

1. *Gen.*, XXXI, 32, traduction de *Cahen*.

l'élan de son cœur. Il s'émut de la pensée qu'il pouvait être soupçonné de vouloir détruire le bonheur de Lia et de Rachel. N'étaient-elles pas ses filles avant qu'elles ne fussent les femmes de Jacob? Leurs enfants n'étaient-ils pas les siens?

« Que ferai-je maintenant à mes filles ou à leurs en-
« fants qu'elles ont enfantés?

« Et maintenant voyons! faisons une alliance, moi
« et toi, qu'elle serve de témoignage entre moi et
« toi[1]. »

Une stèle fut érigée. Le respect de Jacob pour Lia et pour Rachel, son attention à ne point leur donner de rivales, telles furent les conditions du traité. Proposées par le père, elles furent acceptées par l'époux. L'alliance fut jurée; un sacrifice et un festin la célébrèrent.

Le lendemain, Laban embrassa ses enfants, les bénit, et il partit.

Un doute troublait pour le fils d'Isaac la joie de son retour dans son pays natal. Ésaü lui avait-il pardonné? Jacob avait enlevé à son frère la bénédiction d'un père. Ésaü ne se vengerait-il pas en le frappant dans ses affections, en tuant « la mère avec ses enfants? »

Ésaü habitait alors le pays de Séir. Jacob se dirigea

1. *Gen.*, XXXI, 43, 44, traduction de *Cahen*.

vers cette terre. Il se fit précéder de nombreux troupeaux qu'il destinait à son frère.

Jacob et sa famille avaient passé le gué du torrent de Jabock. Le patriarche se laissa devancer par la caravane. Il foulait un sol sanctifié par les pas de ses pères, un sol sur lequel marcheraient en vainqueurs ses enfants, les soldats de l'Éternel. Il se recueillit. Le souvenir de ses fautes, la conscience de la mission moralisatrice qu'il était appelé à exercer, l'absorbèrent et l'émurent. La Vérité suprême lui apparut et lutta contre lui. Jacob soutint cette attaque. Il souffrit. Enfin il se soumit à l'Être divin auquel il résistait; et quand il sentit que le vieil homme était vaincu en lui, il pria son Maître de le bénir dans sa régénération. Désormais il n'était plus *Jacob, le supplanteur;* il était *Israël, le combattant* ou *le prince de Dieu.*

Il leva les yeux. Dans le lointain, quatre cents hommes paraissaient. Ésaü était à leur tête.

Jacob n'eut peur que pour ceux qu'il aimait. Confiant ses enfants à leurs mères, il plaça sur le premier plan Zelpha, servante de Lia, Gad et Aser; Bala, servante de Rachel, Dan et Nephthali; sur le second plan, Lia, Ruben, Siméon, Lévi, Juda, Issachar, Zabulon, Dina; sur le troisième, le plus éloigné du danger, Rachel, sa femme bien-aimée, Joseph, son dernier-né.

Il s'avança au-devant d'Ésaü, et se prosterna sept fois. Mais Ésaü, courant à lui, se précipita dans ses bras et pleura avec lui.

Les servantes de Jacob, puis ses épouses, s'avançant les unes après les autres avec leurs enfants, s'agenouillèrent, ainsi que ceux-ci, devant le vaillant chef du désert, cet homme qui unissait au courage du lion la sensibilité de la femme.

Quand Ésaü et Jacob se séparèrent, la générosité de l'un, le repentir de l'autre, avaient établi entre les deux frères des liens plus forts que ceux du sang : les liens de la sympathie.

L'exilé ne recueillit que d'âpres souffrances dans sa patrie.

Il venait d'acheter une terre devant la ville de Sichem, quand Dina, fille de Lia, sortit des tentes paternelles pour voir quelles étaient les femmes qui se trouvaient dans sa nouvelle résidence. Sichem, le plus noble des fils d'Hémor, prince du pays, Sichem aperçut la jeune étrangère. Il l'enleva. Mais il ne tarda pas à se repentir de l'avoir insultée : il l'aimait ; et il sut, dit l'Écriture, *parler au cœur de la jeune fille.*

Il pria son père de l'aider à réparer sa faute.

Pendant que Sichem outrageait Dina, les frères de la jeune fille étaient aux champs. Jacob avait tout su et tout dissimulé. Mais quand ses fils apprirent quelle honte couvrait cette sœur qu'ils appelaient leur fille, ils revinrent, ivres de vengeance, altérés de sang.

Deux hommes se présentèrent à Jacob et à ses fils ;

c'était le père de Sichem, le prince Hémor, accompagné du ravisseur lui-même.

Au nom de la tendresse que la fille de Lia avait su faire pénétrer dans le cœur de celui qui l'avait perdue, Hémor sollicitait du père, des frères de l'innocente victime, la main de Dina pour son fils. Il les engageait à demeurer dans ses États ; à s'allier par des mariages mixtes avec les habitants de Sichem. Et le coupable, éperdu, suppliant, ajoutait :

« Que je trouve grâce devant vous, et je donnerai
« tout ce que vous me direz.

« Augmentez considérablement le douaire et les pré-
« sents, et je donnerai comme vous me direz ; donnez-
« moi la jeune fille pour femme[1]. »

Les fils de Jacob parurent ébranlés. Que les habitants de Sichem consentissent seulement à recevoir le signe de l'alliance divine, la circoncision, et les enfants d'Israël se fondraient avec eux en une même nation.

Cette condition fut acceptée avec empressement par les deux princes sichémites.

Quelques jours après, ce n'était pas son mariage qui vengeait l'honneur de Dina : c'était le glaive de deux de ses frères. Siméon et Lévi, massacrant les princes et les habitants de Sichem, pillant la cité, enlevaient les orphelins et les veuves de ceux qu'ils avaient assassinés. Parmi ces dernières se trouvait leur sœur.

1. *Gen.*, xxxiv, 11, 12, traduction de *Cahen*.

Jacob flétrit avec indignation la perfide et sauvage conduite de ces meurtriers qui souillaient son nom sur la terre que devaient posséder ses descendants.

Lia fut témoin du déshonneur de sa malheureuse fille et du crime de ses deux fils.

Le patriarche se disposa à quitter les environs de Sichem. Au moment de partir, il ordonna que les dieux et les talismans qui se trouvaient sous ses tentes en fussent enlevés, et que les membres de sa famille, de sa maison, se purifiassent de leurs erreurs passées. Il enterra sous un chêne les derniers débris de la superstition araméenne. Alors sans doute il avait appris quel était le coupable qui avait dérobé les idoles de Laban, et il avait su faire pénétrer dans le cœur de sa compagne, de son amie, le repentir de la faute qu'elle avait commise.

Après être monté à Béthel, Jacob se dirigea vers le sud. Il allait revoir son père, recueillir peut-être le dernier soupir du vieillard; consoler Rébecca de la douleur que lui avait causée son absence; et leur présenter à tous deux les filles de leur sang qui avaient fait fleurir les rameaux de leur postérité.

Il ne devait plus embrasser Rébecca. A peine avait-il dépassé Béthel, qu'il apprenait la mort de la deuxième mère du peuple élu [1].

---

1. La nourrice de Rébecca, Débora, qui avait accompagné sa jeune maîtresse sur la terre de Canaan, expira à l'endroit même où, selon la tradition, Jacob apprit la perte de sa mère. C'était proba-

Sara avait coopéré à l'extension de l'idée de Dieu. Rébecca protégea cette idée en la confiant, d'après les intentions de l'Éternel, à celui de ses fils qui lui semblait le plus capable de la transmettre à la postérité. Sans doute, les moyens dont elle se servit pour parvenir à ce but sont réprouvés par cette morale délicate et élevée à l'intelligence de laquelle l'Évangile nous a fait atteindre, mais qu'il serait injuste d'exiger d'une civilisation à l'état rudimentaire. Et d'ailleurs, quand, depuis les plaines de Padan-Aram jusqu'au désert de Bersabée, nous suivons la fille de Bathuel, l'épouse d'Isaac, nous ne pouvons que pardonner à sa grâce chaste et naïve, à son esprit pénétrant et ferme, à sa charité émue, à son attrait sympathique et consolateur, une faute qui peut-être n'était pas indispensable à l'exécution de ses desseins, mais à laquelle l'entraînaient l'ardeur irréfléchie de ses convictions religieuses, et l'irrésistible élan de ses préférences maternelles.

Une espérance atténuait la violence des coups qui frappaient Jacob : Rachel attendait une seconde maternité.

La caravane était sur le chemin d'Ephrata. Rachel sentit que sa vie allait passer dans celle de son enfant...

blement après la mort de Rébecca qu'elle avait rejoint Jacob. Elle fut enterrée sous un chêne qu'on nomma *Chêne des pleurs*.

« Ne crains pas, » lui criait la femme qui l'assistait, « car celui-ci aussi est un fils[1]. »

Un fils! Autrefois Rachel avait eu un fils qu'elle avait salué d'un de ces cris d'orgueil que la plénitude de la vie peut seule laisser échapper. Maintenant c'était par une plainte douce et tendre qu'elle accueillait cette nouvelle maternité, consolation suprême de son agonie!

« *Benoni, fils de ma douleur*[2], » murmura-t-elle, et elle mourut.

La malédiction que Jacob avait lancée contre le recéleur des idoles de Laban, cette malédiction était retombée sur son plus cher amour!

Ce fut sur la route même que Jacob dut abandonner les restes de la femme qu'il avait adorée jusqu'à lui sacrifier quatorze années de sa vie. Il éleva une stèle sur la sépulture de sa compagne[3]. Ses descendants devaient se rendre en pèlerinage à ce tombeau.

1. *Gen.*, xxxv, 17, traduction de *Cahen*.
2. *Gen.*, xxxv, 18, traduction de *Cahen*.
3. C'est la première stèle funéraire dont il soit fait mention dans la Bible; nous avons vu qu'une caverne fut la sépulture des patriarches. L'emplacement du tombeau de Rachel est à une demi-lieue de Bethléem. Benjamin de Tudèle et le rabbi Pétachia y virent un mausolée composé de onze pierres qui représentaient le nombre des fils de Jacob, hors le dernier né; mais le géographe arabe Edrisi compta une pierre de plus au même monument. Cet édifice n'existe plus aujourd'hui; il est remplacé par une construction turque que les Israélites, les chrétiens, les musulmans entourent de leur vénération. Cf. *Rachel's tomb*, by Edward Paroissien Eddrup (*Dict. of the Bible*); *Histoire de l'Art judaïque*, par M. de Saulcy; *Palestine*, par M. Munk; *Robinson's biblical researches*.

Plus tard, quand les calamités nationales frappèrent les Israélites, ce ne fut pas Lia, mère de six de leurs tribus, de Juda, la plus puissante de toutes; ce ne fut pas Lia qui pour eux personnifia la patrie; ce fut Rachel, Rachel dont ils croyaient voir l'ombre sortir de son tombeau, pleurer sur ses enfants, et prier pour eux!

Qu'avait-elle fait cependant pour s'attirer la vénération de ceux-là même qui étaient nés de ses rivales? Avait-elle, plus que Sara et Rébecca, adoré, servi l'Éternel? Non : les idoles de Laban partageaient peut-être son culte avec le Dieu d'Abraham, d'Isaac et de Jacob. Comme la mère de son époux, avait-elle du moins employé la souplesse de son esprit à une cause d'humanité? Non. Mais elle a eu le charme fascinateur de la beauté; elle a été passionnément aimée; elle a eu, jalouse, plus de douleur que de colère. Impressionnable et vive, ses chagrins ont été des désespoirs; ses joies, des ivresses. Elle est morte jeune; elle a, sans amertume, regretté la vie; en expirant, elle a trouvé une de ces paroles dont la touchante éloquence révèle une âme profondément sensible. Elle a, en un mot, été vraiment femme! Et c'est pourquoi sa mélancolique image nous attire, nous attache; c'est pourquoi nous partageons son émotion quand elle salue, dans son dernier né, *le fils de sa douleur!*

Quand Jacob continua son triste pèlerinage, il se

séparait du corps inerte de Rachel, mais il emportait le souvenir de son amie, et faisait rejaillir sur les enfants qu'elle lui avait laissés le meilleur de son affection. Il n'avait pas eu la force de conserver à son dernier-né le nom que lui avait donné Rachel, et qui rappelait ce que cet enfant avait coûté à la pauvre mère. Il l'appela *Benjamin, fils de ma vieillesse.* Mais l'enfant, dont les yeux s'ouvraient à peine à la lumière, ne pouvait encore rendre à son père l'amour dont celui-ci le couvrait. Ce fut Joseph, son frère aîné, qui devint la plus chère consolation de Jacob.

Les enfants de Lia et ceux des servantes se révoltèrent de la préférence dont le fils aîné de Rachel était l'objet. Un jour la robe de Joseph fut rapportée ensanglantée à son père. Le vieillard crut que son enfant avait été déchiré par une bête fauve, et il voulut mourir. Il avait perdu Rachel pour la seconde fois! (1772 av. J.-C.)

Ce fut en vain que ses fils et ses filles [1] essayèrent de le consoler.

Isaac était mort quand la famine vint à exercer ses ravages dans le pays de Canaan. L'Égypte avait été préservée de ce fléau par la prévoyance d'un sage à qui le Pharaon, reconnaissant, avait accordé un pou-

---

1. Il s'agit probablement des brus de Jacob, car on ne lui connaît qu'une fille, Dina.

voir royal. Les fils d'Israël allèrent chercher du blé sur cette terre.

Mais Benjamin resta auprès de Jacob : par la mort de Joseph, le dernier-né de Rachel avait hérité de la prédilection que son père avait accordée à son frère.

Dix enfants d'Israël étaient partis pour l'Égypte. Neuf seulement en revinrent. Le dixième, Siméon, était demeuré auprès de l'homme qui avait épargné aux Égyptiens les horreurs de la disette. Cet homme, désirant voir Benjamin, avait ordonné aux fils de Jacob de lui amener leur plus jeune frère, et avait exigé qu'un otage lui répondît de l'exécution de sa volonté.

Jacob résista. Il refusa de livrer aux hasards d'un voyage l'objet de son dernier amour, le legs suprême que lui avait laissé sa compagne. Enfin, la famine augmentant, Jacob céda ; il céda avec désespoir, car il se sentait sous la puissance du malheur.

Ce fut sa dernière épreuve. Quand revinrent ses onze fils, Jacob apprit que le douzième vivait encore; que c'était là ce sauveur de l'Égypte qui avait voulu voir Benjamin, l'enfant de sa mère! Jacob apprit que, vendu par ses frères, Joseph leur avait pardonné; qu'il avait besoin d'embrasser son père, et que le Pharaon attendait toute la famille israélite[1]. Par l'or-

---

1. C'est sous le quatrième roi de la dix-septième dynastie, celle des Pasteurs, c'est sous Apophis II que MM. Champollion-Figeac et Brugsch croient pouvoir placer l'histoire de Joseph. Cf. *Égypte ancienne*, par *M. Champollion-Figeac*; *Histoire d'Égypte*, par le

dre du roi, des chariots devaient amener en Égypte les femmes de la maison de Jacob.

Les Israélites étaient établis depuis dix-sept ans sur la terre de Gessen, dont, au nom du Pharaon, Joseph leur avait assuré la propriété. Jacob vit approcher la mort, et voulut bénir ses fils. Ce n'était pas à un seul de ses enfants que le patriarche allait léguer sa mission divine : c'était à tous ses fils, et aux deux héritiers qu'Aseneth, fille d'un prêtre d'Héliopolis, avait donnés à Joseph.

Jacob appela auprès de lui le fils aîné de Rachel. Il exhala devant lui la douleur qu'il avait éprouvée quand il dut laisser derrière lui les restes de sa femme bien-aimée.

Bientôt tous les enfants d'Israël entourèrent leur père. Le vieillard était arrivé à ce moment où l'âme, se dégageant de la matière qui l'empêchait de voir le ciel, pressent les mystères d'une autre vie. Jetant sur le passé un dernier regard, il jugea la conduite de ses enfants, se souvint avec amertume des crimes de Ruben, de Siméon, de Lévi, et reprocha encore à ces

---

docteur Brusgch. Leipzig, 1859. Telle est aussi l'opinion de Champollion le jeune, citée par M. de Riancey. Cf. l'*Histoire du Monde*, ce vaste travail où se trouve reconstruit, avec les matériaux originaux, le monument de l'histoire universelle. La croyance de l'auteur à l'identité d'origine des races humaines imprime à cet édifice l'unité, l'harmonie.

deux derniers l'assassinat du fiancé de leur sœur, le carnage du peuple dont elle eût pu être la reine. Soudain la tristesse du mourant disparut. Un enthousiasme divin vibra dans sa voix; des strophes aux images éclatantes se pressèrent sur ses lèvres : il saluait le dernier rejeton de la postérité royale de Juda, le Messie, le Rédempteur!

Quand il eut béni chacun de ses enfants, il leur rappela son désir d'être enterré dans le pays de ses pères. Abraham, Sara, Isaac, Rébecca, Lia, l'attendaient dans le caveau de Machpéla. Ainsi la même tombe ne devait pas réunir Jacob à l'amie de ses années d'épreuves, et c'était auprès de la moins chère de ses épouses qu'il allait à jamais reposer.

Peut-être était-ce là le triomphe le mieux approprié à la vie effacée de cette femme qui avait su aimer sans qu'elle fût payée de retour ici-bas.

CHAPITRE DEUXIÈME

ÉPOQUE NATIONALE

Miriam. — La fille de Ramsès-Meïamoun. — Jocabed. — Tharbis, princesse d'Éthiopie. — Les filles du cheikh de Midian. — Les femmes célèbrent le passage de la mer Rouge. — La Couschite. — Les filles de Moab et de Midian. — Rahab. — La mère de Micha. — Les vierges de Silo. — Débora et Jahel. — La vengeresse de Thébès. — Influence des femmes sur Samson. — Anne, mère de Samuel. — La veuve de Phinées. — Jeunes filles de Rama montrant Samuel à Saül. — Michal. — Les femmes d'Israël exaltent la première victoire de David. Impression que produisent sur Saül leurs chants de triomphe. — Abigaïl. — La pythonisse d'Endor. — Bethsabée. — La messagère de Joab. — La fille des Pharaons sur le trône d'Israël. — Une reine de l'Yémen. — Les femmes du harem royal. — La première reine des dix tribus. — La régente Maacha. — Jézabel. — La veuve de Sarepta. — La femme de Sunem. — Deux mères à Samarie. — Athalie. — La mollesse et le luxe des femmes hébraïques leur attirent les sombres avertissements d'Amos et d'Isaïe. — Judith. — La prophétesse Holda. — Femmes de Juda menacées par Jérémie. — Vasthi et Esther, épouses de Xerxès, roi de Perse. — Les femmes étrangères. — La mère des Maccabées.

Sur les bords du Nil, une jeune fille semblait attendre. Son regard était attaché sur les roseaux du fleuve. Au sein de cette végétation aquatique flottait un berceau de papyrus.

Un groupe de baigneuses descendit vers le Nil. Ce

groupe se composait d'une jeune femme, de ses suivantes.

Le berceau de papyrus attira l'attention de la maîtresse. A son ordre, une esclave le lui apporta. La jeune femme l'ouvrit; et un bel enfant de trois mois, pleurant et criant, lui apparut.

Elle s'attendrit. Jeune fille, cédait-elle à cette impression par laquelle toute vierge, à la vue d'un enfant, sent palpiter en elle un cœur de mère? Épouse, ravivait-elle, devant la frêle créature, les souffrances de sa stérilité? Son émotion trahissait-elle un pressentiment ou un regret?

Elle regardait l'enfant, et disait :

« Il est des enfants des Hébreux, celui-ci[1]. »

Cette jeune femme était la fille du roi d'Égypte, Ramsès-Meïamoun, le Sésostris des Grecs[2]. Elle avait appris que l'homme vaillant à qui elle devait sa naissance, redoutant la famille même de ce Joseph que les Egyptiens avaient salué comme un sauveur, avait été entraîné par la crainte, à une barbarie étrangère à sa grande âme.

Ramsès se souvenait que c'était au temps des rois pasteurs que les enfants de Jacob s'étaient établis sur la terre de Gessen. Il savait quelle affinité de race, quelle homogénéité de coutumes, unissaient les anciens

1. *Ex.*, II, 6, traduction de *Cahen*.
2. MM. le vicomte de Rougé, Champollion-Figeac, Brugsch, ont établi l'identification de Sésostris avec le premier Pharaon de l'Exode.

tyrans de l'Egypte aux hôtes israélites de cette contrée. Et, prévoyant qu'une nouvelle invasion des hordes asiatiques pourrait être favorisée par une révolte des nombreux habitants de Gessen, il voulut affaiblir, annihiler même, le caractère profondément accentué des tribus sémitiques, étouffer en elles les aspirations de liberté auxquelles les livrait l'indépendance du régime patriarcal. Pour parvenir à son but, il les courba sous le joug d'un écrasant labeur. Le travail libre, manifestant la puissance de la volonté de l'homme sur ses forces, lui donne la mesure de sa valeur. Le travail forcé, le privant de ses droits sur ses facultés mêmes, lui enlève le sentiment de sa dignité.

Les Hébreux, ces cheikhs qui, dédaignant l'art de bâtir, régnaient dans leurs tentes nomades et dans les prairies où broutaient leurs troupeaux, les Hébreux durent contribuer, sous la surveillance de chefs de corvée, à ériger ces immenses constructions qui, de nos jours, racontent l'histoire des oppresseurs d'Israël.

Deux places fortes furent élevées par les Hébreux : Pithom et Ramsès. C'est sous les doubles pylônes royaux de cette dernière ville, que le poëte égyptien Pen-ta-our fait entrer, au moment même où commence notre récit, Ramsès-Meïamoun, vainqueur des Chétas [1].

---

1. Les Chétas sont les Héthéens, cette peuplade cananéenne dont nous avons déjà parlé. Le poëme de *Pen-ta-our* célèbre la victoire

Ramsès avait réussi à dégrader moralement les Hébreux; mais leur nombre allait sans cesse se multipliant, et une prophétie sacerdotale apprit au roi que, parmi eux, naîtrait un homme qui leur insufflerait l'esprit national, et les vengerait de leurs oppresseurs.

Ramsès ordonna la mort de tous les enfants mâles qui désormais viendraient au monde en Israël.

C'est pourquoi la fille de Ramsès dit avec pitié en recueillant un enfant abandonné au milieu des roseaux du Nil :

« Il est des enfants des Hébreux, celui-ci. »

Toutes les prévoyantes sollicitudes de la mère s'éveillèrent dans l'âme de la princesse. Elle voulut faire allaiter le petit garçon, mais aucune nourrice égyptienne ne fut accueillie de lui.

La jeune personne qui, avant l'arrivée de la princesse, semblait veiller sur le berceau flottant, s'approcha de la fille de Ramsès.

« Dois-je aller t'appeler une nourrice des femmes « des Hébreux pour qu'elle te nourrisse l'enfant[1]? » lui dit-elle.

— « Va[2], » répondit la princesse.

---

que remporta sur les Chétas Ramsès-Meïamoun. La foi de Sésostris dans la Providence a été exprimée par le poëte épique dans un style qui rappelle celui de la Bible. Cf. le poëme de *Pen-ta-our. Extrait d'un mémoire sur les campagnes de Ramsès II (Sésostris)*, traduction de *M. le vicomte de Rougé*.

1. *Ex.*, II, 7, 8, traduction de *Cahen*.
2. *Id., id.*, 8, *id*.

La jeune fille s'éloigna. A son appel, une Israélite parut.

« Prends cet enfant, » dit la princesse à cette dernière, « nourris-le moi, je te donnerai ton salaire [1]. »

La nourrice hébraïque s'approcha de l'enfant, et celui-ci aspira le lait qu'elle lui offrait : il s'était senti sur le sein maternel!

Personne n'avait soupçonné que la jeune messagère de la princesse fût Miriàm, sœur de l'enfant arraché aux ondes; ni que la nourrice qu'elle avait amenée fût Jocabed, leur mère à tous deux.

C'était Jocabed qui, après avoir dérobé pendant trois mois le nouveau-né à la mort, l'avait confié, sur le fleuve, à la Providence de Dieu.

Trois ans après cette scène, l'enfant qui avait sans doute sucé avec le lait maternel la première notion de l'Être suprême, l'enfant fut rapporté par Jocabed à la princesse, et celle-ci fut irrésistiblement attirée à lui. Il avait ce charme ineffable du jeune âge, ce charme qui, s'insinuant dans notre cœur, y fait pénétrer les plus pures, les plus douces, et aussi les plus austères émotions. Nous aimons l'enfant, parce que son âme, toute fraîche éclose sous les mains du Créateur, n'a encore réfléchi aucune de nos misères, et qu'elle ignore tout, tout, excepté l'amour! Nous aimons l'enfant,

1. *Ex.*, II, 9, traduction de *Cahen*.

parce qu'il est faible, et qu'il a besoin de notre appui pour résister au premier souffle qui le ramènerait vers sa divine patrie. Nous aimons l'enfant, parce que, espérance incarnée et vivante, il sera l'un des combattants et peut-être l'un des triomphateurs de l'avenir!

La princesse céda à l'entraînement de son cœur. Elle appela son protégé son enfant. Elle ne lui avait pas, il est vrai, donné la vie, mais elle la lui avait sauvée, et c'était là encore une maternité!

La fille de Ramsès, perpétuant le souvenir du jour où elle avait recueilli le rejeton d'une race proscrite, nomma celui-ci *Moïse, sauvé des eaux*.

Avec cette liberté dont jouissaient les Egyptiennes, ces femmes associées aussi bien aux honneurs du trône qu'à l'autorité du foyer domestique, la princesse, tenant son fils dans ses bras, vint à son père, et déposa sur le sein du roi le doux *présent du Nil*[1].

Ramsès était jeune encore, et dans le premier éclat de cette gloire dont l'avaient couvert ses expéditions contre les Éthiopiens et les Chétas.

Nous avons sous les yeux le sphinx qui représente les traits du conquérant[2]. La tête, belle et imposante, empreinte d'un caractère d'intelligence, de franchise, de fermeté, de douceur, a une majesté et une grâce toutes royales. On aime à se figurer ainsi Ramsès-

---

1. Cf. *Josèphe*, *Ant. jud.*, liv. II, chap. v, traduction *d'Arnauld d'Andilly*.
2. Au musée égyptien du Louvre, salle Henri IV.

Meïamoun, quand, recevant dans ses bras l'enfant de ses victimes, il l'attira à lui, et le serra sur son cœur.

Dans l'un de ces épanchements familiers auxquels les Pharaons aimaient à se livrer avec leurs enfants, Ramsès essaya son diadème au front de Moïse. Mais celui-ci, avec la pétulance de son âge, rejeta cette couronne, et la foula aux pieds.

Le prêtre qui avait prédit que, parmi les descendants de Jacob, un enfant naîtrait pour la gloire d'Israël et la honte de l'Égypte, ce prêtre était là... Devant le geste dédaigneux du fils adoptif de la princesse, ce prêtre, appliquant à Moïse sa prophétie, excita Ramsès à faire périr le jeune Hébreu. Mais la princesse, effrayée, reprenant son enfant, s'éloigna avec lui, sans que le roi eût même la pensée d'entraver ce mouvement instinctif.

Cédant aux nécessités de sa politique, Ramsès pouvait dicter une sentence de mort contre des innocents qui lui étaient inconnus; mais eût-il souffert l'immolation de l'enfant adoptif de sa fille, cet enfant qui, jouant sur ses genoux, avait reçu ses caresses?

La princesse dirigea l'éducation de Moïse. Ce fut par elle qu'introduit au collége sacré d'Héliopolis, il s'initia aux sciences dont la caste sacerdotale gardait le dépôt.

Nous ne rappellerons pas ici la double influence qu'exercèrent sur le législateur des Hébreux, les croyances religieuses qu'il dut à Jocabed, et les idées philosophiques que lui fit inculquer la fille de Ramsès.

Moïse devint un homme de pensée et d'action. Il pouvait servir une cause, et de son âme, et de son bras.

L'Égypte était alors envahie par les armées éthiopiennes. Les pyramides de Memphis, le sphinx colossal qui se détache de la chaîne Lybique, les avaient vues passer, et elles s'avançaient jusques aux bords de la mer.

Cependant une voix mystérieuse annonçait qu'un Hébreu seul sauverait l'Égypte. L'attention de Ramsès se porta sur le fils adoptif de sa fille, et le roi pria la princesse de lui donner en Moïse le général de son armée.

La princesse céda son fils à sa patrie. Toutefois craignant plus pour Moïse la trahison de la nation qu'il allait défendre, que la résistance des peuplades qu'il allait attaquer, elle fit jurer à son père que son fils ne courrait d'autres dangers que ceux des combats.

Alors, convaincue qu'en arrachant Moïse à la mort, elle avait préservé en lui la dernière espérance de son pays, elle eut un indicible mouvement de fierté. S'adressant aux prêtres, elle leur rappela sévèrement le temps où ils voulaient faire périr comme un ennemi de l'Égypte, celui qui était destiné à venger leur patrie.

C'est la dernière apparition de la fille de Ramsès dans les traditions juives.

Un attrait mystérieux enveloppe cette princesse

dont la Bible ne nous a même pas conservé le nom [1]. Devant l'ascendant qu'elle exerça sur Ramsès, au début même du règne de celui-ci, nous nous rappelons involontairement Athyrte, cette fille de Sésostris, qui, selon Diodore de Sicile [2], inspira à son père le dessein de faire de l'Égypte la reine du monde, et lui donna des moyens de réaliser ce plan que le Pharaon n'exécuta qu'en partie. Nous aimerions à identifier l'héroïne de Diodore, cette femme qui unissait à l'enthousiasme de l'imagination la fermeté du caractère, nous aimerions à identifier l'héroïne de Diodore avec celle de la Bible. Nous retrouvons dans la seconde ce généreux élan, cette persévérance dans le bien, cette noble et fière attitude, que l'historien grec attribue à la première. Nous découvrons de plus, dans la mère adoptive de Moïse, la sensibilité féminine qui accompagne si bien le courage viril.

En fondant en une seule individualité les éléments de ces deux portraits, on obtiendrait une des figures les plus imposantes qui aient plané sur les temps historiques. La même femme qui avait tenté d'asservir le

---

1. Josèphe l'appelle Thermutis. Artapanus la nomme Merrhis, et dit que, fille de Palmanothes, roi d'Héliopolis, elle avait épousé Chenephres, roi de Memphis. Cette dernière tradition a peu de valeur. Suivant Josèphe, Artapanus, Philon, la mère adoptive de Moïse n'aurait pas eu d'enfants. Cf. *Moses, Pharao's daughter*, by *Reginald Stuart Poole* (*Dict. of the Bible*). — La Bible ne nous dit pas que cette princesse fût mariée.

2. Liv. I, sect. II.

monde ancien à la domination égyptienne, aurait, en sauvant, en élevant le fondateur de la nation de Jéhova, préparé le règne de la vérité sur l'humanité nouvelle. Est-ce ainsi que devait se réaliser ce rêve de conquête universelle, que caressa la fille de Sésostris?

L'étude des monuments égyptiens permettra-t-elle un jour de reconstituer sur cette base le type de la mère de Moïse? Ne parviendra-t-on pas du même coup à distinguer sa figure parmi les portraits des filles de Ramsès-Meïamoun, sur le bas-relief de la salle hypostyle du Ramesseum, ou sur la façade de ce spéos d'Ibsamboul qui fut dédié à Hâthor, la Vénus égyptienne, par la reine Tmaoumen-Nofré-Ari, première femme de Sésostris[1]?

Cependant Moïse, refoulant les Éthiopiens, reportait le foyer de la guerre dans leur propre pays.

Assiégeant la ville de Saba que rendait imprenable sa situation entre trois fleuves, il souffrait impatiem-

---

[1]. On trouve aussi les noms des filles de Ramsès au spéos de Derri, etc. Parmi ces princesses, il en est cinq qui, sur plusieurs monuments, portent des titres royaux que leur ont sans doute valu leurs mariages avec des souverains. L'une de ces cinq reines, Bathianti, est la seule fille de Ramsès qui figure auprès de ce roi à Silsilis, et au temple d'Ammon, à Karnac. Cf. *Égypte*, par M. Champollion-Figeac; *Histoire d'Égypte*, par le docteur Brugsch. Mais Bathianti ayant été, selon M. Champollion-Figeac, l'enfant de la vieillesse de Sésostris, ne peut être confondue avec l'héroïne de la Bible, ni avec celle de Diodore, qui, toutes deux, exercèrent leur influence sur leur père, jeune encore, et récemment investi du pouvoir souverain.

ment les longueurs de cette campagne, lorsque, pendant une attaque où il déployait toute sa valeur, Tharbis, fille du roi d'Éthiopie, l'aperçut du haut des murailles.

Guerrier ou martyr, celui qui se dispose à sacrifier sa vie à la cause qu'il défend, se transfigure sous l'action de ce que la nature humaine offre de plus divin : l'abnégation, le dévouement ! Et, détaché de la matière qu'il méprise, absorbé par l'idée à laquelle il s'immole, il semble déjà participer à l'existence des purs esprits, et se couronner des premiers rayons de l'immortalité.

Tharbis devait particulièrement être captivée par l'attrait magnétique de la valeur guerrière. Les femmes d'Éthiopie frémissaient elles-mêmes du souffle belliqueux qui animait leur race. Elles connaissaient les sévères émotions de la bataille ; et les pylônes des pyramides d'Assour et ceux du temple de l'Ouest à Naga[1], rappellent, aujourd'hui encore, que ces femmes ressentirent les joies orgueilleuses de la victoire.

Tharbis aima le jeune chef ennemi et lui fit exprimer son désir de s'unir à lui. La reddition de la place assiégée, telle fut la condition à laquelle le général de l'armée égyptienne accepta la main qui se tendait vers lui.

La princesse éthiopienne épousa l'enfant d'Israël.

1. Cf. *Nubie*, par *M. Cherubini*, compagnon de voyage de Champollion le jeune en Égypte et en Nubie. Paris, 1847.

Triomphant, Moïse ramena en Égypte les troupes de Ramsès.

Pendant que, dans le palais de sa mère adoptive, Moïse jouissait de sa gloire naissante, il voyait ses frères courbés sous le joug de ce roi qu'il avait défendu.

Un jour, devant un Égyptien qui frappait un Israélite, il sentit bouillonner en lui le sang généreux et ardent du Sémite : pour sauver et venger la victime, il tua l'agresseur.

Ramsès apprit ce meurtre et voulut en châtier l'auteur. Il se résolut à frapper de mort le fils de sa fille. Mais déjà celui-ci, rompant volontairement les liens de son brillant esclavage, foulait les sables du désert.

Il était parvenu au fond de l'Arabie, dans cette région qu'habitaient les Midianites, descendants du quatrième fils d'Abraham et de Cetura. Il se reposait près d'un puits, quand les sept filles du cheikh de Midian [1], venant chercher de l'eau pour désaltérer le troupeau de leur père, furent brutalement repoussées par des bergers.

Moïse, élevé parmi ces Égyptiens qui entouraient la femme d'un culte respectueux, Moïse, qui ne pouvait voir l'humiliation et la souffrance de l'opprimé sans s'indigner contre l'oppresseur, Moïse s'était levé. Il

---

1. C'est par le mot de *cheikh* que M. Reginald Stuart Poole exprime le pouvoir religieux et politique de Jéthro. Cf. *Moses* (*Dict. of the Bible*).

chassait les lâches qui ne s'étaient sentis forts que devant la faiblesse de quelques jeunes filles, et abreuvait lui-même le troupeau que conduisaient ses protégées.

Grâce à la courtoise intervention de l'étranger, les filles du cheikh revinrent plus tôt que de coutume auprès de leur père.

« Pourquoi avez-vous aujourd'hui hâté votre re-
« tour? » leur demanda Jethro.

« — Un homme égyptien nous a sauvées de la vio-
« lence des bergers, » répondirent-elles; « il nous a
« puisé aussi de l'eau, et a fait boire le troupeau.

« — Où est-il? Pourquoi avez-vous quitté cet homme?
« Appelez-le, qu'il mange notre pain [1]. »

Moïse demeura dans la famille du cheikh, et celui-ci lui fit épouser Séphora, l'une des jeunes filles qu'il avait protégées.

L'enfant d'Israël retrouvait, chez les Midianites, la vie pastorale et nomade des patriarches. Il l'adopta, et se compléta par elle.

Il avait dû à ses études spéculatives la hauteur de son intelligence; à ses expéditions militaires, l'affermissement de son courage; à ses habitudes de cour, l'expérience des hommes et des choses. Le recueillement du désert épura ses instincts, agrandit sa pensée; et quand *Celui qui est* lui ordonna de délivrer ses

---

1. *Ex.*, II, 18-20, traduction de *Cahen*.

frères, de les guider vers la terre où reposaient Abraham, Isaac et Jacob, il était digne, malgré ses angoisses, malgré ses défaillances, d'être le mandataire de l'Éternel, le fondateur de la nation de Jéhova.

Accompagné de sa femme, des deux fils qu'elle lui avait donnés, Moïse se dirigea vers l'Égypte.

Aaron, son frère, vint au-devant de lui dans le désert[1]. Selon une tradition talmudique, il dit à Moïse en lui désignant Séphora et ses enfants :

« A qui sont ceux-ci ? »

« — Celle-ci est ma femme que j'ai prise dans le « Midian ; ceux-ci sont mes fils », répondit Moïse.

« — Où les mènes-tu ? »

« — En Égypte[2]. »

Aaron, rappelant à Moïse l'affliction que leur causait le malheur de leurs frères, lui reprocha de venir augmenter le nombre de ceux pour lesquels ils souffraient tous deux.

C'était là une parole qui trahissait la douleur du proscrit et la pitié de l'homme. Moïse comprit son frère. Il ne voulut pas exposer aux miasmes énervants de l'esclavage la libre existence des enfants du désert. Sacrifiant ses joies domestiques à la tranquillité de ceux auxquels il les devait, il renvoya sa femme et ses fils sous la tente de Jethro.

1. *Ex.*, iv, 27.
2. Ce passage du Méchilta a été traduit par *Cahen*, *Ex.*, xviii, note 2.

Moïse et Aaron arrivèrent ensemble sur la terre des Pharaons.

Ramsès était mort. Son fils Ménephtah lui avait succédé. Le sphinx de ce dernier[1] est la révélation même de son caractère. Au premier abord, on croit lire sur son visage une souriante bonhomie; mais en le considérant avec quelque attention, l'on ne tarde pas à y découvrir une expression de duplicité qui contraste avec le grand air de loyauté que respire la physionomie de Sésostris. C'est bien là ce Pharaon égoïste et trompeur contre lequel eut à lutter le libérateur d'Israël.

Au nom de l'Éternel, Moïse et Aaron prièrent le roi de permettre que les Hébreux allassent, dans le désert, sacrifier à leur Dieu. Ménephtah résista. Mais la main de Jéhova s'appesantit sur les oppresseurs de son peuple; et de même que le vautour blessé, affaibli, lâche la proie qu'étreignait sa serre, l'Égypte, saignant encore des plaies que lui avait infligées la colère divine, laissa s'échapper ses captifs.

Les descendants de Jacob s'avançaient vers la mer *Souph*[2]. Du sein d'une colonne, nuageuse le jour, flamboyante la nuit, Jéhova dirigeait Israël.

Les Hébreux étaient campés près de Pi-Hahirôth. Ils levèrent les yeux, jetant un dernier regard sur la terre qu'ils allaient quitter. Ils levèrent les yeux et frémirent. Six cents chars de guerre couraient sur eux.

1. Au musée égyptien du Louvre, salle Henri IV.
2. La mer Rouge.

Ménephtah avait appris que l'excursion de ses esclaves n'était que le prétexte de leur fuite. Et lui-même s'était élancé sur leurs traces, entouré de ses archers.

Resserrés entre la mer, les montagnes et l'armée égyptienne, les Hébreux se livraient à un sombre désespoir qu'irritaient encore les larmes de leurs femmes, de leurs enfants[1] ; et tournaient leur colère, non contre leur tyran, mais contre leur libérateur. Moïse invoquait l'Éternel.

Les Égyptiens approchaient toujours. Ils allaient atteindre les fugitifs..... Soudain ils ne les virent plus..... La colonne de nuée, se plaçant derrière les Israélites, dérobait ceux-ci au regard de leurs ennemis.

La nuit s'avança. Le phare divin s'illumina. Selon l'ordre de Jéhova, Moïse étendit la main sur la mer. Un vent violent souffla de l'est. Les eaux se séparèrent. Le lit de la mer apparut et les Hébreux le traversèrent à sec entre deux murs liquides. Les archers du Pharaon s'élancèrent sur cette route nouvelle.....

Les Égyptiens étaient au milieu de la mer. Dieu enleva les roues de leurs chars. Ils eurent peur, ils voulurent fuir, regagner le rivage..... Moïse étendait la main sur l'abîme.

La terre trembla; la nuit devint noire; les éclairs déchiraient par intervalles les ténèbres épaisses[2]; et

---

1. Cf. *Josèphe, Ant. jud.*, liv. II, chap. vi.
2. Cf. *Ps.* LXXVII, et *Josèphe, Ant. jud.*, liv. II, chap. vi.

pendant que la foudre grondait, les eaux mugissantes reprenaient possession de leur lit ; et la mer *Souph*, la mer des *algues*, ensevelissait à jamais ces Égyptiens qui, croyant que leurs cadavres momifiés auraient la durée de leurs monuments, s'étaient préparé leurs demeures éternelles dans la vaste nécropole de Memphis.

Quand se lève le jour, les Hébreux sont sauvés. Entendons-nous le cri de reconnaissance que laissent échapper six cent mille poitrines d'hommes, ces poitrines qui, pour la première fois, aspirent le souffle de la liberté ! Entendons-nous ce chœur célébrer dans le salut d'Israël la victoire de Jéhova :

« Je chante à l'Éternel, car il a glorieusement
« triomphé : le coursier et son cavalier, il les a pré-
« cipités dans la mer.

« Ma victoire, mon chant, c'est Iâh[1] ; c'est lui qui
« fut mon secours. Il est mon Dieu, je veux le glorifier,
« le Dieu de mon père, je veux l'exalter !

« ..... Éternel est son nom[2]. »

Et le chant poursuit son cours impétueux, solennel.....

Mais quel est ce chœur, plus doux, mais non moins enthousiaste, qui répond au premier ?... Miriam, sœur de Moïse, Miriam la prophétesse, Miriam et toutes les

---

1. Jéhova.
2. *Ex.*, xv, 1-3, traduction de *Cahen*.

femmes d'Israël qu'entraine son élan, frappant leurs cymbales, cadençant leurs pas, rappellent à leurs pères, leurs frères, leurs époux, la première strophe de l'hymne d'actions de grâces :

« Chantez à l'Éternel ; il a glorieusement triomphé ;
« le cheval, le cavalier, il les a précipités dans la mer. »

Cette explosion de foi et de patriotisme n'était que le résultat d'une surexcitation fébrile et passagère. Le long asservissement des Israélites avait émoussé en eux cette force virile qui permet à un peuple de soutenir les austères émotions de l'indépendance. Devant les obstacles que leur opposait la stérile nature du désert, ils employaient ce qui leur restait d'énergie, non à résister aux difficultés de la route, mais à se révolter contre leur guide, contre Moïse.

Il était des heures où ce dernier semblait près de se décourager. Son Dieu se constituait le soutien, le nourricier, le législateur des Hébreux ; il leur donnait une patrie, il se donnait lui-même à eux ; et ces hommes au *cou dur* chancelaient, regrettaient le pain de l'oppresseur ; et, au pied même du Sinaï, adoraient un Apis à la fonte duquel avaient servi les bijoux des filles de Jéhova [1] !

D'autres douleurs étaient réservées à Moïse. Si le peuple doutait de sa mission, sa famille, qui la comprenait, en était jalouse.

---

1. Pour la promulgation de la loi, voir plus haut, pages 27-29.

Miriam, elle aussi, se sentait animée du souffle de l'esprit divin. C'est même en elle, nous l'avons vu, que l'on reconnut pour la première fois directement le don du prophétisme. Et nous avons entendu Michée lui attribuer un rôle dans l'affranchissement des Hébreux.

Sœur aînée d'Aaron et de Moïse, Miriam se croyait l'égale du sauveur d'Israël.

C'était à Hacérôth. Courroucée du mariage de Moïse avec une Couschite, Miriam trahit dans un entretien qu'elle eut avec Aaron ses ambitieuses aspirations.

Miriam et Aaron dirent :

« Est-ce que c'est avec Moïse seul que l'Éternel a « parlé? n'est-ce pas aussi avec nous qu'il a parlé[1]? »

Ce cri d'orgueil monta vers le ciel. Dieu réunit au tabernacle Moïse, Aaron, Miriam. Il parut à l'entrée de la tente, et appela les deux coupables. Ceux-ci vinrent à lui. Moïse demeura dans le sanctuaire.

Alors l'Éternel, enlevant à Miriam et à Aaron les illusions qui les ont égarés, leur fait comprendre quelle différence existe entre les inspirations qu'il leur envoie et les révélations qu'il confie à Moïse. Que, dans leurs songes, la Vérité suprême se laisse entrevoir à eux, soit! Mais ce n'est pas au milieu des troublantes impressions d'un rêve qu'elle apparaît à Moïse, c'est dans toute sa réalité.

1. *Nomb.*, xii, 2, traduction de *Cahen*.

Miriam pâlit..... Aaron se tourna vers elle..... Elle était lépreuse.

Dans des paroles pleines d'angoisses, Aaron en appela à la générosité de Moïse. Celui-ci, oubliant l'offense de Miriam et ne pensant qu'à ses souffrances, la crut suffisamment châtiée. Le cri de détresse qu'il jeta au ciel témoigne de son affection pour cette sœur qui avait veillé sur son berceau, et partagé les périls de son œuvre d'affranchissement.

« Oh Dieu! guéris-la maintenant[1] ! »

Pendant sept jours Miriam fut retranchée du camp. Le peuple attendit pour partir qu'il pût de nouveau recueillir la prophétesse dans son sein.

Quelle était cette étrangère, cette Couschite dont le mariage avec Moïse avait provoqué la faute de Miriam? Était-ce Tharbis, la princesse d'Éthiopie? Était-ce Séphora, fille de ces Midianites qui, peut-être, avaient mêlé dans leurs veines le sang de Cham à celui de Sem? Alors, il est vrai, Séphora était revenue auprès de son époux, conduite par son père, accompagnée de ses enfants. C'était au pied du Sinaï, non loin de la demeure de Jethro, que la fille du désert avait rejoint les Israélites délivrés de l'oppression égyptienne. Mais depuis longtemps, Tharbis et Séphora s'étaient alliées à Moïse, et une récente union pouvait seule amener

---

1. *Nomb.*, XII, 13, traduction de *Cahen*.

une explosion de colère semblable à celle qui agita Miriam.

Ce fut sans doute pendant le séjour des Hébreux dans le désert que Moïse contracta ce mariage antinational.

De Hacéróth les Israélites entrèrent dans le désert de Pharân. Ils arrivèrent à Kadès, près de la mer Morte.

Enfin ils approchaient du terme de leur pèlerinage. Leur patrie était devant eux, belle, fertile, habitée, il est vrai, par des hommes redoutables. Mais que devaient importer les périls au peuple de Jéhova! Aux yeux de ceux qui étaient assurés de l'appui de Dieu, cette patrie qu'il leur fallait conquérir devait être doublement attrayante, et par ses charmes, et par ses dangers. Sans doute les Israélites allaient marcher en avant, et saluer avec une émotion solennelle cette terre où ils combattraient, vaincraient, et acquerraient les droits du citoyen?... Non. Ils eurent peur! peur pour leurs femmes, peur pour leurs enfants, qu'ils ne savaient pas défendre; et, au seuil du pays que leur montrait le doigt de Dieu, ils reculèrent, éperdus; et voulurent aller reprendre en Égypte les chaînes de leur esclavage.

Cette génération, inerte et lâche, n'était pas capable d'accomplir les desseins de l'Éternel. Dieu déclara qu'à l'exception de Caleb et de Josué, tout homme âgé de plus de vingt ans à la sortie d'Égypte mourrait dans le désert où pendant trente-huit années encore Israël fut condamné à errer. Il fallait tout ce temps à Moïse pour élever dans la crainte de Dieu et l'amour de la patrie une génération nouvelle qui sût donner des hommes libres à la cause de Jéhova.

Pendant ces trente-huit années, Miriam suivit les Hébreux.

Avait-elle, elle aussi, à expier un doute, une défaillance? ou n'avait-elle pas été assez punie de sa rébellion contre Moïse? La prophétesse ne vit pas se rétablir en Canaan l'idée de la Justice éternelle, cette idée à l'intelligence de laquelle elle avait contribué. Elle fut frappée par ce Dieu vengeur qu'elle avait exalté. Elle mourut à Kadès[1]. (Premier mois de l'an 1456 avant Jésus-Christ.)

Expirer à l'heure où la cause qu'elle avait soutenue

[1]. Suivant Josèphe, Miriam fut enterrée en grande pompe sur la montagne de Cin; pleurée par le peuple aussi longtemps que devaient l'être ses deux frères, c'est-à-dire pendant trente jours. A l'expiration de ce deuil, Moïse purifia le peuple par l'étrange et inexplicable sacrifice de la *vache rousse*, ce sacrifice dont l'institution précède immédiatement, dans le livre des Nombres, la mention de la mort de Miriam. — Du temps de saint Jérôme, on montrait, près de Pétra, la tombe de la prophétesse. — Josèphe dit que Miriam était femme de Hur et mère de Béséléel, l'un des deux artistes qui dirigèrent les travaux du tabernacle. D'après d'autres traditions, Hur était non l'époux, mais le fils de Miriam. Cf. *Josèphe, Ant. jud.*, liv. IV, chap. IV; *Miriam*, by *Arthur Penrhyn Stanley* (*Dict. of the Bible*); *Palestine*, par *M. Munk*.

allait triompher, c'était le plus âpre châtiment qui pût être réservé à cette nature exaltée et fière, qui eut et la conscience et l'orgueil de sa mission.

Moïse et Aaron eux-mêmes ne tardèrent pas à souffrir des angoisses de l'incertitude. Ils avaient compté sur la courageuse confiance de cette jeune génération qu'ils avaient élevée, et quand ils virent celle-ci se révolter contre eux, ils doutèrent de tout, même de la Providence.

De même qu'à l'ancienne génération, Dieu leur interdit la jouissance d'un avenir dont ils avaient osé désespérer.

Aaron tomba le premier. Seul des trois libérateurs d'Israël, Moïse continua de diriger les descendants de Jacob vers le pays de Canaan.

L'heure des luttes guerrières approchait. Moïse ne voulait pas s'emparer des pays situés sur la rive orientale du Jourdain. Mais les Amorrhéens ayant cherché à entraver la marche d'Israël, ils furent massacrés avec leurs femmes, leurs enfants, par le peuple hébreu qui fit de leurs deux royaumes, Hesbon et Basan, ses premières conquêtes.

Témoins de la chute de leurs voisins, les Moabites et les Midianites craignirent pour leurs propres domaines l'invasion des Israélites ; et n'osant attaquer ceux-ci par les armes, ils essayèrent d'attirer sur eux les malédictions du ciel. Mais en vain appelèrent-ils à leur secours le devin Balaam, celui-ci ne put que bénir, avec un enthousiasme prophétique, le peuple contre lequel il devait lancer l'anathème.

Balaam comprit que ce qui l'avait lui-même subjugué à Israël, c'était cette force morale que les Hébreux de la nouvelle génération savaient, malgré leurs égarements, retremper dans leur croyance aux promesses divines. Il comprit aussi que, pour les perdre, il fallait leur enlever et cette fermeté d'âme, et cette foi religieuse, qui les rendaient invincibles. D'après ses conseils, les Moabites et les Midianites essayèrent d'attirer par leurs filles le peuple de Jéhova à Baal-Phéor, leur impure déité.

Ils y réussirent.

Une plaie frappa les Hébreux. Au moment où, entourant Moïse, ils pleuraient devant Dieu, ils virent Zimri, un des Nasis de la tribu de Siméon, introduire dans leur camp une princesse midianite, Cozbi, fille de Tsour, *chef des peuples*. Indigné de cet outrage à la majesté d'un Dieu courroucé, au repentir d'un peuple en deuil, un petit-fils d'Aaron, Phinées, frappa de sa lance les deux coupables.

Le fléau cessa.

Les Midianites se disposaient à venger leur jeune sœur. Moïse prévint l'exécution de leurs desseins, et douze mille Israélites commandés par Phinées, le meurtrier de Cozbi, les attaquèrent.

Quand les Hébreux revinrent de cette expédition, ils avaient exterminé la population mâle de Midian, et ils amenaient avec eux les veuves et les orphelins de leurs victimes.

A la vue de ces femmes qui avaient provoqué la démoralisation et le châtiment des Israélites, Moïse, reprochant violemment aux vainqueurs de les avoir épargnées, ordonna qu'elles fussent tuées ainsi que leurs enfants mâles.

Il laissa la vie aux vierges.

Ses lois n'accordaient pas la même faveur aux jeunes filles cananéennes.

Ah! il fallait que Moïse, naguère le protecteur des opprimés, le défenseur des filles de Jethro, il fallait que Moïse eût bien souffert des infidélités d'Israël, il fallait qu'il en redoutât bien le retour, pour qu'il pût immoler aux cruelles exigences de son plan religieux et politique ces êtres à qui leur faiblesse même sert de sauvegarde : la femme, l'enfant !

Moïse vit approcher le moment où il rejoindrait Miriam et Aaron. En vain avait-il supplié l'Éternel de lui permettre de passer le Jourdain, de contempler le *bon pays* qui s'étendait sur la rive occidentale du fleuve, et le Liban, la montagne de neige qui, au nord, ceignait la Terre de promission. Il allait mourir !

Il rappela aux Israélites ce que Jéhova avait fait pour eux, ce que Jéhova attendait d'eux. Domptant par la terreur leurs instincts de rébellion, il énuméra avec brièveté les récompenses que leur mériterait leur fidélité à la loi, et s'étendit longuement sur les châtiments que leur attirerait leur désobéissance à la parole divine. Il leur montra tous les fléaux s'abattant sur eux, leurs fiancées déshonorées, leurs filles captives ; la famine forçant les époux de dévorer leurs enfants, et de se repousser l'un l'autre, avec jalousie, de ce sanglant repas.

Il rassembla ensuite tous les Israélites, hommes, femmes, enfants. Il leur fit jurer leur alliance avec Jéhova, et déclara que tout homme ou toute femme qui transgresserait son serment verrait retomber sur sa tête le poids de son imprécation.

Après avoir désigné en Josué son successeur, Moïse adressa aux Hébreux ce cantique où Jéhova, évoquant au souvenir de ses fils, de ses filles, et ses bienfaits, et leur ingratitude, est la plus éclatante personnification de la justice vengeresse.

Dans ce chant, Moïse avait épuisé toute l'amertume dont l'avaient abreuvé ceux qu'il avait sauvés ; il ne lui restait plus que son amour pour eux. Et quand il bénit ce peuple dont il avait fait une nation, quand il lui prédit le glorieux avenir qui lui était réservé, les Israélites durent sentir, à l'ineffable tendresse de ses accents, qu'il leur avait pardonné.

Il gravit le mont Nébo. De là ses regards embrassèrent ce pays de Canaan que ses pas ne devaient point fouler.

La seule récompense que recueillit ici-bas l'homme qui, pendant quarante années, avait cherché la patrie de son peuple, la sienne, c'était ce suprême coup d'œil qu'au travers du voile de l'agonie il jetait sur la Terre de promission !

Sa vie entière passa dans ce regard, et s'éteignit avec celui-ci.

Quand mourut Moïse, déjà les tribus de Ruben, de Gad et une partie de la tribu de Manassé, avaient obtenu en faveur de leurs nombreux bestiaux la possession des terres aux gras pâturages conquises sur les Amorrhéens. Après avoir installé dans leurs nouveaux domaines leurs femmes, leurs enfants, leurs troupeaux, les hommes de ces tribus se disposaient à passer le Jourdain, à aider leurs frères dans la conquête du pays situé sur la rive occidentale du fleuve.

Séparée du camp israélite par le Jourdain, la ville de Jéricho était la première place que les Hébreux dussent attaquer. Josué envoya deux explorateurs dans cette cité.

Sur une muraille de Jéricho s'élevait une maison. Cette demeure était habitée par une femme nommée Rahab.

Fille de Canaan, adoratrice d'Astarté, Rahab vivait au sein d'une brûlante atmosphère, dans cette plaine où les palmiers croissaient à profusion parmi les rosiers, les sycomores, les oliviers, les myrobolans, les cyprès qui donnent le henné à l'Orientale, et les arbustes d'où jaillit le baume de Judée [1].

La volupté du culte, l'ardeur du climat, la molle beauté du paysage, toutes ces influences énervantes avaient empêché Rahab de réagir contre les séductions du mal : elle s'était perdue.

Pendant qu'elle se livrait aux égarements de la passion, elle apprit qu'un peuple se préparait à conquérir son pays. Rien n'avait arrêté les envahisseurs, ni les éléments, ni les hommes. Ils s'étaient frayé un passage entre les flots de la mer, et avaient brisé les nations qui s'étaient opposées à leur marche. Ils étaient guidés par leur Dieu, et ce Dieu n'était pas l'une de ces vaines et impures idoles qu'adorait le Cananéen : c'était la Vérité éternelle, l'immuable Perfection.

Les habitants de Jéricho s'alarmèrent. Rahab partagea leur effroi, et avec eux elle pressentit la grandeur d'Israël, la puissance de Jéhova.

En vain l'éducation d'un peuple lui a-t-elle appris à faire de ses vices ses lois, ses divinités même ; cette éducation ne peut intervertir dans sa conscience la notion du bien et celle du mal ; et quand il voit la vérité, il la reconnaît, fût-ce même pour la fouler aux pieds.

---

[1]. Cf. pour la description de Jéricho : *Josèphe, Guerre des Juifs*, liv. IV, chap. XXVII ; *Eccli.*, XXIV, 18 ; *Itinéraire de Paris à Jérusalem*, par *Chateaubriand* ; *Palestine*, par *M. Munk* ; *Robinson's biblical researches* ; *Voyage en Terre-Sainte*, par *M. de Saulcy*. 1865.

Rahab était sous l'impression du trouble qu'avait jeté dans Jéricho la nouvelle de l'approche des Hébreux, quand elle vit entrer chez elle deux jeunes gens. Elle leur accorda l'hospitalité.

Pendant la nuit, elle reçut un message du roi de Jéricho. Les deux hommes qu'elle avait reçus étaient les émissaires de Josué; et son souverain lui ordonnait de les lui livrer.

Rahab n'avait pas ignoré quels étaient ses hôtes; elle n'avait pas ignoré qu'en les abritant elle exposait sa vie; mais elle bravait le péril qu'elle courait; car, dans le néant d'une existence qu'elle croyait perdue, une tâche sublime s'était offerte à elle.

Les envoyés de Josué accomplissaient les desseins de l'Éternel, Rahab le savait; et ces desseins qu'elle avait redoutés, elle se voyait appelée à les servir, elle, la Cananéenne, elle, la courtisane!

Devant la grandeur du but que l'Esprit divin lui montrait, Rahab arrachait son âme à la léthargie où elle l'avait laissée pendant sa sensuelle existence. Les généreuses émotions du réveil suffisaient pour expier des rêves coupables. La femme qui s'était senti la force de s'immoler à la cause de Dieu s'était régénérée par ce sacrifice.

La courtisane avait disparu, l'héroïne apparaissait.

Rahab répondit aux messagers de son roi qu'en effet deux inconnus étaient venus à elle; mais, quand les ombres du soir s'étaient étendues sur la plaine, ils étaient partis.

« Je ne sais où sont allés ces hommes, » dit-elle ; « poursuivez-les promptement, vous pourrez les at-« teindre[1]. »

Les envoyés du roi de Jéricho se dirigèrent vers le Jourdain. Rahab monta sur la plate-forme de sa maison : là, sous des tiges de lin, avaient été cachés par ses soins les explorateurs israélites.

Rahab s'adressa à eux. Sa parole décelait cette agitation intérieure qui suit le calme qu'aux heures de péril une nature énergique possède.

« Je sais que l'Éternel vous a donné le pays[2], » dit-elle à ses hôtes.

Et elle leur peignit la terreur qu'avaient inspirée à ses concitoyens, à elle, la valeur des Israélites, la protection que leur accordait leur Dieu, leur Dieu en qui elle saluait l'Éternel, le Dieu du ciel, le Dieu de la terre. Cette terreur allait livrer Jéricho au peuple de Jéhova.

Rahab adjura ceux qu'elle avait sauvés de se souvenir d'elle quand l'armée d'Israël entrerait victorieuse dans Jéricho. Pour eux, Rahab avait joué sa vie, mais elle ne pouvait leur sacrifier celle de son père, de sa mère, de ses frères, de ses sœurs, de toute cette famille dont elle s'était séparée. Au nom de l'Éternel elle

1. *Josué*, II, 5, traduction de *Cahen*.
2. Id., id., 9, id.

demanda à ses hôtes de lui promettre sous serment que la maison de son père serait épargnée.

« Notre vie répond de la vôtre[1], » lui dirent les envoyés de Josué, qui posèrent une condition à leur foi : le silence de Rahab sur leur entretien avec elle.

A l'aide d'une corde que leur tendait Rahab, les jeunes gens se laissèrent glisser de la muraille sur laquelle était assise la maison de leur hôtesse. Rahab leur conseilla de se diriger vers la montagne, de s'y cacher pendant trois jours. Alors ceux qui les poursuivaient seraient rentrés à Jéricho, et les deux Israélites pourraient continuer leur route.

Les envoyés de Josué, renouvelant à leur bienfaitrice l'assurance de protéger la vie de sa famille, lui recommandèrent d'attacher à la fenêtre par laquelle ils venaient de s'échapper un cordon d'écarlate qui signalerait l'hospitalière demeure de Rahab au respect de l'armée israélite, et l'invitèrent à rassembler sa famille dans cette maison qui les avait abrités. Sans cette dernière précaution, ils ne pouvaient répondre de la sûreté de sa famille.

Avant de quitter leur hôtesse, ils lui rappelèrent que leur fidélité dépendrait de la sienne.

« Selon vos paroles, ainsi sera-t-il[2], » dit Rahab.

Et elle congédia ses hôtes.

---

1. *Josué*, II, 14, traduction de *Cahen*.
2. *Id.*, *id.*, 21, *id.*

Au septième jour du siége de Jéricho, Rahab entendit et le son des trompettes guerrières, et un cri immense s'élever du sein de l'armée israélite. Les murailles de la ville s'écroulèrent, et les Hébreux se précipitèrent dans la cité, frappant, massacrant tout ce qu'ils rencontraient sur leur passage, hommes, femmes, vieillards, enfants, animaux.

Au milieu du tumulte, Rahab vit entrer dans sa demeure les deux hommes qu'elle avait arrachés à la mort. Ils la firent sortir de la ville, ainsi que sa famille.

Alors les flammes de l'incendie coururent sur la cité. Bientôt Jéricho n'existait plus.

Josué remercia Rahab de son généreux concours. Elle épousa Salmon, prince de Juda[1]. Était-ce, comme on l'a supposé[2], un de ceux qu'elle avait sauvés?

Rahab fut l'une des aïeules du Christ. Elle était devenue digne d'être nommée parmi les ancêtres du Verbe incarné, la femme qui aida au triomphe de l'idée que représentait Israël, cette idée que le Christ devait transformer et répandre. Plus que Ruth, l'épouse de son fils Booz, Rahab symbolisa et la coopération d'un peuple païen à l'extension de l'idée religieuse, et l'universalité de la loi évangélique.

Elle jouit aussi par anticipation de ce miséricordieux intérêt que le christianisme devait accorder à la péche-

---

1. Cf. *Matth.*, I, 5.
2. Cf. *Rahab* by *Ven. Lord Hervey* (*Dict. of the Bible*).

resse. Les Hébreux, d'ordinaire impitoyables pour le déshonneur de la femme, firent fléchir leur rigueur devant la courtisane qui, unissant un courage viril à la tendresse de son sexe, avait sacrifié à Dieu sa vie, sa patrie, tout, hors ceux qu'attachaient à elle les liens du sang. Les Hébreux pardonnèrent à Rahab sa chute, en faveur de l'attitude qui la releva.

La conquête de Canaan est l'une des phases les plus brillantes de l'histoire des Hébreux. Nous n'entendons plus sourdre de leur camp ces murmures de rébellion qu'avait dû si souvent étouffer la sévérité de Moïse. Nous ne sommes plus témoins de ces défaillances qui les soumettaient à de séduisantes et fatales influences. Ils ont l'ardeur de la foi, l'élan de la bravoure, la vivacité du sentiment national. Et quand du haut des monts Ébal et Garizim, hommes et femmes d'Israël entendent Josué leur rappeler la Thorah, ainsi que les bénédictions, les malédictions que, selon Moïse, devait leur attirer leur respect ou leur mépris pour cette loi, ils ont été fidèles à la parole de Jéhova, et n'ont mérité que les bienfaits du ciel.

Entreprise avec ce saint enthousiasme, la conquête se poursuivit. Sans attendre qu'elle fût achevée, Josué procéda au partage du pays de Canaan.

Le chef d'Israël mourut sans s'être désigné de successeur, et après avoir laissé à chaque tribu le soin de compléter elle-même le territoire qu'il lui avait assigné. Par ces deux fautes politiques, Josué affermissait chez les Israélites, au détriment de l'esprit national, le caractère patriarcal des races sémitiques. S'habituant à vivre isolément, comme tribus d'abord, comme individus ensuite, les Hébreux perdirent de vue l'unité de leurs intérêts et de leurs croyances. Vivant au milieu de celles des peuplades cananéennes qu'ils n'avaient pas exterminées, ils s'allièrent à elles par des mariages mixtes, et subirent leur funeste ascendant.

Sur la montagne d'Éphraïm, on vit une femme d'Israël, recouvrant des mains de Micha, son fils, une somme que lui avait dérobée celui-ci, témoigner à l'Éternel sa reconnaissance en consacrant une partie de cet argent à la fonte d'une statue de Jéhova, le Dieu immatériel. Micha dédia un temple à la statue, et la fit desservir par un lévite. Un jour, six cents hommes de la tribu de Dan enlevèrent l'idole, en emmenèrent le prêtre; l'une devint l'objet de leur adoration, l'autre le ministre de leur nouveau culte, le fondateur d'une race sacerdotale héréditaire.

Pendant ce temps, le tabernacle, le sanctuaire central, était à Silo.

Les Hébreux ne se contentèrent pas d'adapter au culte de Jéhova les formes de l'idolâtrie, ils adressèrent leur hommage même aux dieux de Canaan, à Baal, à Astarté.

Leurs mœurs s'altérèrent avec leur foi, et un jour arriva où Israël fut saisi de terreur devant le degré d'abaissement où une partie de ses enfants était descendue.

Ce jour-là, chacune des douze tribus avait reçu un lambeau de chair humaine : c'étaient les débris du corps d'une femme. Cette femme avait été victime des outrages des habitants de Gabaa, ville de Benjamin ; et c'était son époux lui-même, un lévite, qui, dépeçant son cadavre, en avait envoyé les morceaux à ceux auxquels il confiait le soin de la venger.

Le cri de la conscience éveilla les Israélites et les unit. Ils agirent « comme un seul homme[1]. »

La nation, représentée par quatre cent mille hommes de guerre, s'assembla à Mitspâ, entendit la cause du lévite, reconnut la culpabilité des habitants de Gabaa et somma la tribu de Benjamin de lui livrer ces derniers. Les Benjamites refusèrent, et se réunirent à Gabaa dans une attitude menaçante.

Alors la nation qui, en se constituant en tribunal, avait jugé ses propres enfants, se levant pour exécuter sa sentence, frappa tout ensemble et ceux que condamnait son arrêt, et ceux qui ne l'avaient point respecté.

Au nom de Jéhova, le grand prêtre Phinées, le meurtrier de Cozbi, l'implacable défenseur de la loi morale, excitait la nation à poursuivre la mission douloureuse qu'elle s'était imposée.

---

1. *Josué*, xx, 1, 8, traduction de *Cahen*.

La tribu de Benjamin fut exterminée. Six cents de ses fils échappèrent au carnage, s'enfuirent dans le désert. Survivant à leur tribu, ils ne pouvaient la perpétuer en Israël, car, à Mitspâ, les Hébreux avaient dit : « Nul d'entre nous ne donnera sa fille à un Ben-« jamite pour femme [1]. »

Ce n'était pas sans déchirement que la nation israélite avait frappé l'une de ses filles. Quand elle la vit tomber, le juge disparut, la mère seule resta. Et celle-ci pleura.

Les Hébreux désirèrent faire revivre la tribu qu'ils avaient voulu retrancher de leur communauté. Leur serment les empêchant de donner leurs filles aux Benjamites qui avaient échappé à leur vengeance, ils se souvinrent qu'une de leurs villes, Jabès-Galaad, ne les avait pas aidés à châtier la tribu rebelle. Attaquant cette place, en massacrant les habitants, ils n'en épargnèrent que les vierges. Ils avaient trouvé les compagnes des derniers Benjamites.

La patrie, rappelant dans son sein ses membres exilés, leur offrit les femmes qu'elle leur avait conquises.

Mais quatre cents jeunes filles seulement avaient été trouvées à Jabès-Galaad, et six cents Benjamites avaient échappé à l'extermination de leur tribu. Deux cents d'entre eux resteraient-ils sans compagnes?

---

1. *Juges*, XXI, 1, traduction de *Cahen*.

Les Hébreux conseillèrent aux Benjamites d'enlever les femmes qu'ils ne pouvaient leur accorder. Une fête devait se célébrer au sanctuaire central, à Silo : c'était le temps où, au milieu des vignes, les vierges dansaient. Qu'à ce moment les Benjamites, embusqués dans les ceps, s'emparent des filles de Silo. Et quand les pères, les frères des captives se plaindront de ce rapt à l'assemblée d'Israël, celle-ci leur déclarera qu'ils ne seront point parjures en sanctionnant des alliances contractées sans leur participation.

Les Benjamites suivirent le conseil de leurs frères. Le succès couronna leur entreprise.

Par ces deux derniers actes, la nation israélite avait de nouveau perdu la noble attitude qu'elle avait prise en sacrifiant un de ses enfants à son honneur, et en pleurant sur sa triste victoire.

Sans gouvernement central, sans communauté d'intérêts et de croyances, les tribus, déjà livrées à des influences antinationales, subirent jusqu'à cinq fois la domination étrangère.

A ces heures de honte et de découragement, il se trouvait des citoyens qui, fidèles à l'esprit de la loi mosaïque, comprenaient que, perdus par leur isolement, les enfants d'Israël se sauveraient par leur union. Au nom de Jéhova, ces citoyens, ces *juges*, jetaient le cri de l'indépendance, et le peuple de Dieu savait encore répondre à cet appel. Mais la liberté reconquise ne tardait pas à devenir l'anarchie, et celle-ci provoquait une nouvelle chute du peuple hébreu.

Deux fois Israël avait été sauvé quand les tribus septentrionales furent asservies par Yabin, roi de Hasor. C'était un Cananéen.

Le profond mépris de l'Israélite pour l'indigène rendait plus âpre la tyrannie de celui-ci, plus amère la servitude de celui-là.

Depuis vingt ans, les Hébreux souffraient de cette oppression. Dans leur désespoir, ils se souvinrent de leur Dieu, et jetèrent vers lui un cri d'angoisse.

Alors on voyait les Israélites gravir la montagne d'Éphraïm, s'approcher d'un palmier qui étendait son bouquet de feuillage entre Rama et Béthel. Une femme demeurait sous cet arbre. Elle se nommait Débora [1].

C'était vers elle que se dirigeaient les Hébreux. Cette femme, c'était leur patrie, leur patrie avec ses souvenirs de gloire, leur patrie avec ses immortelles espérances.

Gardienne de la loi, Débora en était l'interprète inspirée. Elle jugeait Israël. Elle était Nebiah [2] et Schophêt [3].

---

1. L'abeille étant, en Égypte, l'emblème du pouvoir royal, et ce terme étant appliqué, en Grèce, à des prêtresses de Delphes, à des poëtes, on a conjecturé que Débora devait son nom à son autorité prophétique. Cf. *Deborah*, by *Frederick William Farrar* (*Dict. of the Bible*).

2. Prophétesse.

3. Juge.

Pénétrer l'esprit de la loi, c'était comprendre l'œuvre réservée au peuple qui en était le dépositaire; c'était se préparer à lui faire relier l'avenir au passé.

Le jour approchait où la prophétesse allait unir à l'élan de la pensée celui de l'action.

Débora manda Barak, fils d'Abinoam.

L'esprit de Dieu reposait en elle, vibrait dans sa parole. Elle ordonnait à Barak de se diriger vers le Thabor, de rassembler une armée qui défendrait et ferait triompher la cause de la nation de Jéhova.

Barak ne céda pas à l'impulsion de Débora. Ah! si dans l'entreprise à laquelle elle l'excitait, il avait à son côté la prophétesse dont la parole de feu savait embraser Israël, il serait assuré de l'indomptable élan des Hébreux. Mais sans elle, il doutait de tout. Sans elle, il ne partait pas.

Devant cet homme qui ne savait pas croire en lui-même, la prophétesse eut un mouvement de colère et de dédain :

« J'irai bien avec toi, » dit-elle; « toutefois il n'y « aura pas de gloire pour toi dans le chemin que tu « prends, car l'Éternel livrera Sisara aux mains d'une « femme [1]. »

Et Débora accompagna Barak.

1. *Juges*, IV, 9, traduction de *Cahen*.

La prophétesse, le général, l'armée d'Israël, arrivaient au Thabor. La montagne, isolée, reliée toutefois à l'ouest par une étroite chaîne aux collines de Nazareth, élevait devant eux son cône tronqué. Ils gravirent ces pentes tapissées de plantes grimpantes au brillant feuillage, ces pentes ombragées par les chênes, les pistachiers, qui y croissent avec exubérance et qui abritent le loup, le sanglier, le lynx, le serpent.

C'était là le site approprié à la marche d'une prophétesse guerrière et de son armée.

Les Israélites s'arrêtèrent sur ce plateau ovale du Thabor, où planent l'aigle et le vautour. De ce sommet la vue embrasse un horizon immense.

A l'est se découvre le bassin de la mer de Cinnéreth, une partie de l'étincelante surface de ce lac, le cours du Jourdain, et au delà du fleuve, les monts de Galaad et de Basan. Au sud s'élève le Gelboé et s'entrevoient les montagnes et les vallées qui forment le cœur du pays de Canaan. A l'ouest la Méditerranée, le Carmel, bornent le paysage. Au nord se dessinent les dernières chaînes du Liban, d'où s'élance fièrement l'Hermon, ceint de sa couronne de neige.

C'est la Terre de promission tout entière qui se laisse voir ou deviner. La prophétesse avait-elle compté sur ce que l'aspect de cette patrie pouvait inspirer d'exaltation et d'héroïsme au peuple qui s'apprêtait à la reconquérir?

Autour du Thabor se déroule la plaine de Yezreel,

avec ses molles ondulations¹. C'est là que le Cananéen attendait sa victime révoltée.

A la tête des troupes de Yabin, de ses neuf cents chariots de fer, était son général Sisara.

« Lève-toi, » dit Débora à Barak ; « car c'est en ce « jour que l'Éternel livre Sisara en ta main ; certes, « l'Éternel est sorti devant toi. »

A ce signal, dix mille soldats d'Israël, suivant avec confiance le Dieu qui les conduisait à la victoire, se précipitèrent du Thabor dans la plaine (1335 av. J.-C.).

Près de Kédès-Nephthali, un guerrier, seul, à pied, fuyait à travers les arbres d'un bois. Ce guerrier était Sisara, le général des Cananéens ; ces arbres étaient *les chênes des nomades*² qui abritaient la tente du Bédouin Héber³.

Sisara avait seul échappé au carnage que les Israélites avaient fait de son armée. Il venait chercher un refuge auprès d'Héber, l'allié de son roi.

Le Bédouin était absent. Sa femme, Jahel, vit accou-

---

1. Pour la description du Tabor, cf. *Robinson's biblical researches*; Tabor, by *H. B. Huckett* (*Dict. of the Bible*); *Domestic life in Palestine*, by *Miss Rogers*.
2. Cf. *Jaël*, by *Frederick William Farrar* (*Dict. of the Bible*).
3. Héber descendait du frère de Séphora, Hobab. Celui-ci avait rejoint les Israélites dans le désert, les avait accompagnés dans leur pèlerinage, et sa famille s'était établie avec eux en Canaan.

rir le fugitif, et, fidèle aux traditions de l'hospitalité patriarcale, elle vint à lui.

« Entre, mon seigneur, » lui dit-elle; « entre chez « moi, ne crains rien [1]. »

La tente de la femme arabe était un asile inviolable; le général cananéen pénétra dans la demeure de Jahel. Il se crut sauvé.

Jahel l'entoura de cette sollicitude délicate dont la femme possède le secret. Il était brisé de fatigue, et elle étendit sur lui une couverture qui abritât son sommeil. Il avait soif, lui demandait un peu d'eau, et elle lui offrit du lait dans une coupe précieuse.

Sisara pria Jahel de veiller à l'entrée de la tente; puis, cédant à la lassitude qui l'accablait, il s'endormit avec sécurité sous la garde de sa généreuse protectrice.

Alors une femme se glissa vers Sisara. De la main droite elle tenait un marteau; de l'autre, une des longues chevilles qui fixaient les cordes de la tente. Elle avançait, avançait toujours, et quand elle fut près du guerrier, elle lui perça la tête.

C'était Jahel qui assassinait son hôte.

Barak avait suivi les traces du général cananéen; il pénétrait sous les chênes des nomades.

De même qu'elle avait été à la rencontre de Sisara, Jahel alla au-devant de l'ennemi de celui-ci.

---

1. *Juges*, IV, 18, traduction de *Cahen*.

« Viens, » dit-elle à Barak, « je te montrerai l'homme « que tu cherches[1]. »

Il la suivit sous la tente.

Ah! nous ne légitimerons pas le meurtre dont il nous a fallu évoquer le souvenir! En tuant Sisara, Jahel immolait avec une froide cruauté, non-seulement un hôte, un malheureux, désarmé, endormi, mais encore un ami de sa maison. Et eût-il même été l'adversaire de sa famille, les traditions de sa race eussent dû prévenir son crime, car le Bédouin, si âpre à la vengeance, le Bédouin qui égorge avec volupté un ennemi sur le champ de bataille, le respecte sous sa tente hospitalière !

Arabe, Jahel n'avait même pas l'excuse du patriotisme en assassinant l'ennemi des Hébreux. Elle ne servait même pas la cause de la nation de Jéhova, puisque cette cause avait loyalement triomphé par les armes du peuple élu, et que la perfide Bédouine ne frappait qu'un vaincu.

Détournons-nous; fuyons les ombrages qui recélèrent la trahison, le meurtre. Aussi bien sommes-nous attirée dans le camp des Hébreux par les éclatantes fanfares du plus ancien hymne de victoire que nous aient légué les traditions sacrées.

La prophétesse chantait, et Barak redisait ses ac-

---

[1]. *Juges*, IV, 22, traduction de *Cahen*.

cents. Elle célébrait la nation de Jéhova, parce que, dans un élan sublime, Israël s'était disposé à racheter de son sang sa liberté. Elle célébrait le Dieu d'Israël, le Dieu du Sinaï, parce que Jéhova avait donné à son peuple l'inspiration de l'héroïsme et l'honneur de la victoire.

> Lorsque dans Israël s'est exercée la vengeance;
> Lorsque la nation s'est offerte;
> Bénissez Jéhova!
>
> Écoutez, rois, princes, prêtez l'oreille
> Moi, à Jéhova, je vais chanter; moi!
> Je célébrerai Jéhova, Dieu d'Israël.
>
> Jéhova! A ta sortie de Séir,
> Lorsque tu t'avanças des champs d'Édom,
> La terre trembla, même les cieux se fondirent,
> Même les nues se fondirent en eau.
>
> Les montagnes s'agitèrent devant Jéhova;
> Ce Sinaï, devant Jéhova, Dieu d'Israël [1].

Dans l'enivrement du triomphe, la prophétesse rappelle les périls passés. Autrefois l'Hébreu avait peur de traverser les plaines : le regard de l'oppresseur pouvait l'y suivre. C'était dans les sentiers des montagnes que se cachait, glacé d'effroi, le peuple de Dieu, jusqu'au moment où Débora réchauffa sur son sein Israël, son enfant!

---

1. *Juges*, v, 2-5, traduction de *Cahen*.

Aux jours de Samgar, fils d'Anath,
Aux jours de Jahel,
On évitait les routes ;
Et ceux qui naguère marchaient sur des chemins battus
Marchaient en de tortueux sentiers.

On évitait les campagnes en Israël,
On les évitait ;
Jusqu'à ce que je me sois levée, moi Débora,
Que je me sois levée, mère d'Israël [1].

Le peuple élu avait payé de son esclavage son infidélité à son Dieu. En cessant d'être soutenu par l'Esprit divin, il avait perdu la force qui le faisait réagir contre le danger. Seul, il s'était senti faible, et il était devenu lâche :

Il avait choisi des dieux nouveaux.
Dès lors la guerre, aux portes.
Et voyait-on un bouclier, une lance,
Dans quarante mille Israélites [2] ?

La prophétesse a été sévère, sévère à l'heure même où Israël a lavé la honte de son passé. Elle semble s'en apercevoir ; et avec cette délicatesse particulière aux âmes viriles, elle donne avec enthousiasme son amour, son admiration, aux chefs qui ont conduit Israël sur le chemin du sacrifice :

1. *Juges*, v, 6, 7, traduction de *Cahen*.
2. *Id.*, *id.*, 8, *id.*

Mon cœur est aux chefs d'Israël
Qui se sont offerts pour le peuple [1].

Mais cette valeur qu'elle exalte, à qui l'attribue-t-elle ? Écoutons-la :

Bénissez Jéhova [2], dit-elle.

Pour célébrer le grand combat, que tout le peuple se réunisse ; et le riche, et le pauvre, qui, de nouveau, jouissent d'une paisible sécurité :

Vous, montés sur de luisantes ânesses,
Vous, assis sur des tapis,
Vous, en marche sur la route,
Racontez,

. . . . ● . , . . .
Qu'alors descendit aux portes le peuple de Jéhova [3].

Devant la grandeur du sujet qu'elle aborde, Débora, trouvant que son souffle n'est pas assez puissant encore, en ranime l'ardeur :

Réveille-toi, réveille-toi, Débora,
Réveille-toi, réveille-toi, dis le chant [4].

Et, commençant par évoquer le souvenir de son appel au général hébreu, elle s'écrie :

---

1. *Juges*, v, 9, traduction de *Cahen*.
2. *Id.*, *id.*
3. *Id.*, *id.*, 10-12, *id.*
4. *Id.*, *id.*, 12, *id.*

Lève-toi, Barak,
Ramasse tes captifs, fils d'Abinoam [1].

A cette parole, dix mille Hébreux ont vaincu les forces considérables du roi cananéen. C'est par la prophétesse que l'armée d'Israël a fait triompher « sur les forts [2], » la cause de Jéhova !

Débora loue ceux qu'a entraînés sa voix. Puis, à ses sympathiques accents, succèdent de mordantes paroles. Elle raille les tribus que leur indécision ou leur indolence a éloignées du champ de bataille : Ruben qui, assis entre ses ruisseaux, se berçait du bêlement de ses moutons ; Gad qui suivait tranquillement des yeux le cours du Jourdain ; Dan, Aser, qui s'étendaient voluptueusement sur leurs côtes maritimes, pendant que Zabulon et Nephthali, donnant à l'armée d'Israël la plus grande partie de ses guerriers [3], se disposaient à combattre, à mourir !

Débora se rappelle les émotions de la bataille. Elle voit arriver les Cananéens, et les nomme avec un mépris ironique *les rois* [4], pour les faire tomber de plus haut. Ils sont nombreux, les rois, et Israël a peu de

---

1. *Juges*, v, 12, traduction de *Cahen*.
2. *Id., id.,* 13, *id.*
3. Éphraïm, Benjamin, Manassé, Issachar, avaient fourni le reste des défenseurs d'Israël. Débora ne nomme ni Juda, ni Siméon ; sans doute ces deux dernières tribus étaient trop éloignées du théâtre de la guerre pour qu'elles pussent être appelées au combat. Cf. *Palestine*, par *M. Munk.*
4. Cf. *Herder. Vom Geist der Ebraischen Poesie.* Leipzig. 1825.

guerriers; mais Dieu combat avec son peuple, et l'aide à écraser leur ennemi commun.

Le torrent Kison roule les cadavres des Cananéens. A l'évocation de cette scène, la prophétesse excite encore son poétique élan :

> Torrent des anciens temps, torrent Kison !
> Mon âme ! marche avec vigueur[1] !

Dans la déroute des ennemis, Débora entend le sabot des chevaux frapper le sol. Devant le triomphe des Hébreux, elle appelle la malédiction sur Meroz, cité israélite qui a refusé de s'associer à la révolte de la patrie. La prophétesse arrive enfin à ce tableau que, tout à l'heure, nous eussions désiré voiler : la mort de Sisara.

Disons-le à regret. Débora exalte le crime de Jahel. Il fallait que le nom de Sisara personnifiât pour elle toutes les souffrances de sa patrie pour qu'elle pût redouter encore ce général isolé, fuyant; pour qu'elle crût le destin d'Israël attaché à la vie d'un vaincu. Avec quel enthousiasme elle loue Jahel! Avec quelle complaisance elle vante sa trahison! Avec quelle volupté

---

1. *Juges*, v, 21, traduction de *Cahen*.

sauvage elle se repaît de l'agonie de Sisara, cette agonie dont elle note d'une voix palpitante les dernières convulsions !

> Bénie soit plus que toutes les femmes, Jahel, femme de
> [Héber, le Scénite,
> Plus que toutes les femmes sous la tente.

> De l'eau il demanda,
> Du lait elle offrit,
> Dans le vase des opulents
> Elle lui présenta de la crème.

> Elle porte sa main sur la cheville,
> Sa droite sur le marteau des hommes de peine,
> Frappe Sisara,
> Lui brise la tête,
> La fracasse et lui perce la tempe.

> Entre ses pieds il s'agenouille, tombe, s'étend ;
> Entre ses pieds il s'agenouille, tombe ;
> Où il s'agenouille, là il tombe détruit [1].

Et pendant le supplice du Cananéen, la pensée de la prophétesse se reporte vers la mère de la victime. Débora voit cette femme regardant derrière le treillis de sa fenêtre, attendant son fils ; gémissant et disant :

> Pourquoi son char tarde-t-il à venir ?
> Pourquoi les roues de ses chariots restent-elles en arrière [2] ?

Des suivantes entourent la mère de Sisara, et Dé-

---

1. *Juges*, v, 24-27, traduction de *Cahen*.
2. *Id.*, *id.*, v, 28, *id.*

bora les entend calmer les angoisses de la pauvre femme. Celle-ci aussi veut espérer, et elle se répond à elle-même ce que ses femmes lui disent :

> N'ont-ils pas trouvé, ne partagent-ils pas le butin ?
> Une, deux jeunes filles à chaque capitaine ;
> Des vêtements resplendissants, butin pour Sisara,
> Des vêtements resplendissants, brodés, pour butin,
> Des parures éclatantes, brodées,
> Au cou des belles captives [1].

Frappée du contraste des deux tableaux qu'elle vient d'évoquer, Débora s'arrête brusquement et s'écrie :

> Ainsi périssent tous tes ennemis, Jéhova [2] !

Depuis le récit de la mort de Sisara jusqu'à cette sombre apostrophe, ce n'est plus la parole de Dieu qui se fait entendre dans les accents de Débora : c'est le langage d'une créature humaine attribuant ses passions à l'Être immatériel, ses instincts de vengeance à la Justice souveraine.

Mais de nouveau la prophétesse reparaît ; sa pensée reflète avec un pur et doux éclat l'image d'un Dieu secourable à ceux qui l'aiment :

---

1. *Juges*, v, 30, traduction de *Cahen*. Selon la fine remarque de Herder, les femmes qui entourent la mère de Sisara ne veulent pas que le général reçoive des prisonnières de guerre pour sa part du butin. Cf. *Vom Geist der Ebraischen Poesie*.
2. *Juges*, v, 31, traduction de *Cahen*.

« Ses amis seront comme le soleil levant, dans toute
« sa force [1] ! »

Nous nous sommes longuement arrêtée sur le type de Débora parce que cette figure, nous le disions plus haut, est la personnification de la nation hébraïque telle que la rêvait Moïse.

Débora, c'est Israël, le peuple de Jéhova, veillant avec un soin jaloux sur une loi dont la diffusion n'est pas encore possible; c'est Israël, comprenant que sa nationalité est l'expression de sa loi; sauvegardant avec son indépendance le dépôt qui lui est confié; frappant dans les violateurs de sa liberté les ennemis de sa foi. C'est Israël, l'instrument et la verge d'un Dieu sévère; Israël, puisant dans l'intelligence de son rôle un courage héroïque, mais aussi une inflexibilité qui outrepasse la justice divine.

Débora n'est pas toutefois un de ces types qui, en représentant une idée, perdent leur individualité, ont toute la froideur, toute l'impersonnalité de l'abstraction. Débora n'idéalise pas seulement la nation de Jéhova, elle l'incarne, la fait vivre et palpiter de sa propre vie, lui communique la chaleur de son cœur, la vivacité de ses instincts, l'éclat de son imagination. Et c'est précisément ce mélange de l'inspiration divine

---

1. *Juges*, v, 31, traduction de *Cahen*.

et de la passion humaine qui fait de l'hymne de Débora l'une des notes les plus sublimes que le souffle sacré ait arrachées au vigoureux et personnel génie des poëtes antiques.

Pendant de longues années, les Hébreux demeurent livrés à cet état de malaise qui précède l'organisation politique d'un peuple. Quarante années après leur victoire sur Sisara, nous les voyons soumis aux Midianites, et délivrés par Gédéon. Las de leur indépendance mal dirigée, ils éprouvent le besoin d'un pouvoir central, et offrent la royauté à leur sauveur, qui la refuse et qui demeure leur juge. A sa mort, son fils Abimélech recherche la dignité que Gédéon a repoussée, et les habitants de Sichem le proclament roi. Mais ces derniers ne tardent pas à briser eux-mêmes le joug qu'ils se sont imposé. Abimélech fait rentrer violemment Sichem dans l'obéissance, et s'empare d'une autre ville, Thébès. Il entre dans cette dernière place, et se dirige vers une tour forte située au milieu de la cité. Là se sont réfugiés les habitants de Thébès. Abimélech attaque cette tour. Il allait l'incendier quand une meule de moulin, lancée par une femme, lui brise le crâne.

« Tire ton glaive et tue-moi, » dit à son écuyer le hautain guerrier; « on pourrait dire : Une femme l'a tué [1]. »

---

1. *Juges*, IX, 54, traduction de *Cahen*.

Israël désirait un maître, il repoussait un tyran.

Les Hébreux s'écartent de plus en plus des voies de Dieu. Les Ammonites et les Philistins les asservissent. Jephté, dont nous avons raconté plus haut le sacrifice [1], les délivre des premiers. A la mort de ce juge surgit un athlète qui les défend contre les seconds : c'est Samson. Mais à la vigoureuse organisation physique de ce dernier manque la force morale. Il ne sait pas résister aux séductions des femmes.

Les Philistins découvrent le côté vulnérable de cette robuste nature. Par une de leurs filles, Dalila, il font perdre à l'athlète et son énergie, et son désir même de vivre. Samson est livré à ses ennemis par l'enchanteresse qui l'a asservi.

Ne nous arrêtons pas sur ces scènes. Sans doute, elles comportent un grave enseignement. Mais ce qui nous occupe ici, ce ne sont pas les séductions exercées par les femmes sur les figures qui n'ont laissé aucune trace morale dans l'histoire sacrée : c'est l'influence de notre sexe sur les destins des représentants de l'idée religieuse.

C'est ainsi que, nous éloignant des compagnes de Samson, nous nous approchons d'une femme qui fit entrer dans une phase nouvelle les croyances des Israélites.

---

1. Voir page 102-109.

La sévère éducation du malheur avait appris aux Hébreux à revenir à Celui qui seul pouvait les sauver.

Parmi les pèlerins qui, chaque année, montaient au sanctuaire central pour offrir à Jéhova les prémices de leurs champs, les premiers-nés de leurs troupeaux, se trouvait un homme de Rama, ville située sur la montagne d'Éphraïm. Cet homme se nommait Elkana. Ses deux femmes, Anne et Peninnah, ses fils et ses filles, l'accompagnaient. La première de ses épouses était triste, car ce n'était pas d'elle qu'étaient nés les enfants d'Elkana. Ceux-ci formaient la couronne maternelle de Peninnah.

Cependant Anne aurait pu être heureuse. Sa stérilité était probablement la raison qui avait obligé son époux de lui adjoindre une rivale. Mais en partageant entre ses deux femmes le titre d'épouse, Elkana n'avait point divisé son amour, qui reposait tout entier sur Anne.

Elkana avait pour celle-ci toutes les délicatesses d'un sentiment passionné. Il la voyait courbée sous cette honte qui, en Israël, accablait la femme à laquelle la nature avait refusé la maternité; il la voyait insultée dans ce malheur même par la hautaine Peninnah; et lui accordant à son foyer le rang qu'elle occupait dans son cœur, il lui réservait la meilleure part des sacrifices qu'il offrait à l'Éternel.

Et quand il s'apercevait qu'oppressée par la douleur, malgré les hommages affectueux qu'il lui rendait, elle ne goûtait même pas aux aliments qu'il lui avait choisis, il la consolait avec tendresse.

« Anne, » lui disait-il, « pourquoi pleures-tu, et « pourquoi ne manges-tu pas, et pourquoi ton cœur « est-il si attristé? Est-ce que je ne vaux pas plus pour « toi que dix enfants [1]? »

Malgré cette touchante sollicitude, Anne souffrait toujours. Peut-être même sa nature aimante et fière trouvait-elle un nouveau sujet de douleur dans la généreuse affection d'Elkana : Anne n'avait pu donner le bonheur à l'homme qui lui avait abandonné le meilleur de son âme!

Elkana et sa famille étaient à Silo. Anne venait d'assister à un festin. Son cœur était déchiré. Elle éprouvait une de ces peines que nul secours humain ne peut alléger, et que seule la miséricorde divine sait calmer.

Elle se leva, alla au tabernacle. Là, elle laissa déborder devant le Tout-Puissant l'amertume de son âme. Des pleurs inondaient son visage, et son cœur délirant soupirait une prière qui n'était interprétée que par le mouvement de ses lèvres.

Anne supplie l'Éternel de jeter sur elle un regard, d'avoir pitié de ses souffrances, de guérir la plaie qui la ronge... Elle le supplie de lui donner un fils! Ce fils, il ne sera pas à elle, il appartiendra à Celui qui lui

---

1. I Sam., I, 8, traduction de *Cahen*.

aura donné le bonheur suprême de la maternité; il sera Naziréen, non pendant un temps limité, mais pendant toute sa vie!

C'est la première fois que la prière nous apparaît dans l'histoire sacrée, avec ce silencieux caractère d'abandon intime, de ferveur émue, que Jésus devait lui imprimer. Ce n'était pas ainsi que priait l'Israélite : *il criait devant l'Éternel*. Aussi le grand prêtre Éli qui, assis sur le siége du juge devant le tabernacle, contemplait la femme d'Elkana, attribua-t-il à l'ivresse son agitation intérieure, et lui exprima-t-il avec sévérité son sentiment.

« Non, mon seigneur, » répondit Anne, « je suis une
« femme qui a le cœur lourd; je n'ai bu ni vin, ni
« boisson forte, mais j'ai répandu mon âme devant
« l'Éternel.

« Ne prends pas ton esclave pour une femme disso-
« lue, car c'est de grande tristesse et de chagrin que
« j'ai parlé jusqu'à présent [1]. »

A l'accent de douceur et d'émotion de ces paroles, Éli dut regretter ses soupçons.

« Va en paix, » dit-il à la malheureuse femme;
« le Dieu d'Israël accordera la demande que tu lui as
« faite. »

« — Que ta servante trouve grâce à tes yeux [2], » répliqua la femme d'Elkana. Et elle s'éloigna.

1. I *Sam.*, I, 15, 16, traduction de *Cahen*.
2. *Id.*, *id*. 17, 18, *id*.

Quand elle revint dans sa famille, elle put manger. Une transformation subite s'était opérée en elle. Son épanchement dans le sein de Dieu, sa confiance en Celui qui ne change jamais, en cet Être immuable, éternel, qui, par la voix d'Éli, avait répondu à sa prière, ces influences avaient apaisé son âme, rasséréné son visage.

L'année suivante, Anne n'accompagnait pas son époux à Silo : elle nourrissait un enfant, son fils!
Elle n'avait pas oublié son vœu. Elle attendait qu'elle pût sevrer son enfant pour aller le déposer au tabernacle.

Anne est au sanctuaire central. Elle vient consacrer Samuel, son fils, à l'Éternel. Son époux l'accompagne.
Après avoir offert à Jéhova le sacrifice d'un bœuf, Anne et Elkana présentent leur enfant à Éli. La mère de Samuel rappelle au grand prêtre le jour où elle priait en sa présence. Alors elle demandait à Dieu le fils qu'elle lui promettait de lui consacrer. Le Seigneur l'a exaucée. A elle maintenant d'accomplir son vœu!
Les pèlerins se prosternent. Ce n'est plus une prière muette qui s'échappe du cœur de la mère, c'est un hymne de triomphe au rhythme éclatant.
A la fierté de ses accents, on devine avec quelle joie enivrante la femme, naguère écrasée par une orgueilleuse rivale, s'est vue relever par le Tout-Puissant, le destructeur de la violence, l'appui de la faiblesse; par

le souverain Principe du vrai et du bien, qui sait distinguer l'injustice sous les voiles dont celle-ci se couvre.

Devant le Dieu en qui elle reconnaît la source de la vie universelle, Anne est le premier interprète de la croyance à l'immortalité de l'âme, l'âme, ce souffle de l'Être impérissable! Devant le Moteur suprême, Anne exalte aussi l'action de la Providence sur l'humanité entière.

L'élan de son esprit a fait pénétrer à la mère de Samuel la pensée de Dieu. En contemplant l'Idée éternelle, Anne entrevoit l'avenir, elle devient prophétesse! Et elle annonce la venue triomphale du Messie.

Mais pourquoi résumer ce chant? Le cri de l'âme ne s'analyse pas, il se répète. Disons donc avec notre héroïne :

> Mon cœur a tressailli dans Jéhova!
> Et par Jéhova ma force s'est relevée ;
> Ma bouche s'ouvre librement contre mes ennemis ;
> Car je me réjouis de ton secours.
>
> Nul n'est saint comme Jéhova ;
> Nul n'existe hors de toi !
> Nul n'est puissant comme notre Dieu.
>
> Ne continuez pas de proférer des paroles hautaines,
> [altières;
> Que la violence ne s'échappe plus de votre bouche;
> Car il est le Dieu de l'intelligence, Jéhova,
> Devant lui les actions sont pesées.
>
> L'arc des héros est brisé,
> Et les faibles sont armés de force.

Ceux qui étaient rassasiés se sont engagés pour du pain;
Ceux qui étaient affamés ont cessé de l'être;
Même la femme stérile enfante sept enfants,
Et celle qui en avait beaucoup dépérit.

Jéhova fait mourir et vivre,
Fait descendre dans le Scheol et en fait remonter.

Jéhova appauvrit et enrichit,
Abaisse et relève.

Il tire de la poussière l'indigent,
Du fumier il relève le nécessiteux
Pour le faire asseoir parmi les princes;
Et leur donne en partage un trône de gloire;
Car à Jéhova sont les fondements de la terre,
Sur eux il a placé le monde.

Il préserve les pas de ses saints,
Les méchants sont anéantis dans les ténèbres;
Car ce n'est pas par la force que peut vaincre l'homme.

Jéhova! ses adversaires tremblent devant lui;
Du ciel il tonne sur eux.
Jéhova juge les extrémités de la terre; [son oint[1].
Il donnera la victoire à son roi, et relèvera la gloire de

Ce fut sous l'impression de ce saint enthousiasme qu'Anne se sépara de l'enfant qui, peu de jours auparavant, demandait encore à son sein la nourriture, la vie. L'historien sacré ne nous montre que l'exaltation de la prophétesse : il nous cache les larmes de la mère.

1. I *Sam.*, II, 2-10, traduction de *Cahen*.

Une fois par an, à l'époque où les Israélites allaient déposer au sanctuaire central les prémices de leurs biens, Anne revoyait son fils et lui apportait un petit manteau.

Éli bénissait les parents de Samuel, et disait à Elkana :

« Que l'Éternel te donne de cette femme une posté-« rité, en place du prêt qui a été fait à l'Éternel [1]. »

Le vœu du grand prêtre fut exaucé : Anne eut encore trois fils et deux filles.

C'est là tout ce que nous apprend la Bible sur la mère de Samuel.

Anne n'apparaît qu'un instant sur la scène de l'histoire sacrée, mais elle y laisse une trace sympathique et lumineuse de son passage.

En elle, nous aimons la femme avant d'admirer la prophétesse. Elle nous intéresse par ses longues peines, par la respectueuse tendresse qu'elle sut inspirer à son époux. Elle nous émeut par ce brusque élan de désespoir qui la jette, éperdue, aux pieds de Dieu. Elle nous entraîne par l'ardeur de sa foi, par l'expansion de sa prière. Quand nous la voyons promettre à l'Éternel le fils qu'il lui accordera, nous devinons, sous l'enveloppe de sa délicate et impressionnable nature, une âme virile qui a la force du sacrifice. Ce vœu nous prépare à la magnifique attitude de la mère de Samuel

1. I *Sam.*, 1, 20, traduction de *Cahen*.

quand, présentant à Jéhova l'enfant qui, par cette consécration même, deviendra le second fondateur de la nationalité hébraïque, elle manifeste les croyances spiritualistes que répandra le Dieu qu'elle annonce, le Dieu de l'Évangile, ce Dieu miséricordieux à qui, dans sa muette prière, elle semblait déjà s'adresser !

Anne est le premier type qui caractérise le passage de la loi mosaïque au christianisme.

Samuel croissait à l'ombre du sanctuaire, sous la surveillance d'Éli.

Grand prêtre et juge, Éli n'était pas à la hauteur de sa double mission. A ses vertus manquait la force active qui en eût assuré l'influence.

Ses deux fils, Ophni et Phinées, cohénime de l'Éternel, déshonoraient le sanctuaire; et le faible vieillard, leur reprochant paternellement leur inconduite, n'avait pas le courage de les châtier avec la majesté du pontife, l'autorité du juge.

Pendant qu'Ophni et Phinées attiraient sur leur maison les menaces divines, Samuel, héritant du génie et de l'inspiration de sa mère, se préparait à faire rentrer le peuple de Jéhova dans la voie où l'avait conduit Moïse.

Il était temps qu'une main virile soutînt les pas chancelants d'Israël.

Battus par les Philistins, les Hébreux, espérant que la présence de l'arche d'alliance leur assurerait la victoire dans une nouvelle rencontre, la firent chercher à Silo. Mais, placée entre les mains impures des fils d'Éli, elle ne put préserver d'une nouvelle défaite le peuple israélite. Elle-même tomba au pouvoir de l'ennemi, et ses deux gardiens périrent.

Un vieillard, aveugle, presque centenaire, assis sur un siège près de la route de Silo, attendait des nouvelles du combat : c'était Éli.

Il entendit une immense rumeur s'élever de la ville. Et comme le grand prêtre demandait ce qu'était ce bruit, un homme de Benjamin, les vêtements déchirés, la tête souillée de poussière, courut à lui.

Fuyant le champ de bataille, ce Benjamite venait annoncer à Éli la défaite d'Israël, la mort d'Ophni et de Phinées, la prise de l'arche sainte.

A la mention du troisième de ces malheurs, le pontife tomba et mourut.

Phinées avait laissé sa femme près de devenir mère. Quand elle apprit l'enlèvement de l'arche, la mort de son beau-père, celle de ce coupable époux qu'elle aimait encore, elle s'affaissa. Comme Rachel, la femme de Phinées donna, dans son agonie, la vie à un enfant. Comme à Rachel aussi, on lui cria qu'un fils lui était né. Et, de même que l'épouse chérie de Jacob, elle accueillit avec tristesse l'enfant de la mort et lui donna un nom qui exprimait son angoisse. Mais la tristesse de Rachel était toute personnelle ; celle de la femme de Phinées était patriotique. Aussi cette dernière n'appela-t-elle pas son enfant *fils de ma douleur* : elle le nomma *I Kabod, où est la gloire?*

« La gloire s'est éloignée d'Israël, car l'arche de
« Dieu a été prise [1], » dit-elle en expirant.

La présence de l'arche d'alliance au milieu des Philistins ayant attiré sur eux des calamités, ils la renvoyèrent aux Hébreux.

Depuis vingt années l'arche était installée à Kiryath-Yaarîm, et les Israélites se groupaient autour du sanctuaire central. Samuel comprit que les fautes qui tant de fois avaient perdu les Hébreux étaient, non des vices incurables, mais les égarements passagers de la jeunesse. Il ne fallait qu'imprimer une direction salutaire à la séve qui débordait de ces fortes natures.

Samuel fit disparaître de son pays les derniers vestiges de l'idolâtrie. Il excita les Hébreux au repentir. Il pria pour ce peuple qu'il dirigeait désormais. Puis, quand la nation se fût fortifiée en s'épurant, le nouveau Schophêt la conduisit au combat, et le Philistin tomba devant le peuple de Dieu.

Samuel avait affermi l'œuvre de Moïse. Il en assura la durée en confiant à l'ordre des prophètes, institué par lui, le soin de la faire vivre, progresser.

1. I *Sam.*, IV, 22, traduction de *Cahen*.

Samuel vieillissait. Ses fils n'étaient pas dignes de recueillir son héritage moral et politique.

Le prophète espérait que la nation saurait soutenir par elle-même son unité et son indépendance. Mais les Hébreux crurent qu'une royauté héréditaire pourrait seule consolider leur homogénéité. Ils prièrent Samuel de leur choisir un maître. Et, malgré les avis du prophète qui leur prédisait qu'un roi ferait de leurs fils et de leurs filles ses serviteurs et ses servantes, de leurs biens sa propriété, ils maintinrent leur vœu.[1]

Deux hommes entraient dans la ville de Rama qu'habitait Samuel. L'un était Saül, fils de Cis, de la tribu de Benjamin; l'autre était son serviteur.

Saül, cherchant les ânesses égarées de son père, venait recourir à ce don de seconde vue qu'on attribuait au prophète.

A l'entrée de la ville, Saül et son serviteur rencontrèrent des jeunes filles qui allaient puiser de l'eau.

« Le voyant est-il ici[1]? » leur demandèrent les voyageurs.

Et elles répondirent à Saül, avec la grâce naïve des anciens temps :

« Il y est, le voici devant toi. Dépêche-toi maintenant,
« car aujourd'hui il vient à la ville, parce qu'il y a aujour-
« d'hui un sacrifice pour le peuple, dans le haut lieu.

---

1. I *Sam.*, IX, 11, traduction de *Cahen*.

« Dès votre arrivée à la ville vous le trouverez, avant
« qu'il monte au haut lieu pour manger, car jusqu'à
« son arrivée le peuple ne mangera pas ; car c'est lui
« qui bénit le sacrifice, ensuite les conviés en mange-
« ront ; et maintenant montez, car aujourd'hui vous le
« trouverez [1]. »

Quand Samuel vit Saül avec sa mâle beauté, son imposante stature, une inspiration divine lui montra dans le fils de Cis le roi d'Israël.

Saül est roi. Son héroïsme guerrier a sanctionné aux yeux du peuple le choix que le prophète a fait de lui pour gouverner Israël.

Mais le nouveau souverain ne tarde pas à secouer le joug que Samuel fait peser sur lui. La rupture du roi et du prophète éclate après une victoire que Saül a remportée sur les Amalécites. A la voix de Samuel, le roi a exterminé ce peuple ; mais, contrairement aux ordres du prophète, il a respecté la vie du roi d'Amalek, et épargné le plus beau bétail de l'ennemi. Le prophète s'éloigne à jamais de l'homme qui, tout en l'aimant, n'incline plus devant lui la couronne qu'il lui doit.

Avant de quitter Saül, Samuel se souvient de ceux des Hébreux qui naguère tombaient sous les coups des Amalécites ; et d'après cette loi du talion qui semble

---

1. 1 Sam., ix, 12, 13, traduction de *Cahen*.

aux peuples naissants l'expression même de la justice, il venge les veuves d'Israël en frappant dans son fils la mère du roi d'Amalek.

Cependant le prophète regrettait ce beau et vaillant souverain qui avait inutilement tenté de le retenir auprès de lui. Dieu, qui seul vit l'affliction de Samuel, en interrompit le cours en guidant le prophète dans le choix du successeur de Saül.

Ce fut dans la tribu de Juda, à Bethléem, au sein de cette famille où étaient entrées Rahab et Ruth, que Samuel reconnut le futur souverain d'Israël. Celui-ci était un jeune pasteur nommé David. Le prophète le sacra; et l'Esprit divin, pénétrant dans le cœur de l'adolescent, fit comprendre à David ce que Jéhova attendait de lui.

Après cette cérémonie qui se fit secrètement dans la maison d'Isaï, père de David, Samuel se retira, et attendit que les événements amenassent, sans sa participation, un dénoûment qu'il s'était contenté de préparer.

La douleur qu'avait causée à Saül l'abandon du prophète se traduisit par ce trouble nerveux que les Israélites attribuaient à une influence surnaturelle.

L'un des serviteurs du roi plaça auprès de lui, pour le calmer, un jeune musicien : celui-ci était David.

Le fils d'Isaï plut au roi, qui le nomma son porteur

d'armes. Quand, sous la violence d'une crise, Saül perdait tout empire sur lui-même, il aimait à voir l'adolescent avec sa chevelure dorée, son frais et gracieux visage, son beau regard ; il aimait à se bercer des vibrations de son kinnor ; et sous la sereine et bienfaisante influence du jeune artiste, il se sentait apaisé.

Les Philistins avaient attaqué Israël. Saül alla au-devant d'eux. Quand il les rencontra, ils étaient campés entre Socho et Azéka.

Chacune des deux armées était placée sur une hauteur; une vallée les séparait.

David, à qui le roi permettait quelquefois d'aller reprendre auprès d'Isaï ses occupations pastorales, arriva au camp avec des provisions que son père l'avait chargé de remettre à ses frères, soldats d'Israël, et au chef de mille sous les ordres de qui étaient placés les fils d'Isaï.

Quand David pénétra dans le camp, les armées étaient rangées en bataille, et Israël jetait le cri de guerre. Au milieu du tumulte, David vit un homme d'une taille colossale sortir des rangs ennemis. Ce guerrier proposait de confier au résultat d'un combat singulier le sort des deux peuples en présence. Il se constituait le champion de son pays, et jetait le défi à tout Hébreu qui voudrait le relever.

David apprit que, depuis quarante jours, cette scène se renouvelait soir et matin, et qu'aucun de ses compatriotes n'avait osé répondre à la provocation de l'athlète. Cependant, parmi les dons que le roi réservait au vainqueur de Goliath, était la main d'une de ses filles.

Saisi d'une généreuse indignation, David se proposa de venger l'honneur de cette patrie dont il devait être un jour le défenseur suprême.

Avec le fougueux élan de la foi et du patriotisme outragés, David n'eut besoin que de ses armes pastorales, une fronde et cinq cailloux, pour abattre le colosse qui avait humilié la nation de Jéhova.

Ce fut avec la tête de Goliath à la main que David reparut devant son maître.

A ce moment, le fils aîné de Saül, Jonathan, était auprès de son père. Épris de la gloire, il en avait reçu les premiers sourires. Il la voyait maintenant se donner à un rival; et, planant au-dessus des jalousies vulgaires, il la chérissait encore, cette gloire, dans celui à qui elle se livrait! Il aima David « comme son âme [1]. »

Le roi donna au vainqueur un commandement dans son armée. Quand il quitta le camp, il ramena le jeune chef à sa résidence.

Ce parcours fut un triomphe pour le héros, mais aussi une humiliation pour le roi. Les femmes d'Israël, sortant des villes, se portant au-devant de leur souve-

---

1. I Sam., xviii, 1, 3, traduction de Cahen.

rain, faisant retentir leurs tambourins et leurs cymbales, cadençant leurs pas, adressaient, dans leurs chants joyeux, un compliment ironique à Saül, un éloge enthousiaste à David :

« Saül a battu ses mille, » disaient-elles, « et David « ses dix mille. »

« — Elles ont donné à David dix mille, et à moi elles donnent mille, » dit, courroucé, le souverain israélite; « il ne lui manque que la royauté[1]. »

Saül se souvint des chants des femmes hébraïques.

Au lendemain de la scène que nous venons d'esquisser, Saül avait tenté de tuer David. Il l'éloigna de lui, le nomma chef de mille. Le peuple s'attacha au jeune guerrier.

Aussi modeste que vaillant, David n'avait pas réclamé le prix de sa victoire sur Goliath : le nom de gendre du roi. Pour son cœur désintéressé, il était un plus haut titre, celui de sauveur d'Israël.

Cependant Saül lui promit que de nouvelles actions d'éclat lui mériteraient la main de Mérab, sa fille aînée. Le roi espérait que le Philistin se chargerait de sa vengeance.

David déclina respectueusement l'honneur que lui offrait son roi. Saül n'insista pas, et maria Mérab à Adriel.

---

1. I *Sam.*, xviii, 7, 8, traduction de *Cahen.*

Peut-être alors le cœur de David n'était-il plus libre.

La beauté, la bravoure du jeune chef, la poétique exaltation de son caractère, son exquise sensibilité, la persécution même qui le menaçait, lui donnaient un attrait auquel céda la fille cadette de Saül, Michal.

Le roi fut informé de l'amour que David avait inspiré à la princesse, et il résolut de se servir de cette passion comme d'une arme contre le vainqueur de Goliath.

Il dit à ses serviteurs :

« Parlez secrètement à David, savoir : Voici, le roi
« t'est favorable, tous ses serviteurs t'aiment, et main-
« tenant deviens le gendre du roi [1]. »

Les messagers de Saül s'acquittèrent de leur mission ; mais David, n'osant croire à son bonheur, leur répondit :

« Est-ce peu de chose à vos yeux de devenir le
« gendre du roi ? et je suis un homme pauvre, et sans
« importance [2] ! »

Quand Saül apprit par quelle délicatesse de sentiment David n'osait rechercher son alliance, il lui fit savoir que le meurtre de cent Philistins était le seul mohar qu'il exigeât de son gendre.

Alors le jeune homme qui, par son rang, se croyait indigne de Michal, sentit que, par sa vaillance, il pouvait s'élever jusqu'à elle.

---

1. I *Sam.*, xviii, 22, traduction de *Cahen*.
2. *Id., id.*, 23, *id.*

Lorsqu'il revint de son expédition, il avait tué un nombre d'ennemis deux fois plus considérable que celui qu'avait fixé Saül.

Le roi unit sa fille à l'homme qu'elle aimait.

Ni la tendresse de Michal, ni l'amitié de Jonathan, ne purent prémunir David contre le jaloux ressentiment de Saül. Un jour vint où, irrité par la gloire croissante de son gendre, le roi voulut le tuer au moment même où David essayait de calmer une de ses crises par les sons du kinnor.

Le fils d'Isaï s'enfuit dans sa maison. C'était pendant la nuit. Saül fit garder la demeure de son gendre par des émissaires qui, au matin, devaient assassiner David.

Michal est informée du danger que court son époux. Elle l'en avertit, et lui dit :

« Si tu ne te sauves pas cette nuit, demain tu es
« mort[1]. »

Elle fait descendre par la fenêtre celui que, pendant de longues années, elle ne reverra plus. Mais ce n'est pas l'heure des larmes, c'est celle de la lutte.

Michal va au lit de David, elle y met une statue; et lorsque les émissaires de Saül pénètrent dans la chambre pour s'emparer de son époux : « Il est ma-
« lade[2], » dit-elle.

---

1. I *Sam.*, xix, 11, traduction de *Cahen.*
2. *Id., id.*, 14, *id.*

Les messagers reviennent. Le roi a ordonné qu'on lui apportât le malade dans son lit.

La ruse de la jeune femme est découverte. Mais quand le roi reproche à Michal de ne point s'être opposée à la fuite de l'ennemi de son père, elle lui répond qu'en laissant s'échapper David elle n'a cédé qu'aux sombres menaces de celui-ci.

David est au désert de Pharan.

De longs et tristes jours le séparent de cette nuit où il a quitté Michal. D'abord, il s'est réfugié au pays des Philistins; mais il y a retrouvé le souvenir de ces chants féminins qui célébraient sa victoire sur Goliath. Il a dû fuir, demander un asile à la caverne d'Adullam, située dans une vallée de Benjamin. Là, sa famille l'a rejoint; et des hommes de condition précaire ou d'esprit mécontent sont venus à lui. Après avoir fait à Mitspâ un séjour pendant lequel il a confié son père et sa mère au roi de Moab, il s'est retiré dans la forêt de Hareth. Un jour Abiathar, fils du grand prêtre Achimélech, s'est rendu auprès de lui, et lui a appris que, coupables d'avoir protégé la fuite du gendre de Saül, son père et ses concitoyens avaient été massacrés par l'ordre du roi. Personne, parmi les habitants de la ville sacerdotale de Nob, n'avait été épargné, ni les femmes, ni les enfants.

Mais l'exilé n'a pas abdiqué l'amour de sa patrie; à la tête de ses partisans, il a combattu les Philistins. Il n'a même pas abdiqué sa vénération pour son roi ; et quand, dans le désert d'En-Gadi, le sort a livré Saül entre ses mains, David a respecté en lui l'oint de Jéhova.

Peu de douleurs ont été épargnées au cœur aimant de David. Samuel, son protecteur, vient de mourir ; et Michal n'a pu lui conserver sa foi : Saül a marié sa fille cadette à Palti, fils de Laïsch.

Au moment où nous rencontrons David dans le désert de Pharan (1060 ans avant Jésus-Christ), il manque de vivres. Alors il se souvient que ses partisans et lui ont protégé, sur le Carmel [1], les pasteurs d'un homme de Maon, puissamment riche, et nommé Nabal. Maintenant celui-ci tond ses brebis sur la montagne. N'est-ce pas le moment de lui faire savoir que les hommes qui ont sauvegardé les troupeaux dont il recueille en ce jour la laine ont besoin de lui et lui tendent la main ?

Par dix de ses jeunes partisans, David fait appel à la générosité de Nabal. Un refus, dédaigneusement articulé, est la réponse de ce dernier.

Un des serviteurs de Nabal est péniblement impressionné de l'accueil hautain que les envoyés de David ont reçu de son maître. Il était du nombre des pasteurs sur qui veillaient David et ses soldats. Il se souvient de la délicatesse avec laquelle le fils d'Isaï et ses partisans les traitaient. Sa conscience, son cœur, tout lui crie

---

1. Ce Carmel n'est pas la célèbre montagne du même nom.

que Nabal, en repoussant la prière de ceux qui l'ont obligé, est injuste, ingrat. Mais comment le faire revenir sur sa résolution? Nabal est dur, brutal; et il ne souffrirait pas un avis, un conseil.

Ce n'est pas non plus auprès de lui que se rend son serviteur. Ce dernier sait où la voix de la charité peut se faire entendre : c'est chez une femme belle et pure, la propre compagne de Nabal, Abigaïl.

Le serviteur va à elle. Il l'informe de la conduite de Nabal envers David. Il achevait à peine son récit, et déjà Abigaïl chargeait sur des ânes deux cents pains, deux outres de vin, cinq moutons préparés, cinq mesures de grain rôti, cent paquets de raisins de caisse et deux cents de figues sèches.

« Passez devant moi, » dit-elle à ses serviteurs; « j'arrive après vous [1]. »

Elle suivit le convoi. Son mari ignorait et son départ et les préparatifs qui l'avaient précédé.

Abigaïl descendait vers une vallée. Elle rencontre une troupe de soldats. Ce sont les partisans de David; leur chef les dirige, et, avec leur secours, va se venger de Nabal.

Abigaïl a tout compris. La vie de Nabal est en danger! Sans doute, cet homme est indigne d'elle, et elle ne peut l'estimer... Qu'importe! il est son époux; et

---

1. I *Sam.*, xxv, 19, traduction de Cahen.

la voix du devoir, sinon celle de l'amour, lui crie de le défendre, fût-ce au prix de sa vie!

Abigaïl était précipitamment descendue de sa monture; et, prosternée devant David, son beau visage collé sur la terre, elle disait :

« Que sur moi, moi, mon seigneur, tombe le châti-
« ment[1]! »

Elle accuse son mari, ce Nabal dont le nom exprime la folie : l'homme inconscient de ses actes doit en être irresponsable.

Et, tout en priant David de lui permettre de réparer une faute à laquelle elle n'a point participé, tout en lui offrant ses provisions, Abigaïl le détourne de ses projets meurtriers. Que l'homme qui conduit les batailles de l'Éternel ne venge pas lui-même sa propre cause! Qu'il accueille avec sérénité l'outrage du pécheur, et qu'il laisse le soin de sa défense à cette Justice souveraine dont les desseins s'accomplissent, non-seulement dans le temps, mais dans l'éternité!

« Que si quelqu'un se lève pour te poursuivre et
« pour attenter à ta vie, l'âme de mon seigneur sera
« enveloppée dans le faisceau de la vie auprès de
« l'Éternel ton Dieu, mais il lancera l'âme de tes en-
« nemis dans le creux de la fronde[2]. »

Abigaïl, reconnaissant en David le futur souverain d'Israël, l'exhorte à ne point souiller de sang la main

---

1. I *Sam.*, xxv, 24, traduction de *Cahen*.
2. *Id.*, *id.*, 29, *id.*

qui gouvernera un peuple, à ne point préparer de remords au roi dont le calme regard doit planer au-dessus des passions humaines!

« Et quand l'Éternel aura fait du bien à mon sei-
« gneur, souviens-toi de ta servante [1]. »

A ces paroles où respirait la douceur de la femme, mais où vibrait aussi un écho du langage prophétique, David sent son âme se rasséréner, s'élever. Devant l'idée de la Justice éternelle, qu'évoquait Abigaïl, il comprend le néant de ses projets de vengeance : c'était à la croyance à l'immortalité de l'âme qu'il appartenait de faire cesser la peine du talion! — Devant la tendre charité de cette femme qui lui demande la grâce d'un époux méprisable, il se reproche d'avoir voulu frapper l'homme qui l'a offensé. — Puis une autre pensée traverse son esprit : il avait juré d'exterminer toute la maison de Nabal; et si Abigaïl ne l'avait pas empêché de tenir son serment, il frappait, à côté de son ennemi, la belle et généreuse créature qu'il admire maintenant!

Sa voix émue bénissait dans Abigaïl la messagère de Dieu; dans les conseils qu'elle lui donnait, l'inspiration du ciel. Et de sa main il acceptait les dons qu'elle lui avait offerts.

« Remonte en paix à ta maison, » lui dit-il, « regarde,
« j'ai obéi à ta voix, et je t'ai été favorable [2]. »

1. 1 Sam., xxv, 31, traduction de *Cahen*.
2. Id., id., 35, id.

La jeune femme revint auprès de son époux. Nabal était ivre; Abigaïl se tut. Mais le lendemain, quand il fut en état de l'entendre, elle lui dit quel était le péril auquel elle l'avait arraché.

Faible comme l'indiquait la violence de ses instincts, Nabal demeura foudroyé de terreur.

Dix jours après, la justice de Dieu avait vengé David. Abigaïl était veuve.

Des hommes vinrent à la jeune femme.

« David nous a envoyés vers toi afin de te prendre « pour sa femme[1], » lui dirent-ils.

Abigaïl, qui naguère avait dû tant souffrir de voir son existence à jamais rivée à celle d'un homme de mœurs grossières, Abigaïl se prosterna; et parlant dans son cœur au fiancé qui faisait revivre en elle les espérances de sa jeunesse, elle dit :

« Ta servante sera ton esclave pour laver les pieds « des serviteurs de mon maître[2]. »

Depuis cette époque Abigaïl n'apparaît plus que dans la pénombre de la scène sacrée. Aussi retracerons-nous ici l'impression qu'elle a exercée sur nous.

Abigaïl est l'une de nos héroïnes de prédilection. C'est qu'elle nous semble le prototype de la femme de l'Évangile, la femme de l'Évangile aussi bien dans ses vertus domestiques que dans ses croyances spiritua-

---

1. I *Sam.*, xxv, 40, traduction de *Cahen*.
2. *Id.*, *id.*, 41, *id.*

listes. La belle et suave figure d'Abigaïl ne vieillira jamais, car, dans nos civilisations chrétiennes, les épreuves de ce type se multiplieront toujours.

Grande par l'intelligence et par le cœur, l'épouse de Nabal est unie à un homme qui ne peut comprendre ni l'élévation de ses idées, ni la noblesse de ses sentiments. Et néanmoins, maintenant intacte la dignité de son foyer, elle souffre en silence les fautes de son mari, s'efforce de les réparer, et s'expose elle-même au péril pour sauver le coupable. Que lui a-t-il fallu pour la soutenir dans son austère dévouement, sinon ce qu'elle a si éloquemment exprimé : la foi dans la Providence, et l'espoir de cette éternité en présence de laquelle les misères d'ici-bas semblent fugitives comme l'ombre ?

David était depuis seize mois installé dans la ville de Siclag, sous la protection d'Achis, roi de Gath. Les Philistins, qui naguère avaient repoussé en lui le vainqueur de Goliath, l'accueillaient maintenant comme l'ennemi de Saül. Nombre d'Israélites venaient à lui, grossissaient son armée, l'aidaient dans les excursions guerrières qu'il entreprenait principalement contre les Amalécites. Pour mieux captiver la confiance du roi de Gath, David assurait à ce prince que ses expéditions étaient dirigées contre les Israélites ; et, de peur que des témoins ne s'élevassent contre lui, il exterminait jusqu'aux femmes de ses victimes.

Cette cruauté faillit lui devenir fatale.

Les Philistins avaient entrepris une guerre décisive contre Saül. David et ses partisans avaient dû se joindre aux ennemis d'Israël. Mais ceux-ci se souvinrent, cette fois encore, de cette victoire du fils d'Isaï qu'avaient exaltée les femmes hébraïques; et, redoutant, non sans justesse, la défection du frère adoptif de Jonathan, ils exigèrent de leur roi que David et ses troupes quittassent l'armée.

Quand David et ses soldats retournèrent à Siclag, ils trouvèrent la ville en cendres. Leurs femmes, leurs enfants avaient disparu. Parmi les premières étaient Abigaïl et Achinoam de Yezreel que David avait épousée avant de s'unir à la veuve de Nabal.

Les Amalécites avaient vengé leurs femmes.

David et ses guerriers sanglotèrent jusqu'à ce que la source de leurs larmes fut tarie. Alors, au désespoir que causait au jeune chef la disparition de ses femmes, se joignit la crainte d'un danger personnel, car ses gens, le rendant responsable de leur malheur, tournaient contre lui leur rage.

Mais, assuré par la voix de Dieu qu'il atteindrait les auteurs de la razzia, David entraîna à sa suite six cents de ses partisans.

David revint à Siclag avec les femmes, les enfants, le butin enlevés.

Pendant ce temps, le sort de Saül se décidait.

Une nuit, trois hommes pénétrèrent dans l'une des cavernes de la montagne sur laquelle repose le village d'Endor. Cet antre abritait une pythonisse[1].

L'un des trois visiteurs demanda à la sorcière de lui faire apparaître un homme qu'il lui nommerait.

Elle résista. Elle se souvenait que Saül avait exterminé les oboth[2] et les yidonime[3], et elle redoutait un piége.

L'inconnu insista, promettant à la pythonisse que sa vie serait sauve.

« Qui veux-tu que je te fasse monter[4]? » dit-elle, prête à se livrer à ses mystérieuses incantations.

« Fais-moi monter Samuel[5] », dit à cette femme son interlocuteur.

Soudain la sorcière jeta un grand cri. Elle n'avait pas le pouvoir de faire sortir un prophète de sa tombe ; et cependant..... elle voyait apparaître une ombre..... Alors elle devina que la présence du visiteur était l'enchantement qui avait attiré le fantôme ; et elle dit à l'homme qui la consultait :

« Pourquoi m'as-tu trompée, puisque tu es Saül[6]? »

---

1. On montre encore de nos jours la grotte de la pythonisse. Cf. *Palestine*, par *M. Munk; En-Dor*, by George Grove (*Dict. of the Bible*).

2. Nécromanciens. Cf. *Lév.*, xix, note 31 de *Cahen*; 1 *Sam.*, xxviii, note 3 du même hébraïsant.

3. Devins, *id.*, *id.*

4. 1 *Sam.*, xxviii, 11, traduction de *Cahen*.

5. *Id.*, *id.*, *id.*, *id.*

6. *Id.*, *id.*, 12, *id.*

C'était en effet le roi, le roi qui, avant de livrer la bataille, avait en vain demandé aux interprètes de Jéhova quelle serait l'issue de ce combat, et qui, abandonné de l'Esprit divin, était réduit à solliciter le secours de cet art occulte qu'il avait proscrit!

Cependant le prophète montait, enveloppé de son manteau. Il reprocha à Saül d'avoir troublé son dernier repos, et lui apprit que le lendemain, jour de la bataille, le roi, ses fils, l'auraient rejoint dans le Scheol, et qu'Israël serait vaincu.

Involontairement ici, nous nous souvenons de cette scène riante où les vierges de Rama montraient au fils de Cis, ce voyant, ce prophète, qui allait verser l'onction royale sur sa belle et noble tête. Qu'était devenu ce temps?.....

Quand Saül entendit le sombre avertissement de Samuel, il n'avait rien mangé, ni pendant cette nuit lugubre, ni pendant le jour qui l'avait précédée. Épuisé par la faim, il ne put résister à la peur. Il défaillit et tomba.

La pythonisse vint au roi. Elle lui rappela que, pour lui obéir, elle s'était exposée à la mort; et elle le supplia de céder, lui aussi, à sa prière. Elle lui conseilla de prendre quelque nourriture. Il refusa; mais, vaincu par les instances de cette femme, il se releva, et, s'asseyant sur un lit, attendit que son hôtesse lui apportât des aliments.

La pythonisse avait un veau engraissé, elle s'empressa de le tuer; elle prépara des pains dont elle n'eut pas le temps de faire lever la pâte; puis elle servit au roi, aux deux hommes qui l'avaient suivi, le repas qu'elle leur offrait.

Josèphe loue avec raison le dévouement magnanime et désintéressé de cette femme, qui secourait son persécuteur au moment même où celui-ci allait descendre dans la tombe.

Quand le roi et ses serviteurs quittèrent l'antre de la pythonisse, le jour ne s'était pas encore levé.

David était à Siclag. Il apprit les résultats de la bataille qui s'était livrée entre les Philistins et les Israélites : la défaite de sa patrie, la mort de son frère Jonathan, le suicide de son roi.

David pleura sur Saül et sur Jonathan, sur son persécuteur et sur son ami. Dans une élégie où son âme généreuse et tendre respire tout entière, il demande qu'on n'annonce pas la mort des deux princes aux filles des Philistins, de peur que leurs tressaillements de joie ne répondent à ses larmes. Mais il excite les vierges d'Israël à pleurer sur Saül qui, vainqueur naguère, les couvrait de pourpre et d'or.

C'est sur Jonathan que s'arrête son plus amer regret, sur le frère dont l'affection lui était plus chère que l'amour de la femme.

Roi de la tribu de Juda, David luttait contre un fils de Saül, Isboseth, qui avait été proclamé roi d'Israël.

David résidait à Hébron. Il y prit de nouvelles femmes. Parmi les enfants qui lui naquirent de ses six épouses, l'un d'eux, Kilab [1], dut le jour à Abigaïl qui avait vu le front de David se couronner des premiers rayons de cette gloire royale qu'elle avait annoncée à l'exilé.

Cependant l'admiration qu'Abigaïl avait inspirée à David n'avait pu faire oublier à celui-ci son premier amour. « La femme de sa jeunesse » était toujours présente à sa pensée. Et quand Abner, le principal soutien d'Isboseth, fit proposer à David de passer à son service, le roi de Juda accepta les offres du général à la condition qu'Abner lui ramènerait Michal. David fit aussi demander sa première femme à son rival Isboseth, frère de celle-ci. Il se rappelait que, pour la conquérir, il avait bravé les dangers de la guerre. Et pouvait-il oublier qu'il lui devait la vie?

Isboseth renvoya sa sœur à David. Abner la conduisait au roi de Juda.

Mais alors, nous le disions plus haut, Michal avait contracté d'autres liens. Adorée de son second époux, le quittait-elle sans regret? Palti ne pouvait se résigner à se séparer d'elle. Blessé au cœur, versant des larmes, il la suivit jusqu'à ce que, parvenu à Bahourime, il entendit Abner lui dire : « Va-t'en, retourne [2]. »

---

1. Les Chroniques nomment le fils d'Abigaïl, Daniel. Cf. I *Chr.*, III, 1.

2. II *Sam.*, III, 16, traduction de *Cohen*.

Michal ne se souvint-elle pas de cette scène quand, arrivée à Hébron, elle n'occupa plus à elle seule le cœur de son premier mari ; quand, même après sa réunion avec David, celui-ci lui adjoignit d'autres rivales ? Fille de roi, et naguère compagne unique de David, que ne dut-elle pas souffrir dans sa double fierté de princesse et de femme !

Michal perdit son frère Isboseth, dont la mort violente fut vengée par David. Un seul survivant mâle représentait la race de Saül : c'était Méphiboseth qui, âgé de cinq ans quand mourut le roi son père, avait été emporté si précipitamment par sa gouvernante que cette femme l'avait laissé tomber : Méphiboseth était devenu boiteux.

Ce ne fut pas auprès de lui que se groupèrent les tribus. Michal vit la couronne d'Israël ceindre la tête de David. La fille de Saül était reine.

David avait conquis la forteresse de Sion. Jérusalem était la capitale d'Israël (1054 ans avant Jésus-Christ.)

Michal était à une fenêtre de la maison royale ; elle assistait à la translation de l'arche d'alliance dans la cité de David.

Portée par des lévites, l'arche s'avançait. Parmi les musiciens dont les instruments accompagnaient l'hymne sacré, de jeunes femmes battaient des timbales [1].

1. Cf. *Ps.* LXVIII, 26.

Les chantres exaltaient la grandeur de ce Maître de l'univers qui allait fixer sa demeure sur la montagne de Sion. L'homme oserait-il approcher de ce sanctuaire?... Oui, par l'amour de la vérité, par la pratique de la justice, l'humble créature peut s'élever jusqu'aux pieds de *Celui qui est!*

« A Jéhova est la terre et tout ce qui la remplit,
« l'univers et ceux qui l'habitent.

« Car c'est lui qui l'a fixée sur les mers, et qui l'a
« affermie sur les fleuves.

« Qui montera sur la montagne de Jéhova et qui
« s'élèvera jusque dans son lieu saint?

« Celui qui a les mains pures et le cœur sincère;
« celui dont le désir n'est pas excité pour ce qui est
« mauvais et qui ne fait pas un faux serment [1]. »

C'était un psaume de David qu'interprétaient les chanteurs. Et le roi lui-même, dépouillé des insignes de son rang, vêtu de lin et ceint de l'éphod comme les lévites, le roi mêlait à ce concert les accents de sa voix, les accords de sa harpe, et se livrait à l'une des principales manifestations de la joie religieuse chez les anciens : la danse.

Michal regardait son mari. Que de jours, que d'événements surtout, la séparaient de ce temps où, dans la maison de son père, elle laissait échapper le secret de sa tendre admiration pour le fils d'Isaï; de ce temps

---

[1]. *Ps.* XXIV, 1-4, traduction de *Cahen.*

où elle abritait son jeune époux de son ardente sollicitude!

Quand elle vit le roi se livrer devant l'arche aux transports d'une joie délirante, l'aimait-elle encore? Non, elle ne l'aimait plus, car elle put le mépriser!

Cependant la marche triomphale poursuivait son cours. L'arche allait être placée sous la tente que David lui avait réservée. A ce moment, deux chœurs de lévites, se répondant, rendent les derniers et sublimes élans du poëme royal :

« Portes, soulevez-vous; portes de l'éternité, élevez-« vous, que le roi de la gloire fasse son entrée. »

« — Qui donc est le roi de la gloire? C'est Jéhova, « puissant et fort, Jéhova, fort dans la guerre. »

« — Portes, soulevez-vous; portes de l'éternité, « élevez-vous, que le roi de la gloire fasse son en-« trée. »

« — Qui est-il donc, ce roi de la gloire? Jéhova « puissant et fort, Jéhova Sabaoth, c'est lui qui est le « roi de la gloire [1]. »

L'arche est dans la tente.

David offre à l'Éternel des holocaustes, des sacrifices pacifiques. Roi guerrier, il bénit ses sujets au nom de Jéhova Sabaoth, le Dieu des armées. Tout homme, toute femme d'Israël reçoit de lui un pain, une mesure de vin, un gâteau. Puis David se dirige vers sa de-

1. *Ps.* XXIV, 7-10, traduction de *Cahen*.

meure, pour y appeler sur ses femmes, sur ses enfants, le regard favorable de Dieu.

Jusqu'à présent le roi a été témoin de l'enthousiasme d'un peuple qui salue, dans le symbole de la présence divine au milieu de lui, la consécration de son unité nationale. Sans doute David rencontrera dans sa famille quelque trace des solennelles émotions de ce jour?

Michal se rendait au-devant de lui. Mais loin d'attendre les paroles d'amour et de paix qui allaient déborder des lèvres de son époux, elle tarit en lui, par une hautaine ironie, la source des effusions intimes :

« Qu'il s'est montré grand, aujourd'hui, le roi d'Is-
« raël! qui s'est mis à découvert aujourd'hui aux yeux
« des servantes de ses serviteurs, comme se mettrait à
« découvert un homme de rien[1]. »

Ce n'était plus la compagne de David qui parlait : c'était la fille de Saül. Le roi le sentit, et reprit cette majesté souveraine qu'il n'avait abaissée qu'aux pieds du Maître de l'univers.

« C'est devant l'Éternel, qui m'a choisi plutôt que
« ton père et toute sa maison pour m'ordonner chef
« du peuple de l'Éternel, d'Israël, c'est devant l'Éternel
« que je me suis réjoui.

« Et quand je m'abaisserais encore plus que cela, si
« j'étais humble à mes yeux je serais honoré auprès des
« servantes dont tu as parlé[2]. »

---

1. II *Sam.*, vi, 20, traduction de *Cahen*.
2. *Id.*, *id.*, , 21, 22, *id.*

Le dernier lien qui attachât David à sa première femme venait de se rompre. Jamais la fille de Saül ne devint mère.

La figure de Michal nous semble peu sympathique si nous ne la considérons que dans sa dernière apparition. L'attitude railleuse de cette princesse nous glace. Mais à notre froideur succédera un profond sentiment de pitié si, évoquant le passé, nous voyons cette femme placée d'abord entre son obéissance filiale et son amour conjugal; arrachée ensuite à l'époux de son choix, et livrée à un second mari; puis, au moment où peut-être elle s'attachait à ses derniers liens, obligée de reprendre la chaîne qu'elle avait été contrainte de briser; retrouvant enfin dans son premier époux, non plus « l'ami de sa jeunesse, » mais le maître d'un gynécée. Nous comprendrons alors qu'au milieu de ces tiraillements une âme ardente et généreuse ait dû perdre ses illusions, ses espérances même, et qu'elle se soit fermée sur une blessure envenimée.

Et d'ailleurs, en restituant à Michal la place qui lui est due, nous reconnaîtrons que ce fut par elle que la dynastie davidique, sauvée dans son chef, put voir se dérouler ses hautes destinées.

David était dans toute l'exubérance de sa puissante vitalité. Longtemps courbé sous le joug du malheur, il se redressait, enivré de gloire, altéré de plaisir.

Victorieux des Philistins, des Moabites, des Syriens,

des Edomites, il entreprend encore une expédition contre les Ammonites; mais cette dernière campagne, qui cimente sa puissance guerrière, devient pour lui une occasion de déchéance morale. C'est au siége de Rabbath-Ammon qu'il expose la vie d'Uri, brave et austère officier dont il aime la femme, Bethsabée. Uri est tué, et David peut épouser la veuve de l'homme qu'il a envoyé à la mort.

Bethsabée devient mère; mais David, le riche pasteur qui, selon le touchant apologue du prophète Nathan, a enlevé au pauvre son unique brebis, son amie, sa fille, David a mérité d'être frappé dans ses meilleures affections. La mort de cet innocent enfant qui a inspiré au roi une tendresse aussi pure que celle qu'Uri avait vouée à sa femme, la mort de l'enfant de Bethsabée sera la rémunération du crime de David.

Le roi expie son péché par ses remords, et par la résignation avec laquelle il accepte son châtiment. Il se rappelle sa première jeunesse, si belle, si austère, si enthousiaste, et ce souvenir le brise de douleur. Sont-elles donc à jamais flétries, les saintes aspirations de son adolescence? Oh non! Dieu peut purifier le cœur où elles se sont fanées [1].

David consola la pauvre mère. La naissance d'un autre fils, de Salomon, cimenta le pardon que Dieu accordait aux coupables.

---

1. Cf. *Ps.* XXXII et LI.

Mais les entraînements auxquels avait cédé le roi devinrent d'un funeste exemple pour ses enfants. Il avait eu de Maacha, princesse de Gessur, une fille, Thamar. Celle-ci fut outragée par Ammon, fils de David et d'Achinoam de Yezreel. Son frère Absalom la recueillit, tua l'homme qui l'avait insultée, et s'enfuit.

Trois ans après, le roi avait cessé de pleurer la mort d'Ammon ; il regrettait l'exil du fratricide.

Joab, fils d'une sœur de David, et chef de l'armée d'Israël, s'aperçut du changement qui s'était opéré dans l'âme du roi.

Une femme de Thecoa vint se jeter aux pieds de David :

« O roi ! secours[1] ! » lui dit-elle.

Cette femme est veuve. Elle avait deux fils. Ses enfants se sont querellés, l'un a frappé l'autre, et maintenant la veuve n'a plus qu'un fils.... Ce fils même va expirer, car les rédempteurs du mort exigent de la mère qu'elle leur livre le coupable. Devant le danger que court son enfant, cette mère, loin de vouloir venger le meurtre de la victime, implore du roi la grâce de l'assassin.

David la lui accorde.

« L'Éternel est vivant ! » dit-il. « Pas un cheveu de
« ton fils ne tombera à terre[2] ! »

---

1. II *Sam.*, xiv, 4, traduction de *Cahen*.
2. *Id.*, *id.*, 11, *id.*

Alors la parole de la veuve devient sévère. Pourquoi le roi n'exécute-t-il pas dans sa propre maison une sentence analogue à celle qu'il vient de prononcer? Le roi est donc coupable, en repoussant Absalom?

« Car certes, » ajoute-t-elle, « nous mourrons, et
« nous serons comme les eaux qui s'écoulent sur la
« terre, que nul ne recueille.....[1] »

Et néanmoins, dans ce court passage de la vie à l'éternité, Dieu ne veut pas que le pécheur se perde sans retour. Il soutient encore le coupable qui, par cet appui, peut rentrer dans la voie du salut.

La femme de Thecoa n'ignore pas la témérité des conseils qu'elle ose donner à son roi. Mais elle espère que le mandataire de la justice divine aura la sérénité du pouvoir qu'il représente.

Le roi parla. Il n'y avait, dans son langage, ni colère, ni dédain.

« De grâce, » dit-il à la veuve, « ne me cache rien
« de ce que je te demande! »

« — Que mon seigneur le roi parle. »

« — Est-ce que la main de Joab n'est pas avec toi
« dans tout ceci[2] ? »

Avec une noble sincérité, la veuve de Thecoa avoue qu'elle n'a été que la messagère de Joab.

Le roi ordonna au général de lui ramener son enfant.

---

1. II *Sam.*, xiv, 14, traduction de *Cahen*.
2. *Id.*, *id.*, 18, 19, *id.*

Cette fois encore, une femme avait exprimé la croyance au Dieu des miséricordes qui, sachant que ses jugements sont éternels, secourt le pécheur avant de le condamner.

Malgré le pardon que lui avait accordé David, un jour vint où Absalom se révolta contre son père.

Le roi fuyait devant son fils. Deux de ses partisans apprirent par une servante, messagère d'un de leurs affidés, qu'Absalom poursuivait l'homme qui lui avait donné la vie. Ils allèrent avertir leur souverain. Pendant leur route, ils avaient fait halte dans la maison d'un habitant de Bahourime, dont la femme les avait cachés dans un puits.

Le roi se prépara au combat.

Quand la bataille eut cessé, le vainqueur n'avait plus de fils, et le roi pleurait le rebelle.

David eut à comprimer une autre révolte. Séba, fils de Bichri, se leva contre lui, et se retira dans la ville d'Abel, où Joab l'assiégea.

Une femme sage d'Abel, interpellant Joab, lui reprocha de vouloir détruire une cité israélite. Le général lui répondit que l'extradition de Séba serait la rançon de la ville.

Selon le conseil que cette femme donna à ses concitoyens, la tête de Séba fut jetée à Joab par-dessus la muraille d'Abel.

La vieillesse accablait David. Il allait mourir, laisser à un successeur un État à l'apogée de sa puissance, de sa civilisation. Véritable roi d'un peuple animé de l'enthousiasme patriotique et de la ferveur religieuse, David avait su, malgré ses fautes, en comprendre l'esprit, en diriger les aspirations.

Pendant qu'il étendait son empire jusque vers l'Euphrate, il amassait à Jérusalem les matériaux destinés à ce temple dont l'érection était réservée à son fils Salomon, mais qui devait retentir des chants que le roi-prophète avait composés à ses heures de souffrance ou de joie.

Par droit d'aînesse, l'héritage du trône eût appartenu à Adoniah, fils de Haguith; mais David avait promis à Bethsabée que Salomon serait son successeur.

Néanmoins Adoniah étalait un faste royal, et son père n'osait lui rappeler qu'il ne serait qu'un des premiers sujets de son frère.

Le roi avait confié l'éducation de Salomon à Nathan, le même prophète qui lui avait reproché la faute dont la femme d'Uri avait été complice.

L'homme de Dieu vient à Bethsabée. Il l'avertit qu'un grave danger menace la vie de son fils, la sienne. En ce moment, un festin réunit les partisans d'Adoniah, qui saluent en celui-ci leur seigneur, leur roi.

D'après les conseils de Nathan, la reine pénètre dans la chambre de David. Auprès du roi se tenait une femme jeune et belle, Abisag de Sunem. Elle répandait sur la vieillesse du roi le charme de sa grâce virginale; et David la considérait comme sa fille.

Bethsabée, s'inclinant devant la majesté royale, se prosterne.

« Qu'as-tu[1]? » lui demande son époux.

« — Mon seigneur! » répond-elle, « tu as juré par « l'Éternel ton Dieu à ta servante : Certainement Sa« lomon ton fils régnera après moi, et il sera assis sur « mon trône.

« Et maintenant voici, Adoniah est devenu roi, et « toi, mon seigneur, ô roi, tu ne le sais pas.

« Il a fait tuer des bœufs, des veaux gras, et des « brebis en quantité : il a invité tous les fils du roi, « Abiathar le cohène, et Joab, chef de l'armée, mais il « n'a pas invité Salomon, ton serviteur[2]. »

Le peuple, ajoute Bethsabée, attend que le roi lui nomme son maître futur.... Un jour viendra-t-il où Salomon et sa mère seront exposés à la vengeance du prince dont David leur avait sacrifié les droits?

Bethsabée en appelait et à l'honneur du roi, et à la tendresse de l'époux, et à l'amour du père. Elle parlait encore quand une voix se fit entendre :

« Voici Nathan le prophète[3]! » annonçait-on.

L'homme de Dieu confirme à David ce que vient de

---

1. I *Rois*, I, 16, traduction de *Cahen.*
2. Id., id., 17-19, id.
3. Id., id., 23, id.

lui dire Bethsabée. « Vive le roi Adoniah[1] ! » crient les convives d'Adoniah.... Ce cri trouvera-t-il un écho dans le cœur de l'époux de Bethsabée ?

La reine s'était éloignée.

« Appelez-moi Bethsabée[2], » dit le roi.

La souveraine, revenant auprès de son époux, se tient devant lui, et attend.

David prend la parole :

« Il est vivant l'Éternel, qui m'a délivré de toute
« angoisse !

« Que comme je t'ai juré par l'Éternel, Dieu d'Is-
« raël, disant : Que Salomon ton fils régnera après
« moi, et qu'il sera assis sur mon trône après moi,
« ainsi ferai-je en ce jour[3]. »

Bethsabée était aux genoux de son mari, et le cri de l'orgueil maternel éclatait dans le vœu qu'elle émettait pour que David occupât longtemps encore le trône réservé à Salomon :

« Vive mon seigneur le roi David à jamais[4] ! »

Pendant cette scène, quelles étaient les pensées d'Abisag ? Adoniah l'aimait....

David venait de mourir. Salomon régnait.

Adoniah se rendit auprès de Bethsabée. Il fit appel

---

[1]. I *Rois*, 1, 25, traduction de *Cahen*.
[2]. *Id., id.*, 28, *id.*
[3]. *Id., id.*, 29, 30, *id.*
[4]. *Id., id.*,, 31, *id.*

à son cœur de femme. Par droit de naissance la couronne lui appartenait. Un autre l'a obtenue. Adoniah y renonce. Mais en faisant taire son ambition, il laisse échapper le secret de son amour. Il supplie Bethsabée de demander pour lui à Salomon la main d'Abisag, la jeune fille qui a adouci les derniers jours de son père.

Bethsabée y consent.

Quand Salomon voit venir à lui sa mère, il se lève, va au-devant d'elle, s'agenouille. Un siége est placé pour Bethsabée à la droite du trône.

La reine mère apprend à Salomon qu'elle a une faveur à lui demander, et le roi lui promet de la lui accorder. Pouvait-il refuser quelque chose à la femme qui lui avait donné sa couronne, et de laquelle il disait :

« J'ai été... le fils tendre et unique de ma mère [1] ? »

Mais à peine Bethsabée a-t-elle exposé à Salomon le but de sa visite, qu'une parole amère trahit le mécontentement du roi. Demander l'une des femmes qui ont servi son prédécesseur, n'est-ce pas prétendre à la succession royale [2] ? Pourquoi Bethsabée ne sollicite-t-elle pas aussi le trône pour Adoniah?

La démarche du fils aîné de David devint son arrêt de mort.

---

1. *Prov.*, iv, 3, *id.*
2. Voir plus haut, page 176, note 5.

Ici se termine le rôle de Bethsabée. Les dernières phases de la vie de cette reine nous font oublier sa triste entrée dans l'histoire. Nous ne nous arrêterons donc pas sur les fautes de l'épouse d'Uri. Mais, soit que nous voyions Bethsabée regretter la mort de son premier-né, l'enfant du crime ; soit que nous la voyions placer son second fils sur le trône, nous nous souviendrons avec intérêt des douleurs et des joies de sa maternité. Et non-seulement nous la respecterons dans les sentiments que lui inspirèrent ses enfants, mais nous l'admirerons même dans l'exercice de ses devoirs maternels. Bethsabée n'usa de son autorité sur son fils que pour essayer de le maintenir dans les voies de la justice et de la clémence. Et si, en écrivant les conseils que le roi Lamuel recevait de sa mère, le Sage se rappelait les leçons de Bethsabée ; si le portrait de la femme forte fut tracé par cette dernière, l'influence morale qu'elle exerça sur Salomon suffit pour racheter les erreurs de sa jeunesse, ces erreurs contre lesquelles elle voulut au moins prémunir son fils ! C'était à la mère qu'il appartenait de régénérer la femme.

La réhabilitation de Bethsabée explique la majesté de son attitude de reine et de femme, et la rend digne d'avoir donné le jour à l'un des ancêtres du Rédempteur.

Dans les premières années de son règne, Salomon, déjà marié à l'Ammonite Naama, s'allia à une princesse égyptienne que l'on croit fille de l'un des deux Psebencha, Pharaons de la vingt et unième dynastie [1].

La royale fiancée reçut en dot de son père l'emplacement de la ville cananéenne de Guézer que le Pharaon avait brûlée.

Aux fêtes de son mariage, la jeune femme souffrait. Transportée dans une cour étrangère, elle se souvenait de sa patrie; auprès d'un époux encore inconnu, elle regrettait sa famille.

Soudain les fils de Coré entonnent un de ces chants dont l'expression concise, nerveuse, éclatante, révèle le fougueux élan de leur génie :

« Mon cœur bouillonne d'un bon propos, je dis :
« Mes ouvrages seront pour le roi, ma langue sera le
« stylet d'un écrivain habile [2]. »

Le plus doux hommage qui puisse être offert à une fiancée, c'est l'éloge de l'homme à qui elle va s'unir. Le chœur exalte Salomon, et dans cette beauté plastique, si chère aux antiques poëtes; et dans cette grandeur morale qui ceint encore Salomon d'une austère auréole.

Les fils de Coré louent aussi leur souverain dans sa magnificence. Voici, dans son palais aux murs ornés d'ivoire, le vrai roi asiatique, au jour de son hymen, assis sur son trône, le glaive au côté, parfumé d'aro-

---

1. Cf. *Histoire d'Égypte*, par *le docteur Brugsch*.
2. *Ps.* XLV, 2, traduction de *Cahen*.

mates, bercé d'harmonies, servi par des filles de roi!

A la droite du mélech[1] est la princesse d'Égypte, la reine d'Israël, la compagne de Salomon, couverte d'or d'Ophir. Et les fils de Coré, devinant la mélancolie de la fiancée, adressent à la jeune femme de caressantes et flatteuses paroles. Qu'elle penche vers eux sa belle tête attristée ; qu'avec eux elle considère son bonheur ; qu'elle oublie et la terre d'Égypte, et le palais des Pharaons, pour ce jeune époux que l'on vient de célébrer, et celui-ci l'aimera! Que le dévouement de l'épouse paie l'époux de sa tendresse :

« Écoute, fille, et considère, incline ton oreille, et « oublie ton peuple et ta maison paternelle.

« Et le roi sera épris de ta beauté, car c'est lui qui « est ton maître; prosterne-toi devant lui[2]. »

Et les Tyriens, et les grands d'Israël, offriront leurs hommages, exposeront leurs vœux à la jeune souveraine.

Qu'elle se rappelle l'allégresse répandue sur son passage quand, présentée au roi, dans sa parure de fiancée, avec ses vêtements brodés d'or, elle était suivie par ses jeunes compagnes!

Se souvient-elle encore de sa patrie? Peut-être. Mais si le prestige du rang suprême, si l'amour d'un roi jeune, beau, magnanime, ne peuvent la consoler,

---

1. Roi.
2. *Ps.* XLV, 11, 12, traduction de *Cahen*.

ne voit-elle pas dans l'avenir des enfants qui remplaceront ses pères?

Reine, épouse et mère, puissante de cette triple autorité, elle fera de ses fils les princes de la terre. Et sa gloire ne sera pas éphémère, car en la chantant, cette gloire, le poëte lui a assuré l'immortalité !

Salomon entoura de sa sollicitude la fille du Pharaon. Ménageant sa fierté de princesse née sur le trône, il lui réserva une habitation distincte du gynécée royal, dans *la maison de la forêt du Liban*, ce palais de cèdre qu'il se fit construire après l'érection du temple.

Le renom de sagesse et de magnificence du roi Salomon s'étendait au loin.

Dans cette Arabie Heureuse qui, au milieu d'arides solitudes, étale sa luxuriante végétation; dans cette contrée où les arbres épanchent la myrrhe et l'encens, où les fleuves roulent des paillettes d'or, où les montagnes recèlent l'agate, l'onix, le rubis, était le royaume de Saba [1]. C'était là que les charmes de l'Arabie aromatifère se déployaient dans tout leur éclat.

Dans la montagneuse région où reposait le pays de Saba, une nature prodigue répandait les fleurs, les fruits, la verdure. Des fleuves, des canaux alimentaient

---

1. Cf. *Éz.*, XXVII, 22; *Hérodote*, liv. III, § CVII-CXIII; *Arabie* par *M. Noël Desvergers*.

la fraîcheur de ces jardins, de ces vergers, de ces pâturages. Les arbres croissaient avec une telle exubérance que le pays entier n'était qu'un berceau de feuillage.

Le luxe du royaume répondait à la fécondité de la nature. Mais, loin de se laisser amollir par leur climat et par les raffinements de leur civilisation, les habitants de Saba avaient le culte des vertus sévères. Partout où la beauté morale leur apparaissait, ils la saluaient avec amour, et pour la voir dans tout son éclat, ils n'hésitaient pas à chercher au loin les types qui l'idéalisaient.

Aussi, quand la reine de Saba entendit louer le roi des Hébreux, elle quitta son royaume enchanté, et se rendit à Jérusalem pour y éprouver la sagesse de Salomon [1].

Les chameaux de la caravane royale étaient chargés d'aromates, d'or et de pierres précieuses.

Quand la reine entendit Salomon lui expliquer les

[1]. Les Arabes identifient cette princesse avec Belkîs, la reine qui fit réparer cette digue de Mareb à laquelle le pays de Saba doit sa fertilité. Mais M. Caussin de Perceval démontre que cette dernière princesse fut à peu près contemporaine de Jésus-Christ. La légende de la reine de Saba qui visita Salomon est rapportée dans le Koran, chap. XXVII. — La chronique des rois d'Axum revendique pour les Sabéens de l'Éthiopie l'honneur d'avoir été gouvernés par la souveraine dont la Bible raconte le voyage à Jérusalem, et dit que Ménilek, fils de cette reine et de Salomon, fonda la dynastie des rois abyssins. M. Caussin de Perceval conjecture qu'il est possible de concilier les traditions arabes et abyssiniennes. Cf. *Essai sur l'Histoire des Arabes avant l'islamisme*; *Abyssinie*, par *M. Noël Desvergers*.

énigmes qu'elle lui proposait, quand elle vit le luxe de son palais, elle fut saisie d'une vive émotion. Hors d'elle, elle manifesta au roi les sentiments qui l'agitaient. Naguère elle n'osait ajouter foi aux récits dont le roi d'Israël était le héros ; et cependant ce qu'elle ne pouvait croire n'était que la moitié de ce qu'elle voyait. Ah ! elle enviait le bonheur de ceux qui pouvaient vivre dans l'intimité de Salomon ! Elle bénissait l'Éternel qui avait aimé son peuple jusqu'à lui donner, pour le conduire, l'incarnation même de la justice !

Il y avait, dans les paroles que la femme arabe adressait à Salomon, une mélancolie qui semblait trahir un sentiment plus vif que l'admiration. Aussi les traditions arabes prétendent-elles que, lorsque la reine de Saba quitta Salomon, elle était sa femme et la mère d'un de ses enfants. Mais la Bible ne mentionne pas ce mariage.

La reine de Saba, offrant au roi d'Israël les produits de son beau pays, lui donna cent vingt talents d'or, de nombreuses pierreries et la plus grande quantité d'aromates qui fût jamais apportée au pays de Canaan. Avant de partir, la princesse étrangère reçut de Salomon les marques d'une reconnaissance toute royale.

Le jour devait venir où les étrangers chercheraient à Jérusalem, non plus le théâtre de la sagesse humaine, mais le lieu que sanctifia la source même de cette sagesse, la parole de Dieu. Alors, de même que la reine de l'Yémen et le roi d'Israël, les peuples s'uniraient entre eux dans le culte de la vérité éternelle.

Cependant ce même faste qui, à la cour hébraïque, avait ébloui la reine de Saba, devait être fatal au roi d'Israël.

Amolli par le luxe, Salomon ne sut pas se préserver de l'influence des femmes étrangères ; cette influence qu'il retraçait dans ses Proverbes, avec un si saisissant relief, une si énergique expression. Parmi les mille femmes de son gynécée, sept cents étaient reines.

En aimant les étrangères, Salomon adopta leurs cultes, éleva des autels à leurs dieux. L'érudition moderne a découvert sur le mont du Scandale un bloc monolithe de style égyptien, qui domine le point le plus sinistre et le plus resserré de la vallée de Josaphat. C'était, paraît-il, l'oratoire de la fille du Pharaon [1].

Pour satisfaire ses goûts fastueux, Salomon écrasait d'impôts ce peuple qui, au temps de la royauté de Saül, conservait encore ses habitudes pastorales.

La prédiction de Samuel s'était réalisée. Le maître des Israélites en était devenu le tyran.

Les Hébreux le comprirent. Aussi, quand Salomon mourut, quand Roboam, fils et successeur de ce prince,

---

1. Cf. M. de Saulcy : *Histoire de l'Art judaïque*, et *Voyage en Terre-Sainte*.

prétendit élargir encore la voie funeste qu'avait ouverte son père : « A tes tentes, Israël[1] ! » s'écria le peuple.

Longtemps comprimés, les instincts d'indépendance du Sémite faisaient explosion dans ce cri de révolte.

Dix tribus élurent pour roi Jéroboam. Juda et Benjamin restèrent seules fidèles à la postérité de David. Et les deux royaumes divisés, Israël et Juda, commencèrent cette lutte fratricide où devait s'émousser leur force.

Ce n'était pas pour revenir à la foi et à la simplicité antiques que dix tribus s'étaient séparées de leurs sœurs.

La politique de Jéroboam dicta au chef du nouveau royaume d'Israël l'idée d'opposer au sanctuaire national de Jérusalem, deux foyers d'idolâtrie : Dan et Béthel.

Jéhova frappa Jéroboam dans l'un de ses fils, le seul de sa maison qui eût conservé quelque amour du bien. Le jeune prince tomba malade. Alors Jéroboam se souvint du prophète Achiah qui, sous Salomon, lui avait annoncé son élévation au trône. Le roi ordonna à sa compagne, la mère de l'enfant, de se rendre auprès d'Achiah, sous le déguisement d'une femme du peuple, afin que l'homme de Dieu lui dît sans détour ce qu'allait devenir le malade. Jéroboam conseilla à la

---

1. I *Rois*, xii, 16, traduction de *Cahen*.

princesse d'offrir au prophète un don qui pût le fléchir : dix pains, du biscuit, un vase de miel.

C'était à Silo que résidait Achiah. L'âge avait éteint sa vue; mais une intuition surhumaine lui fit reconnaître, dans l'humble femme qui venait à lui, la reine d'Israël.

« Entre, femme de Jéroboam, » lui dit-il; « pour« quoi fais-tu semblant d'être étrangère? j'ai une mis« sion dure pour toi [1]. »

Et il dit à la reine ce qu'elle devra répéter à son époux. Tous les membres de la maison de Jéroboam périront, tous, jusqu'à ce pauvre enfant qu'Israël pleurera, et qui mourra au même instant où sa mère sera de retour à Thirsa, la résidence royale.

Le prophète ajoute que le nouveau royaume sera bouleversé par des troubles jusqu'au jour où, exilé sur la terre étrangère, Israël expiera son idolâtrie.

Le cœur de la mère agonisait. Elle se lève. Sans doute, elle veut courir à son fils, l'arracher, s'il se peut, à la mort, à Dieu même..... Elle se hâte [2]..... Mais ne se souvient-elle pas de l'arrêt du prophète? Au moment où elle rentrera à Thirsa, son fils rendra le dernier soupir..... Et chacun de ses pas précipite la mort de l'enfant qu'elle veut sauver.....

Quittons ces scènes douloureuses. Pénétrons dans le

---

1. I *Rois*, xiv, 6, traduction de *Cahen*.
2. Cf. *Josèphe, Ant. jud.*, liv. VIII, chap. iv.

royaume de Juda. Au pied du sanctuaire, trouverons-nous la sérénité?

Non. Ici aussi, sur les hauts lieux et sous les ombrages, se dressent des autels consacrés aux divinités étrangères. Une femme même, l'épouse de Roboam, la mère du roi Abiam, régente pendant la minorité de son petit-fils Asa, Maacha place une idole dans un bocage. Mais Asa, ressaisissant les saintes traditions abandonnées par Salomon et méprisées par les successeurs de celui-ci, Asa retire le pouvoir à son aïeule, brûle le dieu qu'elle adore et dont le Cédron charrie la cendre.

Josaphat, fils d'Asa, poursuivit avec plus de vigueur encore que son père les projets de rénovation religieuse qu'avait formés celui-ci.

Pendant que régnaient en Juda Asa et Josaphat, les rois se succédaient rapidement sur le trône d'Israël. Pour la plupart, ils s'y frayaient un passage par l'assassinat d'un prédécesseur.

Le fils du chef d'une nouvelle dynastie, Achab a pu recueillir le royal héritage de son père Omri.

Esclave de l'impression du moment, Achab n'a de force pour persévérer ni dans le bien, ni dans le mal. Sa faiblesse, son irrésolution, le livrent à l'ascendant d'une femme, de Jézabel.

Fille d'un roi de Sidon, Jézabel attire par son époux les sujets de celui-ci au culte de Baal. Alors surgit une apparition fulgurante : celle d'Élie. Le prophète annonce au roi que la famine punira Israël de s'être livré à l'idolâtrie phénicienne.

Le châtiment annoncé par Élie frappe le royaume. Seule, une veuve de Sarepta qui, dans sa misère, allége encore la faim du prophète, voit se prolonger sa provision de farine et d'huile. Auprès de cette femme, Élie perd son aspect menaçant, et révèle toutes les délicatesses d'une âme sensible et généreuse. Que le fils de son hôtesse soit glacé par le contact de la mort, Élie l'enlève au sein maternel, l'emporte; et quand il revient auprès de la veuve, il tient l'enfant dans ses bras, et le rendant à la mère, il dit à celle-ci : « Regarde, ton fils vit [1]. »

La veuve de Sarepta reconnaissait, dans le sauveur de son fils, l'envoyé de Dieu.

Pendant même le fléau qui punissait le crime auquel elle avait entraîné les Israélites, Jézabel nourrissait à sa table les nombreux prophètes de Baal. Quand, à la voix puissante et redoutée d'Élie, ces prophètes sont massacrés, la reine se dispose à les venger ; et l'homme de Dieu, fuyant devant elle, éprouve un moment de découragement et appelle la mort !

Délivrée de la présence de celui qui eût peut-être arraché Achab à son influence, Jézabel continue d'entraîner son époux sur la pente où elle court. Que le roi

---

1. 1 *Rois*, XVII, 23, traduction de *Cahen*.

désire une terre, que cette terre soit la vigne du pauvre, que celui-ci préfère s'attirer la colère de son souverain plutôt que d'abandonner l'héritage paternel, Achab se contente de se livrer à une morne tristesse. Mais que Jézabel connaisse le sujet du chagrin d'Achab, alors, riant de sa faiblesse, elle ordonne que deux faux témoins accusent Naboth, le pauvre, d'un crime imaginaire. Et, triomphante, elle peut offrir à son époux la vigne qu'il convoitait, et dont le propriétaire a été lapidé.

Achab vient prendre possession de son nouveau vignoble. Soudain une figure imposante se dresse devant lui. C'est Élie, l'interprète des décrets divins, le vengeur des droits du peuple.

Le prophète venait annoncer à l'époux de Jézabel que l'extermination de sa maison allait répondre à l'assassinat juridique de l'un de ses plus humbles sujets. Élie ajoutait :

« Contre Jézabel aussi l'Éternel a parlé, disant :
« Des chiens mangeront Jézabel près du rempart de
« Yezreel [1]. »

C'était à Yezreel que se trouvait la vigne de Naboth...

Achab déchira ses vêtements, se livra au jeûne, au repentir. Le Dieu des miséricordes eut pitié de lui et permit qu'il ne vît point la ruine de sa maison.

---

1. I *Rois*, XXI, 23, traduction de *Cahen*.

Josaphat, le pieux roi de Juda, s'était allié au roi d'Israël en mariant son fils Joram à Athalie, fille d'Achab et de Jézabel. Il prêta son concours au père de sa bru, dans une expédition contre les Syriens. Ce fut pendant cette campagne que périt le roi d'Israël.

L'héritier d'Achab, Ochosias, suivit l'exemple que lui avait donné Jézabel. Il rejoignit son prédécesseur dans le Scheol. Son frère Joram lui succéda. Ce dernier aussi avait subi l'influence démoralisatrice de sa mère; mais il en avait été moins perverti que son frère.

L'atmosphère est lourde et brûlante dans ce pays d'Israël. L'air et la lumière y manquent à la fois, et l'on ne s'y sent soulagé que quand la voix des prophètes, semblable au fracas de la foudre, décharge momentanément l'électricité qui nous oppresse.

Gravissons les pentes du Carmel, et laissons à nos pieds les nuages qui nous attristent.

Abrités par les épais ombrages des chênes, nous marchons sur un sol rocailleux, mais tapissé d'herbes odoriférantes, de fleurs grimpantes, de jasmins et de roses trémières [1].

La chaîne du Carmel se prolonge jusqu'à la Méditerranée où, par une brusque découpure, s'arrête son mur de roc. Dans une grotte qui domine la mer se réfugia un homme trop grand pour son siècle, et qui, en

---

1. Cf. *Carmel*, by *George Grove* (*Dict. of the Bible*).

présence de l'infini, put déployer toute l'étendue de sa pensée.

Nous ne rencontrons plus cet homme sur le Carmel. Élie a disparu. — C'est Élisée, son disciple, qui réside maintenant sur cette montagne.

Le caractère d'Élisée, imposant et sévère, est cependant plus calme que celui d'Élie ; mais le disciple a, dans la pratique du bien, non moins d'ardeur que le maître.

Avant de se retirer sur le Carmel, Élisée préserva de la cruauté d'un créancier les deux fils d'un homme mort insolvable. En multipliant la provision d'huile de leur mère, il permit à celle-ci d'acquitter la dette de son mari et de soutenir sa famille.

Une femme de Sunem comprit la mission d'Élisée. Riche, généreuse, elle prépara la chambre haute pour y recevoir l'homme de Dieu[1]. Élisée accepta l'hospitalité de cette femme. Quand il lui fit demander de quelle manière il pourrait reconnaître ses soins, elle répondit avec fierté : « Je demeure au milieu de mon « peuple[2]. » Elle n'avait plus rien à attendre des hommes ; mais Élisée apprit qu'il lui manquait un bonheur que Dieu seul pouvait lui accorder. Elle n'avait pas d'enfants. Le prophète lui annonça que, dans un an à pareille époque, elle serrerait dans ses bras un fils.

---

1. Voir plus haut, pages 161, 162.
2. II *Rois*, IV, 13, traduction de *Cahen*.

Et elle, n'osant se livrer à cette espérance, elle suppliait Élisée de ne point faire naître en son cœur une illusion qu'il lui faudrait détruire.

Plusieurs années se sont écoulées depuis ce dernier incident quand nous rencontrons Elisée sur le Carmel.

Le prophète voit, dans le lointain, s'approcher une femme qu'il reconnaît.

« Voilà cette Sunamite [1], » dit-il à son serviteur Guéhazi.

A l'ordre d'Élisée, Guéhazi court à la voyageuse, s'informe de sa santé, de celle de sa famille.

« Nous allons bien [2], » dit-elle.

Se dirigeant vers Élisée, elle embrasse, comme une suppliante, les pieds du prophète.

Guéhazi voulait l'arracher à cette position ; mais le prophète dit à son serviteur : « Laisse-la, car son âme « est attristée, et l'Éternel me l'a caché et ne me l'a « point déclaré [3]. »

Alors éclate la secrète douleur de cette femme :

« Avais-je demandé un fils de mon seigneur? n'ai-je « pas dit : Ne me donne pas d'espoir trompeur [4]? »

Le prophète devine tout. Ce fils qu'à sa prière Dieu avait accordé à son hôtesse, ce fils vient de mourir!

1. II *Rois*, IV, 25, traduction de *Cahen*.
2. *Id., id.*, 26, *id.*
3. *Id., id.*, 27, *id.*
4. *Id., id.*, 28, *id.*

Frappé d'un coup de soleil pendant la moisson, l'enfant avait été, par l'ordre de son père, rapporté souffrant à sa mère. Celle-ci l'avait gardé sur ses genoux, elle l'avait vu mourir dans ses bras; comprimant son désespoir, elle avait déposé son fils sur le lit du prophète; et sans informer son mari de leur commun malheur, elle l'avait prié de lui envoyer un serviteur, une ânesse, afin qu'elle pût se rendre sur la montagne auprès de l'homme de Dieu. Et comme son mari, étonné, lui objectait qu'il n'y avait, en ce jour, ni sabbat, ni néoménie qui dussent l'attirer chez le prophète, elle répondait : « Tout va bien [1], » elle sellait l'ânesse et disait à son serviteur : « Mène-moi et marche; ne « m'empêche pas d'avancer, à moins que je ne te le « dise [2]. »

Quand Élisée apprend le malheur de son hôtesse, il ordonne à son serviteur d'aller toucher de son bâton le visage de l'enfant. Mais cela ne suffit pas à la mère, qui exige que le prophète lui-même vienne à son fils.

« L'Éternel est vivant, » dit-elle, « et ton âme est « vivante, que je ne te laisserai pas [3]. »

Élisée cède à cette prière impérative. Il suit la femme de Sunem. Guéhazi qui l'a précédé, et qui a touché l'enfant avec le bâton du prophète, vient au-devant de son maître et lui dit :

1. II *Rois*, iv, 23, traduction de *Cahen*.
2. *Id., id.,* 24, *id.*
3. *Id., id.,* 30, *id.*

« L'enfant ne s'est pas réveillé [1]. »

Elisée monte dans sa chambre, en ferme la porte, demeure seul avec le mort, prie l'Éternel, s'étend sur le cadavre, prend les mains de l'enfant dans les siennes, noie dans ses yeux ce regard qu'anime la flamme prophétique, appuie sur sa bouche ces lèvres qui ont laissé passer le souffle ardent de l'inspiration. Sous l'influence de cette prière, de ce contact de feu, l'enfant s'échauffe, s'éveille.

Le prophète fait appeler son hôtesse, et lui dit :

« Emporte ton fils [2]. »

Sans prononcer un mot, la mère se précipite aux genoux d'Élisée, prend son enfant, et sort.

Cette femme, dont l'histoire sacrée ne nous a pas conservé le nom, est l'un des types les plus caractérisés de la galerie biblique. Au milieu des scènes de carnage qu'évoquent les livres des Rois, cette figure austère et généreuse, énergique et tendre, repose notre cœur.

Qu'autour de la femme de Sunem ses compatriotes perdent l'antique croyance à la mission du peuple élu, elle demeure fidèle à l'esprit de la loi ; et quand l'un des interprètes de la parole de Dieu passe auprès d'elle, elle le reconnaît et l'abrite.

Elle puise dans l'ardeur de ses convictions religieu-

---

1. II *Rois*, iv, 31, traduction de *Cahen*.
2. *Id., id.*, 36, *id.*

ses la force de résister au malheur. Que la mort terrasse ce qu'elle a de plus cher, elle sent que sa foi est plus inflexible encore que le sépulcre. Elle ne pleure pas devant le cadavre de son enfant, car sa pensée se reporte vers le prophète qui peut ramener la vie dans ce corps inerte. Seule sa parole brève, impérative, trahit son agitation. Son énergie ne l'abandonne qu'au moment où, ressaisissant l'enfant qu'elle a reconquis sur la mort, elle s'enfuit avec lui [1].

Pendant qu'au milieu même de la dépravation sociale l'idée religieuse, soutenue par le prophétisme, surnageait dans quelques âmes, les Israélites voyaient tomber sur eux les châtiments qui, selon Moïse, attendaient leur infidélité à la loi.

Ben-Hadad, roi d'Aram [2], assiégeait Samarie, ville fondée par le père d'Achab, Omri, qui en avait fait la capitale de son royaume.

---

[1]. Plus tard, Élisée, annonçant à la femme de Sunem qu'une famine de sept années allait ravager Israël, l'engagea à quitter sa patrie. Elle suivit ce conseil. Quand elle revint, un autre propriétaire occupait ses domaines. Elle alla implorer la justice de Joram. Tout en sachant persécuter Élisée, le roi le respectait. Connaissant l'intérêt que le prophète portait à cette femme, Joram lui rendit sa maison, son champ et le produit de ses biens ruraux pendant son séjour à l'étranger. Cf. II *Rois*, VIII, 1-7.

[2]. Dans une récente incursion, les Araméens avaient fait prisonnière une jeune fille d'Israël, qui, esclave de la femme du général Naaman, fit connaître à ce guerrier, malade de la lèpre, le pouvoir surhumain d'Élisée. Naaman alla au prophète, qui le guérit. Cf. II *Rois*, V.

La cité était réduite à la famine. Le roi Joram passait sur la muraille. Il s'entendit interpeller :

« Au secours, mon seigneur le roi[1], » criait une voix de femme.

Joram crut que c'était là le cri de la faim. Ce cri, il ne pouvait l'apaiser !

« Non, que l'Éternel t'aide, » dit-il à la suppliante ; « de quoi t'aiderai-je? est-ce de l'aire, ou de la « cuve? »

« Qu'as-tu[2] ? » ajouta-t-il cependant.

Elle lui répondit :

« Cette femme m'a dit : Donne ton fils, et mangeons-« le aujourd'hui, et nous mangerons demain mon fils.

« Nous avons fait cuire mon fils et nous l'avons « mangé ; je lui dis le jour d'après : Donne ton fils « pour que nous le mangions ; mais elle a caché son « fils[3]. »

Quel appel à la justice d'un roi !

Joram n'en entendit pas davantage. Il déchira ses vêtements.

Ce fut avec ce malheureux roi que tomba la maison d'Achab.

Jézabel reçut le châtiment de l'influence qu'elle avait exercée sur les Israélites. Le chef d'une nouvelle dy-

---

1. II *Rois*, VI, 26, traduction de *Cahen*.
2. *Id.*, *id.*, 27, 28, *id.*
3. *Id.*, *id.*, 28, 29, *id.*

nastie se leva. Jéhu tua Joram, dont les restes furent jetés dans le champ de Naboth. Jézabel elle-même fut, par l'ordre du nouveau roi, précipitée du haut d'une fenêtre au moment où, fardée et parée, elle insultait l'usurpateur avec une hautaine et incisive ironie. Jéhu fit passer son cheval sur le corps de la veuve d'Achab. Cependant il se souvint qu'elle était fille de roi, et voulut la faire ensevelir. Il était trop tard.... La prédiction d'Élie avait reçu son sinistre accomplissement....

L'esprit de vertige qui avait perdu le royaume d'Israël troublait jusqu'au royaume de Juda.

Athalie exerça sur son mari, sur son fils, l'influence à laquelle Jézabel avait soumis Achab et ses enfants.

Le roi Ochosias, fils d'Athalie, se trouvant auprès de Joram, frère de sa mère, pendant le massacre de la maison d'Achab, n'échappa point à ce carnage.

Alors Athalie veut gouverner, non, comme sa mère, par l'ascendant de sa volonté sur les membres régnants de sa famille, mais par sa propre et souveraine autorité. Elle extermine tous les princes de la maison royale; elle ne se réserve même pas un successeur parmi eux. Peu lui importe qu'à sa mort la couronne ceigne le front d'un chef de dynastie! Un héritier du trône pourrait devenir son rival.

Pendant six ans Athalie, qui ne recherche d'autre appui que celui de Baal, vit dans la sécurité qu'elle doit à ses cruautés. Mais, dans la septième année de son règne, elle entend une rumeur immense s'élever du temple : « Vive le roi[1] ! » s'écriait-on. Et le peuple frappait des mains.

Athalie courut au temple. Une foule joyeuse s'y pressait ; les trompettes retentissaient ; et, sur une tribune, un enfant de sept ans, protégé par la garde royale, était couronné du diadème.

Cet enfant était le dernier rejeton de la dynastie davidique. Pendant le massacre de la maison royale, il avait été préservé de l'aveugle fureur d'Athalie par Josabeth, sœur de son père Ochosias, et compagne du grand prêtre Joïada. Il devait la couronne à l'époux de la femme qui lui avait sauvé la vie.

Athalie déchira ses vêtements.

« Conjuration ! conjuration[2] ! » s'écria-t-elle.

Nulle voix ne répéta ce cri.

Joïada, menaçant de mort celui qui suivrait la reine, la fit conduire hors du temple par la porte des chevaux. La fille de Jézabel fut tuée dans la vallée du Cédron. (879 av. J.-C.)

L'œuvre de rénovation religieuse et sociale, inaugurée par Asa et Josaphat, interrompue par l'influence d'Athalie sur Joram, sur Ochosias et le peuple qu'elle

1. II *Rois*, xi, 12, traduction de *Cahen*.
2. *Id.*, *id.*, 14, *id.*

gouverna, cette œuvre est tour à tour reprise et abandonnée par Joas et ses successeurs.

Mais, nous le disions plus haut, ce n'est pas dans les annales de ses derniers rois qu'il faut chercher la véritable histoire du peuple de Dieu ; c'est dans les chants de ses hommes inspirés, dans cette poésie prophétique dont le foyer projetait alors ses plus chauds rayonnements. C'est là qu'apparaît, au milieu même d'un édifice politique en ruines, l'idée que symbolisait le peuple élu. C'est là que se révèlent les influences corruptrices qui empêchaient la masse des Hébreux de suivre les prophètes dans la voie spiritualiste et progressive où ceux-ci tentaient de faire entrer leurs compatriotes.

Aussi bien au pays d'Israël qu'au pays de Juda, nous voyons dans le luxe des femmes l'une des causes de la décadence des deux royaumes. Pour satisfaire les goûts ruineux de leurs compagnes, les chefs des Hébreux deviennent les exacteurs du peuple. La voix sévère et rustique du pasteur Amos, flagellant les femmes de Samarie, leur annonçait qu'à la mollesse de leurs habitudes succéderaient les humiliations de l'esclavage [1].

Plus tard Isaïe attaquait, avec la mâle hardiesse de son génie, les femmes de Jérusalem. La voici, la brillante Sionite. Drapée dans ses fines tuniques, dans son ample manteau ; couverte d'anneaux, de bagues, de

1. Cf. *Am.*, IV.

bracelets; parée d'une chaîne où est suspendu le flacon d'essence et où étincellent les croissants, les amulettes; elle lève sa tête altière dont la chevelure, frisée ou tressée, est abritée par le filet et le turban que surmonte le diadème. Chaussée de sandales, elle régularise ses pas en liant ses pieds avec des chaînettes auxquelles sa marche enfantine imprime un murmure argentin[1].

Isaïe prédit à ses concitoyennes que ces cheveux qu'elles parent avec amour tomberont aux jours de malheur. Alors la corde de la captivité remplacera l'élégante ceinture; le sac de la pénitence, le manteau traînant; le stigmate de la servitude enfin, la radieuse empreinte de la beauté.

Et le prophète évoque l'image de Sion, Sion en deuil, couchée par terre, et pleurant ses fils tués ou exilés. Mais trouvant dans le châtiment de ses compatriotes une expiation suffisante de leurs fautes, il montre Jérusalem donnant, dans son agonie même, la vie à l'idée évangélique.

Le royaume d'Israël est tombé[2]. Les dix tribus sont captives à Ninive.

---

1. Cf. *Is.*, III; *Palestine*, par *M. Munk*.
2. Dans la grande inscription du palais de Khorsabad, élevé par le roi Sargon, ce souverain atteste sa victoire sur le pays d'Israël : « J'assiégeai, j'occupai la ville de Samarie, et réduisis en captivité 27,280 personnes qui l'habitaient; j'ai prélevé sur eux 50 chars, et

Juda, le seul des deux royaumes séparés, qui, malgré de nombreuses erreurs, eût conservé le sens des traditions divines, Juda, tout en se soutenant encore, chancelle déjà. Le roi Manassé, dont le père, Ézéchias, a été témoin de la chute d'Israël, le roi Manassé n'a point puisé dans ce sinistre exemple la force de continuer la mission régénératrice poursuivie par son prédécesseur. Il a sacrifié aux dieux étrangers.

Hommes et femmes de Juda pleurent aux pieds de Jéhova, car le vainqueur d'Israël menace ce qui reste du peuple de Dieu.

Les nations sur lesquelles a passé l'invasion assyrienne ont été brisées par sa marche impétueuse, ou se sont courbées sous l'ouragan.

Les habitants de Béthulie descendaient de la montagne sur laquelle reposait leur cité, quand ils virent un homme attaché à un arbre. Ils le délièrent, l'amenèrent à Béthulie, l'interrogèrent sur son malheur. C'était un prince arabe, Achior, chef d'Ammon. Il avait osé dire à Holopherne, chef des troupes assyriennes, que la force des Hébreux consistait dans la puissance de leur Dieu. Courroucé, Holopherne l'avait envoyé partager le sort qu'il réservait à la nation de Jéhova.

j'ai changé leurs établissements antérieurs. J'ai institué au-dessus d'eux mes lieutenants; j'ai renouvelé l'obligation que leur avait imposée un des rois mes prédécesseurs. » *Grande inscription du palais de Khorsabad*, publiée et commentée par **MM.** Jules Oppert et Joachim Ménant (*Journal asiatique*, janvier-février 1863).

Le lendemain, Holopherne assiégeait Béthulie.

Par l'ordre du général assyrien, les puits qui entouraient la ville furent gardés. Alors le peuple qui, croyant naguère que sa montagne lui servirait de forteresse, avait espéré pouvoir braver les flèches de l'ennemi, le peuple eut peur et vint à Ozias, l'un de ses princes. Devant leurs familles, les hommes de Béthulie demandèrent à Ozias de livrer leur ville aux Assyriens. Plutôt que de voir leurs femmes, leurs enfants, expirer sous les ardentes étreintes de la soif, ils préféraient être captifs, ils préféraient même périr par le glaive.

Ils pleuraient et suppliaient l'Éternel d'oublier leurs fautes et de ne se souvenir que de son alliance. Bientôt, épuisés par leurs gémissements, ils se turent.

Ozias se leva. Son visage était inondé de pleurs. Le prince conjura les habitants de Béthulie d'attendre, pendant cinq jours encore, la protection de Dieu. Passé ce délai, Ozias céderait au vœu de ses concitoyens.

A cette époque vivait à Béthulie une femme jeune et belle, Judith, fille de Mérari, et veuve de Manassès.

Depuis trois ans et six mois, Judith avait perdu son époux. Héritière de la grande fortune de celui-ci, elle ne jouissait point de ses richesses. Tout entière au souvenir de *l'ami de sa jeunesse*, au culte de la foi qui lui faisait supporter sa douleur, elle vivait dans la chambre haute de sa maison. Là, sans autre compagnie que celle de ses servantes, elle ceignait ses reins d'un cilice, et n'interrompait son jeûne qu'aux sabbats, aux néoménies, aux fêtes nationales.

Dans cette sévère retraite, elle était vénérée du peuple.

Judith apprit et le danger que couraient ses compatriotes, et le désespoir qui allait les jeter aux pieds de leurs ennemis. Alors cette veuve, qui ne vivait plus que dans l'ombre du passé, se rattacha à la vie. Elle avait pu ensevelir dans la tombe de son mari les illusions de la femme, non les immortelles espérances de la fille de Jéhova, de la citoyenne d'Israël. Le cœur de Judith, mort aux jouissances humaines, pouvait encore frémir d'indignation au déshonneur de la terre de Jéhova, et battre d'enthousiasme pour sa délivrance.

Forte de l'autorité que lui donnent son rang et son renom, Judith appelle auprès d'elle Chabri et Charmi, prêtres de la ville. L'accueil qu'elle leur fait est sévère. Qu'est-ce que ce bruit de reddition? Qu'est-ce que ce délai fixé par l'homme à la miséricorde de Dieu? Qu'est donc l'homme pour qu'il assigne une limite à l'infini, une durée à l'éternel? L'homme ose concevoir un Dieu à son image? Ah! si Dieu était réellement tel que se le représente l'homme, il s'irriterait de se voir amoindrir par sa créature! Mais, inaccessible aux passions humaines, il plane, dans son inaltérable sérénité, au-dessus de cette orageuse région. Qu'ils se repentent donc, ceux qui ont voulu tenter le Seigneur! Cette même miséricorde dont ils ont douté accueillera leurs regrets.

Pourquoi les habitants de Béthulie craignent-ils d'être abandonnés par le Tout-Puissant? Lui ont-ils été infidèles? Non. Mais leurs pères ont péché? Qu'importe à la Justice souveraine! Que l'homme pleure les fautes paternelles, mais qu'il en rejette la responsabilité! L'Éternel ne punit pas les pères dans leurs enfants.

Les habitants de Béthulie ont pu oublier, non leur Dieu, mais sa loi. Eh bien! qu'ils regrettent leurs erreurs; et leur humiliation devant Dieu sera leur force contre leurs ennemis. Que leurs prêtres leur fassent comprendre que Dieu éprouve par leurs souffrances leur foi en lui.

Tel était le sens des conseils que Judith adressait aux deux prêtres. Ozias était avec eux. Tous trois s'inclinèrent devant la vérité de ses paroles, et lui demandèrent de prêter aux habitants de Béthulie le secours de ses prières, les prières d'une sainte femme!

Mais Judith semblait vouloir aider au salut de son pays par un autre moyen encore. A elle d'agir! A ses compatriotes d'appeler sur elle la protection de Dieu! — Cette nuit, quand Ozias et les prêtres seront aux portes de la ville, Judith sortira. Que personne ne cherche à connaître la cause de son départ.

Ozias lui dit : « Allez en paix, et que le Seigneur
« soit avec vous pour nous venger de nos ennemis[1]. »

Judith se retire dans la chambre haute de sa maison. Vêtue d'un cilice, la tête couverte de cendres, elle est prosternée devant l'Éternel. Elle semble frémir de la résolution qu'elle mûrit ; et, pour l'accomplir, il lui faut le secours, non de ce Dieu de clémence dont elle évoquait tout à l'heure l'image, mais de ce Dieu à qui croyait obéir son père Siméon quand il lavait dans le sang la tache de Dina !

Elle, elle s'apprête à venger plus que l'honneur d'une sœur : celui d'une mère ! Et de quelle mère, la patrie !

Judith est faible ; mais que le Créateur, le Moteur de l'univers, jette sur les Assyriens le regard qu'il laissa tomber sur l'armée du Pharaon, et par la main d'une femme l'ennemi roulera dans l'abîme.

Judith va se rendre auprès d'Holopherne. Elle supplie le Seigneur de donner à sa beauté cette puissance fascinatrice qui dompte l'homme..... Que Dieu veille sur elle à ce moment suprême !..... Si elle allait céder à l'amour qu'elle inspirera ? Si, par l'amour, la pitié pénétrait dans son âme ?.....

« Donnez le courage à mon cœur, afin que je le mé-
« prise ; et la force, afin que je le frappe[2]. »

1. *Jud.*, VIII, 34, traduction de *Genoude*.
2. *Id.*, IX, 15, *id.*

Maintenant, puisse Jéhova se souvenir de son alliance, et venger avec Israël le respect de son nom !

Pendant la nuit, Ozias et les prêtres sont aux portes de Béthulie. Judith leur apparaît.

Surpris, ils la regardent..... Est-ce encore l'austère veuve de Manassès qui se présente à eux dans cette femme parfumée de myrrhe, couverte de riches vêtements, chaussée de brillantes sandales, parée de bracelets, d'anneaux, de pendants d'oreilles, de lis; belle d'un charme enivrant, irrésistible? — Mais, fidèles à la promesse qu'ils lui ont faite, ils ne l'interrogent pas.

Ils lui adressent les vœux qu'ils forment pour le succès de son entreprise, et le peuple, s'associant à eux, ajoute :

« Qu'il soit ainsi, qu'il soit ainsi [1]. »

Judith ne répondait pas; elle priait, et franchissait les portes de la ville.

Une servante la suivait, portant de la farine, des figues sèches, des pains, du lait caillé, et deux vases contenant, l'un du vin, l'autre de l'huile.

L'aube naissait. Les Assyriens virent descendre de la montagne deux femmes. C'étaient Judith et sa servante.

Arrêtée par les soldats des avant-postes, Judith

---

1. *Jud.*, x, 9, traduction de *Genoude*.

s'annonce à eux comme une fille des Hébreux, comme une transfuge. Elle demande à parler à leur général.

Introduite sous la tente d'Holopherne, elle voit le satrape étincelant d'or, d'émeraudes et d'autres pierreries, et abrité par un pavillon de pourpre.

Elle s'avance, attache sur lui un regard qui le trouble, puis se prosterne à ses pieds.

Relevée par l'ordre du général, elle répond à ses interrogations. Elle a quitté son peuple, dit-elle, parce qu'elle le sait abandonné de Dieu. Fidèle à Jéhova, elle croit le servir en se séparant de la nation qu'il a rejetée. Ce Dieu est tout-puissant. Aussi Judith continuera-t-elle de l'adorer, et ira-t-elle remplir, hors du camp, ses devoirs religieux. Quand Jéhova lui aura dit quel jour il livrera Israël aux mains d'Assur, Judith préviendra le général.

Et Holopherne, admirant l'intelligence qui anime les paroles de la belle étrangère, assure à la fille des Hébreux que, si Jéhova lui livre le pays de Juda, Jéhova sera son Dieu, et que Judith aura un rang élevé dans la maison royale d'Assur.

Le général donne pour résidence à la jeune femme la tente où sont déposés ses trésors. Il veut prélever sur sa propre table les repas de l'étrangère; mais Judith refuse : elle craindrait d'attirer sur elle le châtiment de Dieu, et elle se contentera des aliments dont elle a chargé sa servante.

« Si la nourriture que tu as apportée avec toi vient

à te manquer, que te donnerons-nous [1] ? » lui demande Holopherne avec une prévoyante sollicitude.

Et Judith répond au général par ces mots dont il ne comprend pas l'expression étrange et sinistre :

« Par mon âme, mon seigneur, votre servante
« n'aura pas mangé toute cette nourriture avant que
« Dieu fasse par mes mains tout ce que j'ai pensé [2]. »

Depuis trois jours Judith reçoit l'hospitalité d'Holopherne, et ne quitte le camp assyrien que pour aller, chaque soir, prier dans la vallée de Béthulie et se purifier dans une fontaine.

Au quatrième jour, nous la trouvons auprès d'Holopherne. Elle assiste à un festin que donne celui-ci. Le cœur du général, débordant de passion, n'a pu retenir l'aveu de son amour. Jamais Judith n'a été plus séduisante ; et sa grâce enchanteresse a perdu toute sévérité.

Holopherne voit même la jeune femme mouiller ses lèvres à la coupe de vin, et prendre devant lui le repas qu'a préparé sa servante.

Le soir est venu. Les convives d'Holopherne se sont retirés.

La servante de Judith veille à la porte de la tente

---

1. *Jud.*, xii, 3, traduction de *Genoude*.
2. *Id., id.*, 4, *id.*

d'Holopherne. Sa maîtresse est demeurée seule auprès du général.

Dans sa joie, Holopherne s'est livré à un excès de boisson auquel il n'est pas accoutumé. Alourdi par l'ivresse, il s'est endormi.

Judith se tient devant le lit où repose le général. Elle pleure, elle prie... Elle va tuer... Elle a peur!... Cet homme l'aime... Le frappera-t-elle?...

Dans le sentiment d'une mission surhumaine, elle a cru pouvoir étouffer et la voix de la conscience, et le cri de la nature... Et cependant ses larmes coulent.

C'est le moment où, chaque soir, Judith se rend dans la vallée de Béthulie. Elle peut sauver son pays, aller à ses concitoyens pour les exciter à achever son œuvre... Faiblira-t-elle à cette heure qui plus jamais ne se représentera peut-être?... Déjà Israël est tombé, et le sort des derniers Hébreux est entre les mains de Judith.

« Seigneur Dieu d'Israël, » disait Judith dans sa douleur, pendant que le mouvement de ses lèvres trahissait seul sa prière, « fortifiez-moi, et regardez en
« cette heure les œuvres de mes mains, afin que vous
« éleviez Jérusalem, votre cité, selon votre promesse,
« et que j'achève ce que j'ai cru pouvoir faire par
« vous [1]. »

Le cimeterre du général était suspendu à une colonne placée au chevet de son lit. Judith le détache...

---

1. *Jud.*, XIII, 7, traduction de *Genoude.*

Elle saisit par les cheveux la tête du général... Celui qu'elle va assassiner n'est ni un homme, ni un ami... C'est l'adversaire de sa patrie !

Frémirait-elle encore?.....

« Seigneur Dieu, fortifiez-moi en cette heure [1]. »

. . . .

Les gardiens des murailles de Béthulie s'entendirent interpeller pendant la nuit.

« Ouvrez les portes, car Dieu est avec nous ; il a
« signalé sa puissance en Israël [2], » criait dans le lointain, hors de la ville, une voix de femme, la voix de Judith.

Les gardes appelèrent les prêtres. Les habitants de Béthulie, allumant des flambeaux, allèrent à Judith, se groupèrent autour d'elle.

Montant sur une hauteur, la jeune femme, dominant tout le peuple, comprima le bruit de la foule. Au milieu du silence elle dit :

« Louez le Seigneur notre Dieu, qui n'a point dé-
« laissé ceux qui ont espéré en lui.

« Il a accompli en moi, sa servante, la miséricorde
« qu'il avait promise à la maison d'Israël, et dans cette
« nuit il a fait périr par ma main l'ennemi de son
« peuple [3]. »

1. *Jud.*, XIII, 9, traduction de *Genoude*.
2. *Id., id.*, 13, *id*.
3. *Id., id.*, 17, 18, *id*.

Et retirant de son sac deux objets qu'elle montre au peuple, elle continue :

« Voici la tête d'Holopherne, prince de la milice des « Assyriens, et voici le rideau du lit où il était couché « dans son ivresse, et où le Seigneur notre Dieu l'a « frappé par la main d'une femme [1]. »

Elle prend Dieu à témoin qu'elle n'a pas eu à payer de son honneur le salut de sa patrie. La veuve de Manassès est toujours digne de pleurer son époux.

Judith excite le peuple à remercier Dieu ; et les habitants de Béthulie et leur prince bénissent Jéhova dans son instrument.

Ozias, élevant Judith au-dessus de toutes les femmes de la terre, lui promet une gloire éternelle, parce qu'elle a frappé, frappé non sans souffrir, celui qui venait asservir son pays.

Et tout le peuple disait :

« Il est ainsi, il est ainsi [2]. »

On appelle Achior, et Judith lui montre ce que, par une faible main, a fait d'Holopherne le Dieu dont le prince d'Ammon avait, au péril de sa vie, proclamé la puissance.

Achior tombe le front dans la poussière. Mais soudain, se relevant, il s'élance aux pieds de l'héroïne, et lui adresse un hommage tout arabe :

« Vous êtes bénie de votre Dieu dans toutes les

---

1. *Jud.*, xiii, 19, traduction de *Genoude*.
2. *Id.*, *id.*, 26, *id.*

« tentes de Jacob ; car le Dieu d'Israël sera glorifié en
« vous par tous les peuples qui entendront votre nom [1]. »

Effrayée par le meurtre de son général, l'armée assyrienne fuyait, poursuivie par les Hébreux. Elle avait abandonné dans son camp d'immenses richesses qui tombèrent au pouvoir des habitants de Béthulie.

Le grand prêtre, la classe sacerdotale, voulurent voir et bénir l'héroïne. Ils se rendirent à Béthulie.

« Tu es la gloire de Jérusalem, tu es la joie d'Is-
« raël, tu es l'honneur de notre peuple [2], » disent en unissant leurs voix les prêtres à Judith. Et ils reconnaissent que c'est l'austérité de ses habitudes qui a fortifié la jeune femme dans sa mâle résolution. C'est dans la pureté de la vie que se retrempe l'énergie du caractère.

Hommes, femmes, jeunes filles fêtaient le triomphe national au son des harpes et des cithares.

Et Judith, chantant l'hymne d'actions de grâces, offrait à Dieu l'hommage d'une victoire remportée, non par la force des géants, mais par la grâce séductrice d'une femme. A Jéhova seul les Hébreux doivent leur reconnaissance. Par lui tout se fait de toute éternité. Malheur au peuple qui s'élèverait contre la nation de Jéhova !

---

1. *Jud.*, XIII, 31, traduction de *Genoude*.
2. *Id.*, XV, 10, *id.*

Les habitants de Béthulie vinrent à Jérusalem. Judith, qui avait reçu l'hommage des dépouilles d'Holopherne, offrit au sanctuaire national les armes du général. Elle joignit à ces dernières la tenture qu'elle avait enlevée au lit de sa victime.

Pendant trois mois Judith partagea les joies triomphales du peuple qui lui devait son indépendance. Puis les habitants de Béthulie revinrent sur leur montagne. Judith demeura au milieu d'eux [1]. Aux solennités d'Israël elle paraissait dans tout le prestige de sa gloire.

Judith ne vit pas la chute de sa patrie. Et quand, âgée de cent cinq ans, elle mourut, ses espérances patriotiques étaient immaculées comme le souvenir qu'elle avait conservé à son époux.

Ses restes furent réunis à ceux de Manassès. Le peuple la pleura pendant sept jours.

Une fête annuelle rappelait aux Hébreux la victoire de Judith [2].

Nous n'aurons pas pour Judith la même sévérité que pour Jahel. La femme du Bédouin Héber n'avait pas, nous le disions, l'excuse du patriotisme. Sans s'exposer à un danger personnel, elle frappait lâchement, sans hésitation, sans douleur, son hôte, l'ami de sa maison. — Judith n'était pas née pour le meurtre.

---

1. Judith renvoya libre la servante qui l'avait accompagnée au camp des Assyriens.
2. L'authenticité du livre de Judith est contestée par les protestants et par les Israélites.

Nous l'avons vu : le Dieu qu'elle célèbre à son entrée sur la scène biblique est déjà le Dieu des prophètes, l'Être immatériel qui ne se venge pas comme l'homme. Pour se préparer à sa mission il lui faut effacer de son âme cette image miséricordieuse, et chercher dans le passé un aspect farouche au Dieu qu'elle a besoin d'invoquer.

Bien que l'influence du prophétisme ait spiritualisé ses croyances, Judith a été nourrie des doctrines mosaïques. Elle ne sait pas que l'idée religieuse, confiée aux Hébreux, peut désormais mûrir au sein d'une organisation politique qui se flétrit. Judith se croit conduite par Jéhova en frappant l'ennemi du peuple élu. Nous ne partageons pas son illusion. Ah! qu'une créature humaine nous révèle les vérités de l'ordre éternel ; ou bien qu'immolant jusqu'à sa vie pour soulager son semblable, elle réveille nos meilleurs sentiments de charité, de générosité, d'abnégation, nous saluerons en elle l'inspiration divine. Mais que, comme Judith, elle fasse servir le meurtre à la cause qu'elle défend, alors, quelle que soit la grandeur de cette cause, nous ne diviniserons pas les moyens qui la font triompher, et nous les attribuerons à l'exaltation de la passion humaine.

Tout en faisant cette réserve, nous aimons Judith, parce qu'elle eut une foi sincère dans la légitimité de sa mission; parce qu'elle exposa sa vie pour la remplir; parce que son éducation, ses idées, n'étouffèrent pas en elle l'horreur du meurtre. Nous l'aimons enfin parce que, avant d'entendre tomber le glaive de l'héroïne, nous voyons couler les larmes de la femme.

Amon, fils et successeur de Manassé, commit les mêmes fautes que son père. Mais son fils Josias reprit les meilleures traditions de la dynastie davidique.

Dans la dix-huitième année du règne de Josias, un exemplaire de la Thorah fut découvert dans le temple. Le roi se fit lire l'œuvre de Moïse.

Devant l'inflexibilité de principes du sévère législateur, que devait sembler à Josias la condescendance de ses prédécesseurs, celle de ses sujets même, pour les cultes polythéistes? Lorsqu'il entendit énumérer les châtiments dont Moïse avait menacé les violateurs de la loi, le souverain déchira ses vêtements et pleura.

L'heure de la vengeance divine était-elle venue? Jéhova seul pouvait le faire savoir au roi.

Josias ordonna au grand prêtre Hilkia, au secrétaire royal Schaphan, à trois autres personnages, d'aller consulter l'Éternel.

Les messagers du roi s'adressèrent à une femme inspirée, à Holda [1].

Les tristes pressentiments de Josias n'étaient que trop fondés. La prophétesse déclara que le châtiment

---

[1]. Holda était femme de Sallum, inspecteur des vêtements. Selon M. Munk, les fonctions de Sallum consistaient dans la garde des costumes sacerdotaux. Cf. *Palestine*.

de Juda était proche. Toutefois elle ajouta que le souverain qui avait gémi des fautes de son peuple sans y avoir participé ne verrait pas tomber la nation à laquelle il avait essayé d'insuffler les généreuses aspirations de son âme.

Époque douloureuse que celle où le repos de la tombe devait être la récompense du juste!

Josias détruisit les objets des cultes étrangers. Il retrempa la vie morale de son peuple dans la loi mosaïque, qu'il lut à haute voix dans le temple. Les Hébreux renouvelèrent leur alliance avec Jéhova.

Quand vint la Pâque, Josias, qui avait soumis à son pouvoir une partie de l'ancien royaume d'Israël, réunit à Jérusalem les restes des dix tribus et les habitants de Juda.

Les Hébreux n'avaient plus rien à espérer, ils allaient mourir; mais, avant de tomber, ils se groupaient autour de l'antique sanctuaire national, et essayaient de sauver la loi que leurs pères avaient reçue de Jéhova.

Cet élan sublime n'eut pas de lendemain. Jérémie accabla de ses sombres menaces les hommes et les femmes de Sion, qui, retombant dans leur idolâtrie, allaient être témoins du désastre de leur pays. Jérémie annonçait que, bientôt, aux chants des fiançailles succéderaient les gémissements des veuves. Il prédisait à ses concitoyennes, si fières de leur maternité, qu'elles la considéreraient désormais comme une souffrance. Et devant les malheurs qu'il prévoyait, le prophète, renouvelant l'anathème de Job, maudissait le jour de sa naissance.

Ce fut sous les faibles successeurs de Josias que se consomma la ruine de Juda.

Transportés à Babylone, les habitants de Juda furent placés sous la même domination que les captifs venus du pays d'Israël, car, à cette époque, Assur lui-même ployait sa tête altière sous le joug chaldéen.

Malgré la générosité de leurs vainqueurs, les exilés judéens durent envier le sort de ceux de leurs frères qui étaient tombés sur le sol natal. Mieux vaut mourir dans sa patrie que de vivre sur la terre étrangère !

Privés de leur existence politique, spiritualisés par leurs souffrances, les Judéens se rattachaient avec énergie à leurs saintes croyances. Avec leurs prophètes ils pénétraient le sens de leurs véritables destinées ; ils entrevoyaient, au delà de leur retour dans leur patrie, la réalisation de leurs espérances messianiques.

Cyrus, roi de Perse, avait asservi l'empire chaldéen. Par l'immatérialité de ses croyances, il était digne de comprendre l'œuvre religieuse des Hébreux : il leur avait accordé les moyens de la poursuivre en leur permettant de rentrer dans leur patrie, de reconstruire leur temple.

Une première colonie juive avait profité des généreuses intentions de Cyrus.

Nous sommes dans la troisième année du règne de Xerxès [1] (482 av. J.-C.). Excité par Mardonius à venger sur la Grèce le désastre de Marathon, le jeune roi a réuni à Suse les hauts dignitaires de son royaume pour leur soumettre son plan de campagne [2].

Avant de dissoudre l'assemblée qui a sanctionné ses projets, Xerxès donne à ceux de ses sujets qui se trouvent à Suse un festin de sept jours. Le roi préside le repas des hommes; la reine Vasthi celui des femmes.

C'est dans le palais de la « *ville des lis* [3] » que les souverains de la Perse reçoivent leurs hôtes.

La cour du jardin intérieur sert de salle de festin [4]. Pavée de porphyre, elle est tendue d'étoffes blanches, vertes, bleu céleste, qui sont retenues par des cordons de lin et de pourpre à des rouleaux d'argent, à des colonnes de marbre.

---

1. Cf. le travail d'un célèbre assyriologue : *Commentaire historique et philosophique du livre d'Esther, d'après la lecture des inscriptions perses*, par M. Jules Oppert. (*Annales de philosophie chrétienne*, janvier 1864. Nous devons au savant directeur de ce recueil, M. Bonnetty, la bienveillante communication du document précité.)

2. Cf. *Hérodote*, liv. VII.

3. Suse devait son nom aux lis qui croissaient abondamment dans son voisinage. Cf. Shushan. *History*, by G. Rawlinson (*Dict. of the Bible*).

4. M. Fergusson croit que cette fête eut lieu devant l'un des portiques latéraux du palais de Suse. Cf. Shushan. *Architecture* (*Dict. of the Bible*).

Couchés sur des lits d'or et d'argent, les convives sont réunis pour la dernière fois. Surexcité par le vin qui ruisselle dans les coupes d'or, Xerxès, qui a montré toutes ses richesses à ses hôtes, veut leur faire admirer la beauté de la reine, sa compagne.

Les coutumes de la Perse autorisaient la présence des femmes aux grands repas[1]. Néanmoins, en recevant l'ordre de paraître devant les convives du roi, Vasthi sentit se révolter en elle les pudiques délicatesses de la femme, les fières susceptibilités de la reine. Elle refusa d'obéir à son époux.

Il se courrouça de cette résistance, le despote qui devait châtier un jour jusqu'à la révolte des flots[2]!

Xerxès demande à ses sept ministres quel châtiment a mérité la reine. Le chef de ses conseillers déclare que Vasthi a offensé, non-seulement la personne royale, mais la nation entière dans ses représentants. Il ne faut pas que les compagnes des Perses apprennent de leur souveraine à violer impunément le respect dû à la volonté d'un époux. Un grand exemple peut seul rappeler les femmes à leur attitude passive. Et le haut dignitaire conclut en demandant la répudiation de la reine.

Xerxès sacrifia son amour à une colère qu'avaient habilement attisée des courtisans jaloux peut-être de

---

1. Cf. *Hérodote*, liv. V, § xviii.
2. *Id.*, liv. VII, § xxxv.

l'influence que pouvait prendre sur leur maître une femme jeune, belle, douée d'une âme vraiment royale.

Près de trois années se sont écoulées depuis cette scène.

Jetant dans sa mâle poésie toute la fougue de son élan guerrier, Eschyle rappelle à ses compatriotes ivres de gloire leur récente victoire sur la Perse. Son imagination pénètre dans ce palais de Suse, où Xerxès a organisé son expédition contre la Grèce; et le poëte savoure avec volupté, dans le désespoir de la veuve et des compagnons de Darius, le triomphe de sa patrie. Mais, au milieu même des scènes de deuil qu'il se plaît à retracer, il n'ignore pas que le Perse oubliera dans les jouissances matérielles l'outrage fait à son honneur. Quand l'ombre de Darius, évoquée par la femme qui fut son épouse, par les *fidèles* qui furent ses compagnons, va redescendre dans le sombre royaume d'Adès, Eschyle lui fait dire:

« Adieu, vieillards; même au temps de détresse et « d'amertume, donnez votre âme à la joie, chaque « jour [1]. »

En effet, Xerxès chercha dans les plaisirs la consolation de sa défaite. Mais ni la cruelle Amestris, ni Artaynte [2], ne lui firent oublier la compagne chaste et fière qu'il avait punie de sa pureté même.

1. *Eschyle. Les Perses*, traduction de *M. Ad. Bouillet.*
2. Cf, *Hérodote*, liv. IX, § CVIII-CXIII.

Alors on chercha dans tout le royaume les vierges les plus belles. Elles furent réunies à Suse dans la maison des femmes. Parmi elles, Xerxès devait choisir la compagne qui remplacerait Vasthi sur son trône, dans son cœur!

Les jeunes filles passèrent à tour de rôle devant le roi. Mais vainement, pendant douze mois, s'étaient-elles ointes de myrrhe, de baume, d'odorantes senteurs; vainement, pour paraître aux yeux du roi, avaient-elles ajouté à leur beauté le prestige du luxe, Xerxès les laissait partir. Elles devenaient les femmes de son gynécée. Aucune ne demeurait sa compagne.

Au dixième mois de la septième année du règne de Xerxès, l'une des jeunes filles réunies à Suse lui fut présentée. A la beauté qui attire le regard elle unissait la grâce qui inspire l'amour, la pudeur qui commande le respect. D'où venait-elle? Nul ne le savait. Mais chaque jour, depuis l'entrée de l'étrangère dans la maison des femmes, un vieillard s'informait de son état. La jeune fille avait captivé la bienveillance de l'aga, et celui-ci lui eût volontiers donné toutes les parures qu'elle eût demandées; mais elle n'en avait point désiré d'autres que celles qu'il lui avait remises.

En la contemplant, Xerxès ne chercha plus la femme qui devait remplacer Vasthi. De sa main il posa le diadème sur le front de la jeune inconnue.

En cette femme, la fille des captifs hébreux de Babylone, s'asseyait sur le trône des vainqueurs de la Chaldée.

Orpheline, la jeune Juive[1] avait été adoptée par le vieillard dont la tendresse veillait encore sur elle dans la maison des femmes. C'était Mardochée, son cousin.

Deux noms avaient été donnés à la fille des Hébreux : celui du myrte, *Hadassa;* celui de l'étoile, *Esther.* Elle devait le premier à son idiome natal; le second à la langue perse. Elle conserva celui-ci.

Ce ne fut pas uniquement par un festin d'apparat, *le festin d'Esther*, que Xerxès célébra son mariage. Il diminua les impôts de son peuple et lui fit des dons.

La loi de justice et de charité n'était pas impunément représentée par une femme auprès d'un despote.

Reine, Esther fut toujours entourée de la vigilante sollicitude de son père adoptif, et ce fut par celui-ci qu'elle put prémunir son époux contre une conspiration tramée par deux chambellans royaux.

Suivant le conseil de Mardochée, la reine avait continué de taire son origine.

Quatre années se sont écoulées depuis le mariage de Xerxès et d'Esther. Le roi a conféré à Aman, fils d'Amadatha, du pays d'Agag[2], les plus hautes dignités

---

1. Elle appartenait à la tribu de Benjamin.
2. Le pays d'Agag était inconnu jusqu'à nos jours. C'était une province médique, dont le nom a été retrouvé dans une inscription

qui puissent être accordées à un sujet. A la parole royale, tout genou fléchit devant le ministre. Seul, Mardochée ne se prosterne pas aux pieds du favori : le Juif dédaigne de rendre à une puissance d'ici-bas l'hommage qui n'est dû qu'à Jéhova.

Irrité de la froide et hautaine attitude de Mardochée, Aman se dispose à venger son orgueil blessé. Mardochée mourra... Mais il ne suffit pas qu'il meure... Que doivent importer au vieillard le peu de jours qu'il pourrait encore passer sur cette terre? Fils du peuple de Jéhova, il ferait avec calme le sacrifice du reste de son existence, car ses espérances lui survivraient... Sans doute, en tombant, il s'envelopperait encore dans sa fierté souveraine... Il ne suffit pas que Mardochée meure... Son peuple périra avec lui. L'homme fût resté impassible, mais le citoyen pleurera...

Aman dénonce à Xerxès un peuple qui vit dans ses États. Ce peuple est dangereux, car il observe des lois, des coutumes particulières. Puis il est riche... En le massacrant, le roi ne perdrait que des sujets d'une fidélité douteuse et gagnerait leurs trésors, dix mille talents d'argent.

Xerxès, à qui l'or importait peu[1], céda à la crainte d'un danger politique; et, abandonnant à son

---

cunéiforme. Cf. *Grande Inscription du palais de Khorsabad. Commentaire philologique*, par MM. Oppert et Ménant. II. Partie historique, Campagnes de Sargon (*Journal asiatique*, janvier 1864).

1. Cf. *Hérodote*, liv. VII, § xxvii-xxix.

ministre les biens des Juifs, il signa, au mois de nisan (avril, 474 av. J.-C.), un édit qui ordonnait à ses satrapes d'exterminer, le 13 adar suivant (mars, 473) toute la population hébraïque de son royaume.

L'heure à laquelle Mardochée se présentait d'ordinaire à la porte du gynécée était arrivée, et le vieillard n'avait pas encore paru. Les filles attachées au service de la reine, les gardiens du sérail, annoncèrent à leur maîtresse que Mardochée n'avait pu pénétrer dans le palais, parce que, revêtu d'un sac et couvert de cendres, son deuil lui interdisait l'entrée de la demeure royale. Profondément troublée, Esther envoya des vêtements à Mardochée; celui-ci les refusa; et quand, par l'ordre de la reine, un gardien du sérail vint demander au vieillard la cause de sa douleur, Mardochée remit à ce messager l'édit royal. Cet édit, la reine pouvait en prévenir l'exécution : le Judéen faisait dire à Esther d'implorer du roi la grâce de son peuple.

La reine hésita. Elle fit savoir à son père adoptif que, quelque rapproché du trône que fût un sujet, il était interdit à celui-ci de se présenter devant son souverain sans avoir été mandé. Seul le sceptre royal, étendu vers le coupable, pouvait le soustraire au châtiment d'un crime de lèse-majesté.

Mardochée accueillit avec sévérité la réponse de sa fille adoptive. Esther croirait-elle que Dieu l'a placée sur un trône pour son bonheur personnel? Qu'elle se détrompe. En confiant la puissance à l'une de ses créatures, Dieu lui donne l'instrument suprême de l'abnégation et du dévouement. Si la reine refuse de secourir ses frères, Jéhova trouvera un autre moyen pour les délivrer, et il frappera la souveraine qui aura lâchement décliné l'honneur d'exposer, pour leur salut, sa vie à un péril.

Esther comprend le rôle qui lui est réservé. Maintenant, que ses compatriotes prient pour elle! La reine leur ordonne un jeûne de trois jours. Ce jeûne, elle l'observera avec ses femmes. Après avoir ainsi dompté la chair rebelle, elle aura une plus grande force d'immolation.

Vêtue d'habits de deuil, la tête couverte de cendres, la reine est en prière. D'elle seule dépend sa résolution; c'est contre sa propre faiblesse qu'il lui faut lutter; et Dieu seul peut la soutenir dans ce combat intérieur : « Mon péril est en mes mains [1], » dit-elle.

Oui, son péril est en ses mains. Elle peut, si elle le veut, rejeter ce fardeau, s'abandonner tout entière à ses nouvelles destinées, s'enivrer des adorations d'un roi et des respects adulateurs d'un peuple...

Mais elle se souvient de la mission dont Jéhova a chargé les enfants d'Israël. Cette mission, que deviendra-

---

1. *Esth.*, xiv, 4, traduction de *Genoude*.

t-elle si le peuple qui doit la remplir n'existe plus? Le péril d'Esther est en ses mains, a-t-elle dit?... Oui, mais l'avenir de l'idée religieuse repose aussi sur elle... Elle se dévouera. Que Dieu la soulage des angoisses qui l'étreignent. Qu'il lui inspire des paroles qui fléchissent le roi, *ce fier lion!*

Il sait, Celui qui voit tout, il sait qu'elle ne s'est point enivrée des honneurs de la royauté; il sait que sa couronne lui pèse, qu'elle la porte avec douleur devant le monde; mais que, dans sa retraite, elle la rejette. Que Dieu ait donc pitié d'elle. Qu'il sauve le peuple dont il est le seul espoir; et que la main dont il se servira pour délivrer Israël ne tremble plus à cette heure, l'heure du péril!

Esther quitte ses sombres vêtements, les remplace par ses parures de reine, se fait accompagner de deux de ses suivantes. L'une porte les plis traînants de ses riches draperies, l'autre la soutient.

L'émotion que ressent la jeune reine, la généreuse pensée de son sacrifice, communiquent à son teint l'éclat; à son regard, la douceur et la flamme.

Elle arrive sous ce portique septentrional que soutiennent deux rangées de six colonnes : c'est la salle du trône [1].

Xerxès était sur le siège royal.

---

1. Cf. *Shushan. Architecture*, by *J. Fergusson*, étude citée plus haut.

Quand on se représente un roi de Perse, le front ceint de la tiare, revêtu de la robe médique aux plis flottants, couvert d'or et de pierreries, on comprend l'impression que son aspect imposant devait produire sur ses sujets.

Xerxès lève les yeux. L'étincelle de la colère jaillit de son regard. Et la reine chancelle, et sa belle tête décolorée se penche sur l'épaule de sa suivante.

Xerxès n'était pas toujours cruel. Son cœur était accessible aux sentiments humains. Quand il voit s'affaisser sous le poids de son courroux cette femme qu'il chérit, il oublie son rang, il ne se souvient que de son amour... Éperdu, il s'élance de son trône, et recueillant sa femme dans ses bras frémissants, il la soutient, la rassure. Lui, le maître d'un gynécée, il parle à sa jeune compagne comme à une sœur :

« Qu'avez-vous, Esther? Je suis votre frère, ne craignez pas [1]. »

Est-ce pour elle que la loi à laquelle elle pense a été faite? Mais si elle en redoute encore les suites, qu'elle s'approche, qu'elle touche ce sceptre d'or... La reine ne répondait pas.

Xerxès effleure de son sceptre le cou d'Esther; et, posant ses lèvres sur le pâle visage de la souveraine, il lui dit :

« Pourquoi ne me parlez-vous pas [2]? »

1. *Esth.*, xv, 12, traduction de *Genoude*.
2. *Id.*, *id.*, 15, *id.*

Se ranimant sous l'influence de ces caresses, de ces paroles, Esther essaie de prononcer quelques mots. Ne voulant pas sans doute que son époux puisse se reprocher de l'avoir effrayée par le regard qu'il a jeté sur elle à son entrée, elle attribue son évanouissement à l'impression que lui a causée l'éclat de la majesté royale. Et de nouveau elle se sent défaillir.

Le roi était troublé. Il demandait à sa femme ce qu'elle désirait de lui. Fût-ce la moitié de son royaume, il la lui accorderait.

La reine le prie d'assister, ce même jour, avec Aman, à un festin dont elle a ordonné les apprêts. Xerxès y consent.

Au festin, le roi engageait Esther à lui exprimer son vœu, et il lui rappelait l'offre qu'il lui avait faite dans la journée. Mais Esther, invitant le roi et son ministre à un autre festin qu'elle préparerait pour le lendemain, disait à son époux qu'à ce second repas elle lui communiquerait son désir.

Quand Aman, ivre d'orgueil, quitta Xerxès et Esther; quand, à la porte du roi, il rencontra Mardochée que le malheur n'avait point humilié, le contraste de l'honneur qu'il recevait de ses souverains et du dédain que lui témoignait un proscrit le remplit de rage. Il avoua à ses amis que, devant les insultes de son ennemi, les faveurs royales lui étaient devenues indifférentes.

D'après les conseils de ses confidents, Aman fit dresser une potence, et se proposa de demander le lendemain au roi qu'on y suspendît Mardochée.

La nuit suivante, Xerxès, agité peut-être par les singuliers incidents de la journée, ne put se livrer au sommeil. Il se fit lire les annales de son règne. Dans cette chronique était consigné le souvenir de ce péril duquel Mardochée avait préservé le roi. Xerxès demanda quelle récompense avait été accordée à son sauveur, et il lui fut répondu que Mardochée n'avait reçu aucune preuve de la reconnaissance royale.

Au moment où Aman entrait chez le roi pour lui demander l'arrêt de mort de son ennemi, Xerxès cherchait un moyen de rémunérer dignement le service que lui avait rendu Mardochée. Il demanda à son ministre comment devait être traité l'homme à qui le roi voulait témoigner sa faveur.

Aman, croyant se préparer un triomphe personnel, déclare que cet homme doit revêtir le costume que mit Xerxès au jour de son couronnement. Monté sur le cheval qui, lors de cette cérémonie, portait le souverain, cet homme sera promené dans Suse par l'un des premiers satrapes du royaume ; et ce dernier, tenant par la bride le cheval du favori, criera : « Ainsi il est « fait à l'homme que le roi veut honorer[1]. »

« Hâte-toi, » dit Xerxès à son ministre ; « prends « le vêtement et le cheval, et fais ainsi au Judéen Mar-

---

1. *Esth.*, vi, 9, traduction de *Cahen*.

« dochée qui est assis à la porte du roi; ne néglige
« rien de tout ce que tu as dit[1]. »

Le cœur déchiré par la haine, le front couvert de honte, Aman a rempli sa mission. Sa femme, ses amis, l'avertissent que, si Mardochée appartient à la race hébraïque, son courroux sera impuissant contre son ennemi.

A ce moment les gardiens du sérail venaient chercher le convive d'Esther.

« Reine Esther, » dit Xerxès pendant le festin,
« quelle est ta demande? elle te sera accordée; et
« quelle est ta prière? s'il s'agit de la moitié de mon
« royaume, il y sera fait droit[2]. »

Le moment suprême était arrivé.

« — Si j'ai trouvé grâce à tes yeux, ô roi, » répond la fille d'Israël, « et si le roi le trouve bon, accorde-
« moi la vie à ma demande, et à mon peuple à ma
« prière.

« Car moi et mon peuple nous avons été livrés pour
« être détruits, égorgés et anéantis. Encore si nous
« avions été livrés pour devenir esclaves, je me tairais,
« mais l'oppresseur n'a pas égard au dommage du
« roi[3]. »

---

1. *Esth.*, vi. 10, traduction de *Cahen*.
2. *Id.*, vii, 2, *id.*
3. *Id.*, *id.*, 3, 4, *id.*

A ces énergiques paroles, Xerxès se trouble. Eh quoi ! cette femme à laquelle il offrait la moitié du vaste empire qu'il possède, cette femme l'implore pour sa vie, pour celle de son peuple? Esther, l'épouse bien-aimée de Xerxès, est en danger sur le trône de Perse?

« Qui est-il et où est-il, celui qui a l'orgueil d'agir
« ainsi[1]? » demande le roi.

Désignant le coupable à la justice vengeresse du souverain, la reine prononce ces paroles vibrantes d'une noble indignation :

« L'homme, le persécuteur et ennemi, c'est ce mé-
« chant Aman[2]..... »

La terreur avait foudroyé le ministre, car le roi, violemment ému, s'était levé et s'était retiré dans le jardin intérieur. Ce mouvement était déjà l'arrêt de mort d'un sujet.

Par une inspiration subite, Aman se jette aux pieds de la reine. Elle est femme, peut-être se laissera-t-elle fléchir..... A ce moment le roi rentre. Il voit Aman penché sur le divan d'Esther ; il croit à une nouvelle insulte de son ancien favori, et sa colère éclate.

On couvre le visage du condamné, on l'entraîne. La potence qu'il a destinée à Mardochée devient l'instrument de son supplice; et le pouvoir qu'il exerçait est conféré à l'homme qui allait être sa victime.

---

1. *Esth.*, vii, 5, traduction de *Cahen*.
2. *Id., id.*, 6, *id.*

Xerxès savait alors quels liens unissaient sa femme à son sauveur.

Il ne suffisait pas à Esther que les biens d'Aman lui eussent été donnés par le roi, et que son père adoptif occupât la place de l'ancien ministre. Sa mission n'était pas encore remplie, car la sentence de mort prononcée contre les Juifs planait encore sur eux.

Le lendemain de cette scène, Esther, pleurant aux pieds de son époux, le suppliait de faire rapporter l'édit qui frappait la race hébraïque.

Les décrets royaux étaient irrévocables ; mais Xerxès permit aux Juifs de se défendre contre leurs persécuteurs.

Le 13 adar, jour fixé pour l'extermination des Juifs, ceux-ci commencèrent le massacre de leurs ennemis.

Nous voudrions terminer ici l'histoire d'Esther, et ne pas ajouter que la reine vint demander à Xerxès que le carnage se continuât à Suse le lendemain, et que les fils d'Aman eussent la même fin que leur père.

Onze cents Perses furent frappés à Suse, soixante-quinze mille dans les autres parties du royaume.

Une fête commémorative, la fête des *Purim* ou des *Sorts* [1], précédée d'un jour d'abstinence, *le jeûne*

---

1. *Purim* vient du mot perse *lot*, sort. Cette fête est ainsi nommée parce que Aman avait jeté le *sort* pour exterminer la race hébraïque. Cf. *Esth.*, IX, 24, traduction de *Cahen*, et *Commentaire historique et philologique du livre d'Esther, d'après la lecture des inscriptions perses*, par M. *Oppert*. Étude citée plus haut.

d'Esther, célèbre de nos jours encore le salut de la race israélite par la main d'une femme.

N'appuyons pas sur l'impression pénible que nous fait éprouver la dernière action d'Esther.

Pure, gracieuse et tendre, la jeune Benjamite n'avait pas d'instincts sanguinaires. Ses premiers pas sont même caractérisés par une timidité toute féminine. Elle a besoin de lutter contre ses défaillances morales pour soutenir le rôle que la Providence lui impose. Elle a besoin de se pénétrer des destins d'Israël pour qu'elle leur sacrifie son repos, son bonheur. Alors, craignant que l'idée religieuse ne tombe avec le peuple qui la garde, elle s'immole au salut de sa foi. Mais quand elle a réussi dans son œuvre, la réaction de sa terreur même la rend implacable. Sa raison troublée n'est pas en état de comprendre l'inutilité actuelle de cette loi du talion que Moïse avait dû consacrer et que le Christ devait annihiler. Et la fille d'Israël venge la cause qu'elle a fait triompher.

Une seconde colonie juive rejoignit la première sur la terre de Juda. Esdras la dirigeait. A peine était-il arrivé à Jérusalem qu'il fut saisi de douleur devant la démoralisation de la première colonie. De nouveau la source de la vie morale, la famille, s'était altérée : les Juifs s'étaient alliés à des femmes étrangères. Au moment où, châtiés de leurs erreurs, ils auraient pu recommencer une vie nouvelle, ils avaient encore perdu le sens de leurs traditions, et s'étaient exposés aux malheurs qui attendent les peuples quand ceux-ci s'écartent de leurs voies nationales.

A la vue d'Esdras qui, les vêtements déchirés, pleurait et priait devant le temple, les Juifs eurent un mouvement héroïque : ils consentirent à se séparer de leurs femmes étrangères, des enfants même qu'elles leur avaient donnés.

Avec le concours de Néhémie, homme d'action qui, pour être utile à ses compatriotes, quitta la cour de Perse, Esdras se dévoua à la renaissance des institutions mosaïques. Il fit même renouveler aux hommes et aux femmes de Juda leur alliance avec Jéhova.

Mais quand, après un voyage en Perse, Néhémie revint à Jérusalem, il vit le temple profané, les femmes étrangères introduites de nouveau dans les familles juives et jusque dans la maison du grand prêtre. Néhémie rappela avec indignation à ses concitoyens ce que les femmes étrangères avaient fait du plus sage des rois hébreux.

Il fallut que les Juifs fussent atteints dans les croyances même qu'ils laissaient sommeiller, pour qu'ils les sentissent se réveiller sous l'aiguillon de la douleur.

Après avoir subi le joug de la Macédoine, celui de l'Égypte, ils étaient soumis à la domination syrienne.

Il y avait, pour leurs maîtres, un danger permanent

dans leurs institutions qui, bien que trop souvent négligées par eux, leur imprimaient un caractère indélébile.

Antiochus Épiphane qui, saccageant Jérusalem, en massacra les habitants mâles, en vendit les femmes, sentit qu'il frappait les hommes, non les idées. Il crut dompter à jamais les Juifs en substituant le culte énervant des divinités grecques à l'austère adoration de la Vérité éternelle. Il rencontra une résistance inattendue. Sans doute quelques Juifs avaient pu se laisser attirer aux élégances, aux voluptés de la civilisation hellénique; mais la masse de la population rejeta avec horreur le culte que le tyran voulait lui imposer, et brava la persécution que lui attira sa fidélité au Dieu d'Israël.

On vit des femmes, coupables d'avoir fait imprimer à leurs fils le signe de l'alliance divine, précipitées du haut des murailles avec leurs enfants suspendus à leur sein.

Avant que le cri de l'indépendance eût été jeté sur les monts de Juda par une famille sacerdotale, on amena devant Antiochus sept jeunes gens et une femme âgée : c'étaient les Maccabées et leur mère.

Le roi veut forcer les Maccabées à goûter à un aliment défendu par la loi mosaïque. Ils résistent aux paroles d'Antiochus, ils résistent aux lanières qui déchirent leurs corps; c'est qu'ils défendent plus qu'une de leurs coutumes : l'un des signes distinctifs de leur culte, de leur nationalité.

La mère des Maccabées voit six de ses fils martyrisés. C'est sa chair que l'on torture, c'est son sang qui coule..... Et cependant elle souffre sans faiblesse. Si l'existence matérielle qu'elle a donnée à ses fils s'éteint maintenant, jamais la vie morale qu'elle leur a insufflée ne s'est déployée avec plus de force. Elle reste calme devant leurs douleurs physiques, mais elle frémirait des défaillances de leurs âmes! Elle-même les excite à braver le martyre. Elle leur dit qu'ils se doivent plus à Dieu qu'à leur mère. Elle ne sait comment l'âme qui les anime est descendue en eux dans son sein. Cette âme que Dieu seul leur a donnée, il saura la leur conserver à jamais.

Tombant l'un après l'autre, les Maccabées mouraient en se riant de la puissance d'Antiochus, cette puissance éphémère qui ne devait avoir nulle action au delà de cette vie. Ils mouraient en déclarant au roi que celui-ci leur ouvrait les portes de la bienheureuse éternité, mais que lui-même il ne les franchirait jamais.

Enfin le plus jeune des Maccabées a survécu à ses frères. Antiochus a pitié de lui; et si celui-ci se courbe sous sa volonté, le roi jettera sur lui un reflet de sa puissance et lui accordera son amitié. Le jeune homme refuse les offres royales. Les honneurs terrestres ne le tentent pas : il a placé plus haut ses espérances.

Antiochus croit que la mère du jeune homme saura faire fléchir son austère résistance. Cette mère a sans doute assez lutté, assez souffert..... Son énergie brisée ne pourra plus contenir en elle le cri de la nature. Le roi la supplie de sauver le dernier de ses enfants!

Elle le lui promet.

Au nom de sa maternité, au nom des soins qu'elle a prodigués à son plus jeune fils, cette femme exhorte en hébreu son enfant à se souvenir qu'ici-bas tout est néant, que Dieu seul existe. Elle lui dit qu'elle-même va rejoindre ses fils. Le dernier des Maccabées manquerait-il à cette réunion?

Elle n'avait point menti au roi, cette mère intrépide : elle avait sauvé son fils! Elle le suivit dans la mort.

C'est par ce type que nous avons voulu clore les portraits des femmes de l'Ancienne Alliance. Placée presque sur le seuil du Nouveau Testament, la mère des Maccabées est la personnification la plus éclatante de cette foi israélite qui, développée par le prophétisme, n'avait plus qu'à recevoir le rayonnement de la lumière évangélique.

La mère des Maccabées pouvait, et pour ses enfants, et pour elle, dédaigner la terre, car elle savait que dans l'éternité seulement est la vie!

CHAPITRE TROISIÈME

ÉPOQUE ÉVANGÉLIQUE

Marie, mère de Jésus. — Élisabeth. — Anne la prophétesse, fille de Phanuel. — La Samaritaine. — Femmes secourues par le Rédempteur. La belle-mère de Pierre. La fille de Jaïr. La veuve de Naïm. La pécheresse. Marie de Magdala. — Femmes accompagnant le Christ. — La Syro-Phénicienne. — La femme et la fille du tétrarque Antipas. — Salomé, mère de Jacques et de Jean. — Marthe et Marie de Béthanie. — Les femmes sur le Calvaire. — Dernière impression.

La maison à laquelle les Juifs durent les libérateurs qui les arrachèrent à la tyrannie syrienne leur donna des rois dont les querelles de succession amenèrent sur la Judée la domination romaine.

La dynastie asmonéenne est tombée. Hérode, fils de l'Iduméen Antipater, règne sous la protection d'Auguste.

Adorateur du pouvoir dont il dépend, Hérode dresse des temples à l'empereur romain. Mais les Juifs qu'il opprime se rattachent énergiquement aux antiques croyances dont, par malheur, l'âme leur échappe [1].

1. Voir plus haut, page 63 et suivantes : Révélation évangélique.

Ils attendent ce Messie que leur a promis l'Éternel. Mais, ne saisissant que l'enveloppe des prophéties, ils attribuent à *Celui qui doit venir* une royauté temporelle, nationale.

Cependant, même au sein du pharisaïsme, quelques esprits d'élite pressentent que la mission du Rédempteur sera toute morale, tout humanitaire.

Dans cette Galilée, dont nous esquissions naguère les vaporeux contours [1], une vallée serpente mollement entre les montagnes qui, formant les chaînes méridionales du Liban, se fondent dans la plaine d'Esdrélon. Cette vallée, s'élargissant, s'arrondit en un bassin qui abrite la ville de Nazareth [2]. Des champs de blé, des haies de cactus, des bouquets d'arbres fruitiers, croissent abondamment dans cette coupe d'émeraude que protége une ceinture de collines au brillant calcaire parsemées de figuiers et de roses trémières.

Dans cet enclos rempli de paix et de fraîcheur se trouvait une jeune fille, une fiancée. Descendante de David, elle allait s'unir à un simple charpentier dans les veines de qui ruisselait le même sang royal.

Un incident inattendu attire l'attention de la jeune fille. Un étranger est auprès d'elle et lui dit :

« Je vous salue, Marie, pleine de grâce; le Seigneur

1. Voir plus haut, pages 65-67.
2. Cf. *Nazareth*, by *H. B. Hackett* (*Dict. of the Bible*).

« est avec vous; vous êtes bénie entre toutes les
« femmes [1]. »

A cet hommage, Marie se trouble et, inquiète, s'interroge...

Son interlocuteur devine son chaste embarras. Il lui parle avec douceur. Il lui apprend que bientôt lui naîtra un fils nommé Jésus, Sauveur. Ce Rédempteur sera grand! C'est le Verbe de Dieu qui régnera à jamais!

Dans son trouble, Marie oublie que naguère un prophète annonçait que dans le sein d'une vierge descendrait le Messie. Avec une pudique fierté, la jeune fille refuse de croire aux paroles de l'être mystérieux qui est venu à elle. Comment serait-elle mère! Elle n'est pas épouse.

L'étranger, c'était un messager de Dieu, l'étranger, rassurant Marie, élève l'âme de la vierge à l'intelligence du rôle qui est réservé à celle-ci. Oui, elle va recevoir Dieu dans son sein, mais c'est par le souffle de l'Esprit sacré que la Parole divine s'incarnera en elle.

Qu'est-il d'impossible à l'Éternel? A cette heure une parente de Marie, Élisabeth, ne prévoit-elle pas dans sa vieillesse l'approche de la maternité?

Pendant que l'ange parlait à Marie, l'effroi de la vierge disparaissait. Se souvint-elle alors de ces voix

---

1. *Év. sel. saint Luc*, 1, 28, traduction de *Genoude*.

inspirées qui prédisaient que par le Messie la vérité, confiée à Israël, subjuguerait la terre? Marie se dit-elle que sa maternité sauverait l'humanité perdue par la première femme? A ces pensées tressaillit-elle d'une joie surhumaine?

Son historien ne nous a laissé que le souvenir du grave recueillement avec lequel elle accepta la mission que lui imposait l'Éternel :

« Voici la servante du Seigneur, » dit Marie, « qu'il « me soit fait selon votre parole [1]. »

Marie se rendit dans la montagneuse contrée de Juda pour y visiter sa parente Élisabeth.

Issue de la race sacerdotale, Élisabeth était mariée à un prêtre nommé Zacharie. Fidèles à la loi, les deux époux en avaient conservé l'esprit.

Élisabeth n'avait pas eu d'enfants; mais, ainsi que l'avait dit à Marie le messager de Dieu, elle allait être mère. Elle savait que son fils serait appelé à préparer le règne de la vérité; et quand elle vit entrer dans sa maison sa jeune parente, quand elle entendit le salut de Marie, elle sentit à son agitation intérieure que c'était par cette jeune femme que se réaliseraient ses espérances messianiques. La flamme de l'esprit nouveau court en elle, et elle s'écrie :

1. *Év. sel. saint Luc*, 1, 38, traduction de *Genoude*.

« Vous êtes bénie entre toutes les femmes, et le « fruit de vos entrailles est béni [1]. »

Élisabeth se demande comment la mère de son Dieu a daigné pénétrer dans sa demeure. Elle dit bienheureuse la vierge qui a eu foi dans l'œuvre à laquelle l'Éternel l'a appelée.

L'émotion de cette scène inspire à Marie un hymne d'actions de grâce. De même que la femme d'Elkana, elle exalte le Dieu qui élève les humbles ; mais il y a dans ses accents un sentiment plus profond encore que dans le cantique d'Anne : les espérances de la mère de Samuel se réalisaient par la mère de Dieu ; Marie prévoyait que sa gloire serait éternelle comme le Verbe qui s'était incarné dans son sein.

Après avoir passé près de trois mois chez sa parente, la Vierge retourna à Nazareth, où l'attendait une cruelle épreuve.

Joseph, le fiancé de Marie, la crut coupable. La loi mosaïque l'autorisait à la faire lapider [2]. Mais le caractère élevé, les sentiments délicats de Joseph ne lui permirent pas de livrer à la mort, à la honte, la jeune fille qu'il avait aimée. Il se disposait à la répudier secrètement, quand une apparition divine lui révéla et

---

1, *Év. sel. saint Luc*, I, 42, traduction de *Genoude*.
2. On se rappelle que les fiançailles étaient le mariage légal des Hébreux. Voir plus haut, pages 115, 116.

la pureté de Marie, et la gloire qui était réservée à la jeune vierge.

Joseph épousa sa fiancée.

Auguste avait ordonné le recensement de la Judée. Joseph et Marie durent se faire inscrire au berceau de leur royale famille, à Bethléem.

L'humble couple ne put trouver d'asile que dans une étable. Ce fut là que, pendant la nuit, Marie mit au monde le Rédempteur.

A quoi pensait la Vierge-Mère pendant qu'elle entourait de langes le nouveau-né, et le couchait dans une crèche? Etait-ce là ce rejeton de David, ce roi, cet Homme-Dieu qui devait renouveler la face de la terre?

Mais voici que déjà des adorateurs viennent à ce Dieu caché. Des bergers saluent les premiers celui qui divinisera la pauvreté. Pendant les veilles de la nuit, ces pasteurs ont été inondés d'une lumière éblouissante, et la voix du ciel les a conduits au Verbe incarné.

Marie écoutait et méditait.

Peu de temps après, elle vit arriver trois hommes qui offrirent à l'Enfant-Dieu de l'or, de l'encens, de la myrrhe : c'étaient des Mages qui, d'une lointaine région, étaient venus reconnaître en Jésus le Maître de l'univers.

Alors, sans doute, Marie rêvait au triomphe de son

fils ; mais elle allait apprendre ce que ce triomphe coûterait un jour à son cœur maternel.

Accompagnée de Joseph, Marie déposait au temple de Jérusalem l'offrande purificatoire de la femme pauvre [1], et présentait son fils au sanctuaire. Un vieillard de Jérusalem, Siméon, s'approcha de Marie, et prenant le nouveau-né dans ses bras, il remercia l'Éternel qui lui avait permis de contempler avant sa mort le libérateur d'Israël. Mais, avec les anciens prophètes, il pressentit que le monde n'admettrait pas, sans de violents combats, le règne du Verbe ; et que le Christ devrait payer de sa vie humaine le triomphe de la vérité sur la terre. Les hommes mesurent l'importance d'une idée à la grandeur du sacrifice que celle-ci provoque.

Siméon disait à la mère :

« Et le glaive percera votre âme, afin que les pen-
« sées cachées au fond des cœurs d'un grand nombre
« soient révélées [2]. »

Anne, fille de Phanuel, la dernière des prophétesses, qui, livrée au jeûne, à la prière, passait sa vie dans le temple, Anne bénissait aussi l'Éternel. Devant la plus grande révolution morale dont les siècles aient été témoins, Anne n'éprouvait pas l'amère douleur de voir s'anéantir les croyances qui l'avaient fait vivre. Elle assistait au contraire à l'éclosion de ses espérances, et

---

1. Voir plus haut, page 45, et note 1.
2. *Ev. sel. saint Luc*, II, 35, traduction de *Genoude*.

par elle, les patriarches, Moïse, les prophètes, saluaient dans l'avènement du Verbe le triomphe de l'idée éternelle qu'ils avaient servie.

La lutte commençait déjà pour Marie.

Hérode savait que des sages de l'Orient s'étaient rendus dans son royaume pour y adorer une autre puissance que la sienne ; et le tyran, qui naguère avait immolé à d'injustes soupçons Mariamne, sa compagne bien-aimée, puis les deux fils qu'elle lui avait donnés, le tyran n'hésita pas à ordonner la mort de tous les enfants de Bethléem qui n'auraient point dépassé l'âge de deux ans.

Mais pendant que, selon la douloureuse prédiction de Jérémie, Rachel pleurait ses enfants, Marie et Joseph emmenaient Jésus en Égypte.

A la mort d'Hérode, la sainte famille revint à Nazareth.

Les rapports de Jésus avec Marie révélaient déjà en lui et l'homme et le Dieu. Soumis à sa mère, il élevait au-dessus de sa tendresse pour elle le soin de sa mission.

Il avait douze ans quand ses parents, qui l'avaient emmené à Jérusalem au temps de la Pâque, s'aperçurent en reprenant la route de Nazareth que leur enfant n'était pas avec eux. Inquiets, ils retournèrent à Jérusalem, et retrouvèrent dans le temple Jésus qui enseignait aux docteurs cette sagesse dont il était le principe. Marie lui adressa de doux reproches, mais Jésus s'étonna de l'émotion de sa mère. Marie ne savait-elle pas qu'il se devait au service de la vérité?

La Vierge ne comprit pas alors ce que lui disait Jésus. Mais elle recueillait avec ferveur les paroles que prononçait ce fils dont elle devenait ainsi le premier disciple.

Marie assistait à la révélation progressive de la divinité du Sauveur. Elle voyait les humbles habitants de la Galilée accourir vers ce jeune Maître qui, par l'amour, les conduisait au bien. Les hommes qui, vivant au sein d'une paisible nature, n'avaient pas altéré leur simplicité native, devaient spontanément reconnaître la vérité.

Marie provoqua, par l'élan de son ardente charité, le premier miracle de son fils. Elle résidait à Cana. Conviée avec Jésus à des fêtes nuptiales qui se célébraient dans cette ville, elle s'aperçut que le vin manquait aux coupes des invités; elle le fit remarquer à son fils. Le Christ devina la muette prière que trahissait cette observation; il accueillit avec sévérité le vœu tacite de Marie : « Mon heure n'est point encore ve-« nue [1], » disait-il.

Malgré cette parole, Marie savait qu'elle n'en aurait pas vainement appelé à la miséricorde du Sauveur;

---

1. *Ev. sel. saint Jean*, II, 4, traduction de *Genoude*.

elle ordonna aux serviteurs de faire ce que leur dirait Jésus. Et, à la voix du Christ, les domestiques répandirent, dans les vases de pierre destinés aux purifications, de l'eau qui se transforma en un vin généreux [1].

Jésus avait commencé sa lutte contre le pharisaïsme. Il revenait de Jérusalem. Traversant la Samarie, il arriva près de Sichem.

Formés par la fusion de colons assyriens avec les Ephraïmites qui n'avaient point suivi leurs frères à Ninive, les Samaritains adoraient l'Éternel sur le mont Garizim, n'admettaient d'autre autorité que celle du Pentateuque, et attendaient le Messie [2].

Les Juifs méprisaient les Samaritains et ils évitaient de traverser leur pays. Aussi la présence du Rédempteur dans cette région était-elle une éloquente protestation contre l'esprit de secte qu'il venait de combattre à Jérusalem.

Parvenu à l'entrée de la vallée de Sichem, Jésus s'arrêta; et, fatigué, s'assit sur la fontaine de Jacob. Il était près de midi.

Une femme s'approcha pour puiser de l'eau, et Jésus la pria de lui donner à boire.

---

1. Après les noces de Cana, Marie revint avec son fils à Capharnaüm. Cf. *Ev. sel. saint Jean*, II, 12.
2. Cf. *Chrestomathie arabe*, par *M. le baron Sylvestre de Sacy*. Seconde édition, tome I; et *Palestine*, par *M. Munk*.

La Samaritaine s'étonnait. Un Juif, loin de se croire souillé par sa présence, sollicitait d'elle un secours ! Elle exprimait sa surprise à Jésus, et ce dernier lui disait que, si elle connaissait celui qui lui parlait, ce serait à elle peut-être de demander à son interlocuteur une eau vive qu'il lui donnerait.

« — Seigneur, » répondit la Samaritaine, « vous
« n'avez pas où puiser, et le puits est profond ; d'où
« avez-vous donc cette eau vive ?

« Etes-vous plus grand que Jacob notre père, qui
« nous a donné le puits ? Et lui-même en a bu, et ses
« enfants, et ses troupeaux [1]. »

Le Christ répliqua :

« Quiconque boit de cette eau-là aura encore soif.

« Mais celui qui boira de l'eau que je lui donnerai
« n'aura plus soif à jamais ; mais l'eau que je lui don-
« nerai deviendra en lui une fontaine d'eau qui re-
« jaillit pour la vie éternelle [2]. »

Il connaissait la grandeur de l'homme, celui qui prononça cette sublime parole. Il savait que rien ici-bas n'apaise la soif de notre esprit qui veut savoir, de notre cœur qui veut aimer ! Il savait que seul le Principe de l'intelligence, de l'amour, peut, en satisfaisant nos aspirations vers l'infini, vivifier les sentiments qui nous rattachent à la terre !

---

[1]. Ev. sel saint Jean, IV, 11, 12, traduction de Genoude.
[2]. Id., id., 13, 14, id.

La Samaritaine, ne saisissant que le sens matériel de l'idée qu'émettait le Christ, sollicitait de Jésus le don de cette eau qui lui permettrait de ne plus revenir au puits de Jacob.

Soudain Jésus lui disait ce qu'il savait de sa vie. Et elle, étonnée, appelant du nom de prophète le jeune Maître, elle comprenait qu'un sens mystérieux s'était caché dans les paroles que Jésus lui avait adressées dès le début de leur entretien.

Abordant avec franchise l'un des points qui séparaient des Juifs les Samaritains, elle dit à Jésus :

« Nos pères ont adoré sur cette montagne, et vous
« dites qu'à Jérusalem est le lieu où il faut adorer [1]. »

« — Femme, croyez-moi, » répondit le Sauveur,
« l'heure vient que vous n'adorerez votre Père ni sur
« cette montagne, ni dans Jérusalem.

« .... Mais l'heure vient, et elle est maintenant, que
« de vrais adorateurs adoreront le Père en esprit et en
« vérité : car le Père demande de semblables adora-
« teurs.

« Dieu est esprit ; et il faut que ceux qui l'adorent
« l'adorent en esprit et en vérité [2]. »

Après avoir évoqué l'unique idée qui puisse répondre aux besoins de l'homme, Jésus vient d'annoncer le temps où cette idée, planant sur l'univers entier, rece-

[1]. *Ev. sel. saint Jean*, IV, 20, traduction de *Genoude*.
[2]. *Id., id.*, 21, 23, 24, *id.*

vra le culte qui lui est dû. L'Européen dans ses somptueuses cités ; l'Africain dans ses déserts ; l'Hindou au sein de ses jongles et au sommet de ses hautes montagnes ; l'habitant du nouveau monde dans ses savanes et au bord de ses grands fleuves ; le Groënlandais sur ses rocs neigeux d'une morne blancheur ; le Polynésien dans ses îles verdoyantes irradiées de lumière et ceintes de coraux ; tous les peuples enfin, reconnaissant la vérité promulguée par le Verbe divin, en pratiqueront les lois immuables. C'est là le culte que Dieu a prescrit à l'humanité naissante ; c'est aussi celui qu'il demande à l'humanité régénérée.

La Samaritaine écoutait, et elle pensait à ce Rédempteur qui devait ramener les hommes à leur unité originelle.

« Je sais, » dit-elle, « que le Messie (qui est appelé « Christ) doit venir ; quand celui-ci sera venu, il nous « annoncera toutes choses [1]. »

Jésus se dévoila.

« C'est moi, moi qui vous parle [2]. »

Pour la première fois, le Rédempteur avait pleinement affirmé et sa divinité, et sa mission humanitaire.

Par la femme à laquelle Jésus s'était révélé, les habitants de Sichem le reçurent comme le Sauveur du monde.

1. *Ev. sel. saint Jean*, IV, 25, traduction de *Genoude*.
2. *Id., id.*, 26, *id.*

Jésus aimait à confier sa parole aux femmes. Il savait que par l'effusion de leur cœur, par la généreuse spontanéité de leur nature, elles comprenaient sa mission d'amour et de tolérance. Éprouvant aussi pour elles cette tendresse protectrice qu'inspirent à un être supérieur la faiblesse et la souffrance, il aimait à calmer leurs douleurs ; et la foi ardente qu'elles avaient en lui secondait l'influence surhumaine qu'il exerçait sur elles.

Dévorée par la fièvre, la belle-mère de Pierre voit se poser sur sa main la main du Sauveur, et à ce divin contact elle est guérie. Une femme, épuisée par douze années de souffrances, touche la frange du vêtement de Jésus, et retrouve subitement la santé. La fille de Jaïr, prince du peuple, est plongée dans une léthargie qui fait croire à sa mort ; déjà les pleureuses et les joueurs de flûte remplissent sa demeure. Le Christ est appelé auprès d'elle par le prince, son père ; et, à la douce et paternelle parole de l'Homme-Dieu, la jeune fille se lève.

Dans une excursion à Naïm, Jésus rencontre un convoi funèbre : on va enterrer un jeune homme, fils unique d'une veuve. La mère du mort suit, tout en larmes, la bière qui renferme le cadavre de celui qu'elle a mis au monde. Jésus la voit pleurer. Par le touchant intérêt qu'il accordait à l'enfance, il comprenait particulièrement le cœur d'une mère. Souffrant lui-même du désespoir de la veuve, il lui rend son fils.

Les femmes coupables et repentantes viennent sans crainte au Rédempteur [1]. Sans doute la vue du type de la perfection les fait rougir de leurs fautes; mais, en maudissant leurs égarements, elles se sentent pénétrées, pour le Verbe incarné, d'un amour qui les épure.

Une pécheresse apprend que le Maître est assis à la table de Simon le Pharisien. Elle entre dans la maison où se trouve Jésus. Avec un inexprimable mélange de honte et de confiance, elle se tient derrière le Rédempteur. Prosternée, elle inonde de ses larmes les pieds de l'Homme-Dieu, les essuie de ses lèvres, de ses cheveux, et les arrose des parfums qu'elle a apportés dans un vase d'albâtre.

Le Pharisien, voyant que le Maître ne repoussait pas cette femme, doutait, non pour la première fois peut-être, de l'intuition prophétique de son hôte.

Le Christ, lisant dans sa pensée, s'adressa à lui :

« Simon, j'ai quelque chose à te dire.

« — Maître, parlez.

« — Un créancier avait deux débiteurs : l'un devait
« cinq cents deniers, et l'autre cinquante.

« Et comme ils n'avaient pas de quoi payer, il fit

---

1. L'éloquent défenseur des grandes traditions chrétiennes a consacré des pages d'une exquise délicatesse aux relations de Jésus avec les femmes : « Il n'y a, dans ses rapports avec les femmes qui « l'approchent, pas la moindre trace de l'homme, dit M. Guizot, « et nulle part le Dieu ne se manifeste avec plus de charme et de « pureté. » *Méditations sur l'essence de la religion chrétienne*, 1864.

« grâce à tous deux. Or, dis donc lequel des deux il
« aime le plus ?

« — Je crois que c'est celui à qui il a le plus
« donné.

« — Tu as bien jugé [1]. »

Et Jésus, se retournant, abaisse son regard sur la pécheresse, et, la désignant au Pharisien, il fait comprendre à ce dernier que, plus que lui, elle a droit à l'intérêt du Sauveur. Simon a-t-il, selon l'antique usage oriental, répandu de l'eau sur les pieds de son hôte? Non; mais cette femme les a baignés de ses pleurs. Le Pharisien a-t-il donné au Christ le baiser de bienvenue? Non; mais depuis que cette femme est entrée, les pieds de Jésus reçoivent l'impression de ses lèvres muettes et frémissantes et le contact de sa chevelure. Le Pharisien a-t-il oint la tête de l'Homme-Dieu? Non; mais Jésus sent monter le parfum des aromates que cette femme n'ose verser que sur ses pieds.

Pardonnant les fautes de la pécheresse aux divins élans de tendresse qui l'ont dégagée de sa fange, Jésus lui rend la paix de l'âme.

C'était principalement sur les maladies morales que se manifestait le pouvoir bienfaisant de Jésus. Parmi les femmes dont les souffrances nerveuses cédèrent à sa sereine influence, Marie de Magdala lui voua une adoration passionnée. Aussi était-elle du nombre des

---

1. *Év. sel. saint Luc*, VII, 40-43, traduction de *Genoude*.

femmes qui, suivant le Christ, le servaient, ou subvenaient à son existence matérielle[1]. Ces femmes, Jésus les nommait et ses mères et ses sœurs, car elles recevaient dans leurs cœurs son essence, la vérité.

Les filles d'Israël jouiront-elles seules des bienfaits du Rédempteur? Voici que vient à lui, sur les bords de la Méditerranée, une suppliante, une mère. C'est une Syro-Phénicienne qui implore de lui la guérison de sa fille. Éprouvant l'étrangère par sa résistance, il semble borner sa mission au pays d'Israël. Mais quand, humble et confiante tout ensemble, cette femme persiste à voir en Jésus non-seulement le libérateur des Juifs, mais le Rédempteur des hommes, sa foi a vaincu, et sa fille est sauvée.

Pendant que d'humbles femmes comptaient parmi les plus ardents disciples du Christ, les princesses de la maison d'Hérode causaient la mort de Jean le Précurseur, fils d'Élisabeth.

Jean était venu préparer par la pénitence les hommes à se rendre dignes du règne de l'esprit, de l'amour, de la paix.

Témoin des crimes qui déshonoraient les maîtres iduméens de la Palestine, Jean vit Hérode Antipas, tétrarque de Galilée, et sa belle-sœur Hériodade, s'allier entre eux au moyen d'un double divorce. Il repro-

---

[1]. Saint Luc cite parmi les compagnes de Marie de Magdala, **Jeanne**, femme de Khouza, intendant d'Hérode Antipas, et **Suzanne**. Cf. *Év. sel. saint Luc*, VIII, 2, 3.

cha au tétrarque l'immoralité de cette union, et la prison fut le châtiment de cet acte de courage civique. Mais Antipas commença bientôt à subir l'influence de ce prophète qui, par son aspect austère et menaçant, rappelait la figure d'Élie. Hériodade vit le péril.

Un festin célébrait l'anniversaire de la naissance d'Antipas. Salomé, fille d'Hérodiade, exécuta devant le tétrarque, son beau-père, une de ces danses auxquelles la grâce languissante des Syriennes donne un séduisant attrait. Charmé, ravi, Antipas jura à la princesse de lui accorder tout ce qu'elle désirerait.

Conseillée par sa mère, Salomé demanda au tétrarque la tête de Jean-Baptiste. Attristé, le faible prince n'osa manquer à sa promesse.

Par sa mort, aussi bien que par sa prédication, Jean avait précédé Jésus. Le Christ disait à ses disciples qu'il allait consommer à Jérusalem le sacrifice de sa vie mortelle.

A l'une de ces heures où, prédisant sa fin prochaine, il annonçait aussi sa résurrection, Salomé, mère de Jacques et de Jean, vint à lui. Elle était accompagnée de ses deux fils.

Se prosternant devant l'Homme-Dieu, elle le supplia d'accorder à Jacques et à Jean les deux siéges placés à sa droite et à sa gauche dans son éternel royaume.

La parole de Jésus prit une expression de grave et doux reproche. Cette mère, ces enfants, savaient-ils ce qu'ils demandaient? La première place après le trône de Dieu appartient à celui qui, dans son dévouement aux hommes, a épuisé ce calice d'amertume que lui tendent ceux-là même qu'il veut sauver. Pour s'élever au-dessus de l'humanité, il faut savoir mourir et pour elle et par elle.

Pendant que Jésus séjournait à Jérusalem, les Juifs cherchèrent à s'emparer de lui; mais le Christ n'ayant pas complétement achevé son œuvre morale, ne voulut pas encore exposer sa vie. Il se retira au delà du Jourdain.

Un événement hâta son retour dans la Judée.

Pendant les voyages que Jésus faisait dans cette dernière région, il était une retraite où le Maître aimait à se reposer de ses âpres combats contre les Pharisiens. C'était le village de Béthanie, qui s'abritait dans un creux boisé sur le sommet du mont des Oliviers [1]. Au milieu de la nature désolée qui entourait Jérusalem, c'était un des rares coins de verdure qui rappelassent à Jésus les sites riants de sa Galilée. Là aussi, il trouvait une famille amie qui lui rendait le même culte que ses disciples du lac de Génézareth. Cette famille se composait de Lazare et de ses deux sœurs, Marthe et Marie.

Saint Luc nous a tracé un délicieux tableau de cet intérieur de Béthanie qu'anima le Verbe. Un jour que,

---

1. Cf. *Robinson's biblical researches*; *Bethany*, by George Grove (*Dict. of the Bible*).

par la parabole du bon Samaritain, Jésus avait prouvé aux docteurs de la loi que la charité unit les hommes que séparent leurs convictions religieuses, le Maître entra dans la maison de Marthe. Marie vint s'asseoir à ses pieds. Elle recueillait les paroles que prononçait le Verbe.

Pendant ce temps, Marthe, s'empressant autour de Jésus, se livrait à tous les soins extérieurs de l'hospitalité. La calme attitude de sa sœur la blessa. Marthe s'approcha de Jésus :

« Seigneur, ne voyez-vous pas que ma sœur me laisse
« servir toute seule? Dites-lui donc qu'elle m'aide.

« — Marthe, Marthe, » répondit le Christ, « vous
« vous inquiétez et vous vous troublez de beaucoup de
« choses.

« Or, une seule chose est nécessaire : Marie a choisi
« la meilleure part, qui ne lui sera point ôtée [1]. »

Une fois de plus, Jésus avait établi la supériorité du culte de l'âme sur les minutieuses prescriptions rituelles du judaïsme. Combien de natures, d'ailleurs bien intentionnées, s'attachant uniquement aux formes de l'adoration, laissent s'alanguir leur existence morale! Combien d'entre elles accusent d'une coupable indifférence les vrais serviteurs du Christ qui, sans affectation extérieure, aspirent, muets et recueillis, la parole divine qui active leur vie intérieure! Cependant ces derniers ont choisi « la meilleure part. »

1. *Év. sel. saint Luc*, x, 40-42, traduction de *Genoude*.

Marthe comprit sans doute ce que lui avait dit Jésus, car nous allons la voir s'élever aux plus hautes notions spiritualistes.

Ce fut la famille de Béthanie qui rappela Jésus en Judée.

Il avait reçu de Marthe et de Marie ce message si éloquent dans sa brièveté :

« Seigneur, celui que vous aimez est malade [1]. »

La profonde affection que Jésus avait vouée à Lazare et à ses sœurs lui fit braver le danger auquel il s'était dérobé.

Deux jours après avoir reçu le message de Marthe et de Marie, le Christ rentrait en Judée. Il savait ne devoir rencontrer à Béthanie que le corps inerte de son ami; mais il pouvait ramener la vie dans un cadavre.

Il approchait de Béthanie. Marthe courut au-devant de lui. Marie, accablée de douleur, était demeurée à la maison, et les Juifs essayaient vainement de la consoler.

« Seigneur, » disait à Jésus la sœur de Marie, « si « vous eussiez été ici, mon frère ne serait pas mort [2]. »

Marthe savait maintenant que le Christ pouvait faire reculer la mort.

Jésus lui promettait que son frère ressusciterait; et

---

1. *Év. sel. saint Jean*, xi, 3, traduction de *Genoude*.
2. *Id., id.*, 21, *id*.

Marthe, pleinement convaincue de l'immatérialité de l'âme, manifestait avec énergie sa croyance à la vie éternelle.

Une autre pensée préoccupait Jésus. Il demandait à Marthe si elle reconnaissait en lui le principe de la vie?

« Oui, Seigneur, je crois que vous êtes le Christ, le « Fils de Dieu, qui est venu en ce monde [1]. »

Marthe quitta Jésus, attira mystérieusement sa sœur et lui dit :

« Le Maître est ici, il t'appelle [2]. »

A cette parole magnétique, Marie se leva, et les Juifs qui l'entouraient, la voyant sortir de son morne accablement, crurent qu'elle allait pleurer au sépulcre de Lazare.

Marie se dirigeait vers Jésus. Quand elle le vit, sa douleur déborda. Agenouillée à ses pieds, elle lui disait comme Marthe :

« Si vous eussiez été ici, mon frère ne serait pas « mort [3]. »

A la vue du désespoir de Marie, Jésus ne put contenir son émotion; il frémit. Et quand on le conduisit au tombeau de son ami, la nature humaine réagit en lui contre la substance divine. Ses larmes jaillirent.

Il ordonna que la pierre sépulcrale fût levée. Marthe

---

[1]. *Év. sel. saint Jean*, xi, 27, traduction de *Genoude*.
[2]. *Id., id.*, 28, *id*.
[3]. *Id., id.*, 32, *id*.

hésita. Depuis quatre jours Lazare avait cessé de vivre, et sa sœur craignait que les miasmes de la mort ne s'élevassent de sa tombe.

Jésus réitéra son ordre. On lui obéit. Il se recueillit dans sa divinité.

« Lazare, viens dehors [1], » s'écria-t-il.

L'ami de Jésus répondit à cet appel.

En rendant à Marthe et à Marie le frère qu'elles pleuraient, le Christ avait consommé sa perte. Cette manifestation de sa puissance surnaturelle fit éclater la haine de ses ennemis.

Six jours avant la pâque, la maison de Béthanie revoyait son hôte divin. Marthe le servait à table.

Par un douloureux pressentiment, Marie, répandant une livre de vrai nard sur les pieds du Sauveur, les essuyant, comme la pécheresse, avec sa chevelure, brisa le vase d'albâtre qui contenait ce parfum, et qui désormais ne pouvait servir à un usage profane.

Juda de Kerioth, l'un des douze Apôtres, s'indigna de cette prodigalité, et déclara que les trois cents deniers que valait ce nard eussent pu être donnés aux pauvres [2].

Ému du suprême hommage que lui rendait Marie et de la douleur qu'avait causée à cette dernière l'observation de Juda, Jésus dit :

---

1. *Ev. sel. saint Jean*, xɪ, 43, traduction de *Genoude*.
2. Cf. *Id.*, xɪɪ, 5.

« Pourquoi affligez-vous cette femme? Ce qu'elle
« vient de faire pour moi est une bonne œuvre.

« Car vous aurez toujours des pauvres parmi vous;
« mais moi, vous ne m'aurez pas toujours.

« Et cette femme, en répandant ce parfum sur mon
« corps, l'a fait à cause de ma sépulture.

« Je vous le dis en vérité, partout où cet Evangile
« sera prêché, on racontera à la louange de cette femme
« ce qu'elle vient de faire [1]. »

Ce fut à la suite de ce reproche que Juda de Kerioth alla livrer Jésus aux princes des prêtres.

Pour la dernière fois nous avons vu ici les sympathiques figures des deux sœurs de Lazare. Marthe nous est apparue dans son rôle serviable, mais vivifiant alors son zèle extérieur par son adhésion aux doctrines de Jésus.

La physionomie de Marthe s'accentue avec une netteté, un relief qui nous donnent l'illusion de la réalité. Nature éminemment pratique, Marthe ne comprend pas tout d'abord le culte idéal que le Sauveur demande. Avec l'autorité que lui donne son titre de sœur aînée, elle blâme l'attitude méditative de Marie. Mais la douleur que lui cause la mort de son frère lui fait répandre au dehors la vie de son âme. Cependant, à ce moment encore, elle demeure fidèle à son caractère ferme et exempt de toute exaltation; et c'est d'un ton simple et

1. *Ev. sel. saint Matthieu*, xxvi, 10-13, traduction de *Genoude*.

convaincu qu'elle manifeste sa croyance à la vie éternelle, sa foi dans le Verbe incarné.

Tout en aimant ce type si vrai, nous lui préférons cette poétique figure que l'Évangile a noyée dans une pénombre merveilleusement appropriée à son expression rêveuse et passionnée. Par l'immatérialité de ses idées, par la chaleur de ses sentiments, Marie était destinée à embrasser spontanément la loi nouvelle.

Jésus gravissait le Calvaire. Le sanhédrin l'avait condamné à mort, et la sentence de ce tribunal avait été ratifiée par le procurateur romain Ponce-Pilate. Une femme cependant, la compagne même de Pilate, avait tenté de prévenir la complicité de son mari dans ce meurtre juridique. Avait-elle pressenti, la miséricordieuse Romaine, que, partout où le nom du *Juste* serait révéré, la femme serait honorée?

Des femmes, parmi lesquelles se trouvaient des filles de Jérusalem, suivaient tout en pleurs le martyr de la vérité.

Jésus entendant leurs gémissements, se tourna vers elles.

« Filles de Jérusalem, ne pleurez point sur moi,
« mais pleurez sur vous-mêmes et sur vos enfants [1]. »

Il leur annonçait avec tristesse qu'un jour viendrait où la femme stérile serait plus heureuse que la mère.

---

1. *Ev. sel. saint Luc*, XXIII, 28, traduction de *Genoude*.

Le siége de Jérusalem devait commenter cette parole.

Trois croix étaient dressées sur le Calvaire. Au pied de la croix du milieu se tenaient la Vierge-mère, Marie de Cléophas, sa sœur, Marie de Magdala. Elles assistaient à l'agonie du Christ. Jean était auprès d'elles.

Jésus avait éprouvé ses dernières défaillances. Sans doute il avait craint que l'humanité ne refusât d'être régénérée par son sang, puisqu'il avait souffert de son sacrifice. Maintenant il était calme, il avait foi dans cette humanité qu'il sauvait ; et quand, abaissant son regard, il vit à ses pieds sa mère et son disciple de prédilection, il dit à Marie : « Femme, voilà votre « fils ; » et à Jean : « Voilà votre mère [1]. »

Sublime consolation versée par l'Homme-Dieu dans le sein de Marie ! Consolation digne de la mère du Rédempteur ! L'amour qu'elle portait à son fils ne la détachera pas de la terre, mais il vivifiera sa tendre sollicitude pour la famille humaine qu'a rachetée ce fils.

La mission que le Christ confie à Marie ne disparaîtra pas avec elle.

La femme qui, par la limpide pureté de son âme, par la hauteur de son intelligence, fut digne de concevoir la Vérité divine ; la femme qui, conservant sa modeste attitude, écouta les premiers accents du Verbe

---

1. *Ev. sel. saint Jean*, xix, 26, 27, traduction de *Genoude*.

incarné ; la femme qui sut rendre au monde par l'amour ce que l'Éternel lui avait donné, cette femme deviendra le modèle, le type idéal de son sexe. Ce type élèvera à des hauteurs jusqu'alors inconnues l'inspiration du poëte, celle de l'artiste. En le contemplant, le génie de l'homme aura vu la beauté morale dans tout son épanouissement.

L'Hellène adorait dans la femme la forme qui attire et charme le regard ; le chrétien aimera et respectera en elle l'âme qui sait et comprendre et consoler la sienne.

C'était pendant la nuit du premier jour de la semaine. Marie de Magdala, Marie de Cléophas, Salomé, entrèrent dans un jardin qui avoisinait le théâtre du supplice de Jésus. Ce jardin renfermait un sépulcre creusé dans le roc : c'était le tombeau du Christ.

Les trois femmes venaient embaumer le corps de leur Maître avec des aromates qu'elles avaient achetés.

La pierre qui fermait l'entrée de la grotte funéraire était lourde, et les femmes se demandaient comment, de leurs faibles mains, elles pourraient la rouler. Mais, en s'approchant, elles s'aperçurent que cette pierre avait été retirée, et que Jésus n'était pas dans son tombeau.

Marie de Magdala, qui avait espéré revoir pour la dernière fois les traits adorés du Christ, crut que les ennemis de Jésus avaient enlevé à l'amour des disciples

les restes mortels de leur Maître. Elle quitta le sépulcre, et, courant à Pierre et à Jean, elle leur apprit avec angoisse que le cadavre de l'Homme-Dieu avait disparu.

Pendant ce temps ses compagnes entraient dans le sépulcre. Là, deux messagers célestes, dont les draperies avaient la blanche diaphanéité de la neige, leur apparurent, rayonnants de lumière. Ils leur annoncèrent que le Christ était ressuscité, et leur apprirent qu'elles le trouveraient dans ce doux pays de Galilée où pour la première fois elles l'avaient rencontré. Ils leur ordonnèrent de dire aux disciples de Jésus que ceux-ci allaient revoir le Maître.

Frémissantes de terreur et de joie, les deux femmes s'enfuirent.

Bientôt arrivèrent au sépulcre les deux Apôtres qui, par Marie de Magdala, savaient que le tombeau du Christ était vide. En voyant que les linceuls et le suaire de leur Maître n'avaient pas été enlevés, Pierre et Jean comprirent que la disparition du cadavre de Jésus n'était pas due à une main humaine. Ils partirent.

Mais Marie de Magdala, debout, hors du sépulcre, pleurait, et ne pouvait se résigner à quitter l'asile qui, la veille encore, abritait les restes du Christ. Elle se baissa, essaya de pénétrer le mystère de ce tombeau. Elle aperçut les messagers de Dieu, qui lui demandèrent le sujet de ses larmes.

Elle leur répondit par ces déchirantes paroles :

« Parce qu'ils ont enlevé mon Seigneur, et je ne
« sais où ils l'ont mis [1]. »

Un homme se tenait derrière Marie, et lui disait aussi :

« Femme, pourquoi pleurez-vous ? qui cherchez-
« vous [2] ? »

Marie crut que son interlocuteur était le jardinier. Délirante, elle le soupçonna d'avoir enlevé le cadavre de son Maître, et le supplia de lui rendre ce corps afin qu'elle l'emportât.

« Marie ! » dit cet homme.

La Magdaléenne reconnut cet accent... Elle se retourna, vit le Christ, étendit vers lui ses mains...

« Rabboni [3] (mon Maître) ! » criait-elle.

Jésus se dérobait à l'étreinte de Marie. Il n'avait pas encore rejeté son enveloppe humaine [4]. Quand le Dieu seul resterait, alors seulement il pourrait descendre dans l'âme de Marie de Magdala.

Le Christ envoyait Marie à ses Apôtres pour leur annoncer que son retour au ciel était proche.

Impressionnable jusqu'à la souffrance, passionnée

---

1. *Év. sel. saint Jean*, xx, 13, traduction de *Genoude*.
2. *Id., id.*, 15, *id.*
3. *Id., id.*, 16, *id.*
4. Cf. *Jesus-Christ*, by *Most. Rev. William Thomson*, lord Archbishop of York (*Dict. of the Bible*).

jusqu'à l'exaltation, Marie de Magdala avait naguère été calmée par la douce et paisible influence du Verbe incarné. Cependant, au moment de la mort de l'Homme-Dieu, elle s'était sentie troublée, et avait demandé à la terre son Maître bien-aimé. Mais, à la parole du Christ, elle apprit à élever son regard, à comprendre l'amour divin dégagé de toutes les entraves humaines.

Elle rejoignit ses compagnes. Celles-ci aussi avaient reçu le salut du Christ ressuscité. Toutes ensemble, ces femmes allèrent dire aux Apôtres qu'ils reverraient encore ici-bas le Dieu qui, remontant bientôt au ciel, n'en serait que plus intimement uni à eux.

Constatons-le avec bonheur. Notre sexe aida puissamment au progrès des notions spiritualistes idéalisées par l'Évangile; et, par un juste retour, là où ces notions ont régné, la femme est redevenue la fille de Dieu, l'aide et la compagne de l'homme.

La femme saura maintenir les idées à l'intelligence desquelles elle a contribué.

Il arrive des temps où, par son contact incessant avec la vie réelle, l'homme rejette tout ce qu'une expérience personnelle ne lui a pas démontré. Cependant il a soif de connaître ses véritables destinées. Il demande vainement à sa raison bornée le secret de l'éternel, de l'infini. Lassé de ne pouvoir résoudre le problème qui l'agite, il en vient à douter de sa raison même, et il dit à son âme : « Tais-toi, tu n'es qu'un souffle périssable;

vis de la vie de ce corps avec lequel tu te confonds; vis et meurs avec lui ! » Le rationalisme est devenu le matérialisme.

Mais l'homme n'impose pas impunément silence à cette voix intérieure qui vibre en lui comme un écho du ciel. L'âme proteste contre son anéantissement; et par la lutte douloureuse que l'homme sent en lui-même, il apprend à douter même de son scepticisme.

Pour combattre le matérialisme, la femme ne s'arme pas de la parole comme d'un glaive. Elle ne sait pas frapper; mais elle sait vivifier, au contact de son âme, l'âme qui se sent défaillir.

De même que les compagnes de Jésus apprirent au monde que le Maître était ressuscité et que le Verbe vivrait à jamais sur la terre, au ciel, élevons les regards du sceptique au-dessus de ce tombeau où il croit la vérité ensevelie. Il la verra, cette vérité, luire ici-bas dans le cœur de l'homme, rayonner là-haut dans son type éternel.

Femmes, mères des générations futures, en sauvegardant les idées spiritualistes, c'est la vie morale de nos enfants que nous protégeons !

FIN.

TABLE DES MATIÈRES

INTRODUCTION..................................... 1

PRÉAMBULE

L'homme seul dans le paradis terrestre. — La première femme. — Institution du mariage. — L'Éden de Milton et celui de la Genèse. — Première influence de la femme........................... 1

LIVRE PREMIER

LA FEMME DEVANT LA RELIGION

DIEU, LE CULTE, LA LOI MORALE, L'IMMORTALITÉ DE L'AME

CHAPITRE PREMIER

RÉVÉLATION PRIMITIVE

La femme, fille de Dieu. — Vérité. — Travail. — Les premiers sacrifices. — Seconde influence de la femme. — Le déluge. — L'Ararat. — Le premier autel. — Alliance de Dieu et de l'humanité. — Peine du talion. — Unité d'origine et de foi. — Scission des races et division des croyances. — Panthéisme et polythéisme. — Souvenirs des anciennes traditions : Astlice, fille de Noé, la Vénus arménienne. — Abram et Saraï. — Leur mission. — Le Dieu de l'humanité : Élohim, Adonaï, El-Shaddaï, l'Éternel. — La vallée d'Hébron, le bois de Mamré, le désert. — Rapports familiers de Dieu avec les patriarches et leurs compagnes. — Sara, mère du peuple élu, et aïeule du Messie; Agar, tige des Arabes du Hedjaz, et aïeule de Mahomet. — Culte; la compagne du Sémite y avait-elle la même part que celle de l'Arya? — Moralité, humanité des patriarches. — Incertitude des croyances patriarcales sur l'état de l'âme après la mort; le scheol............ 7

CHAPITRE II

RÉVÉLATION SINAÏQUE

Les Hébreux sur la terre des Pharaons. — Influence des idées égyptiennes sur les croyances israélites. — Moïse à Héliopolis. — Jocabed, mère de Moïse, et le nom de Jéhova. — Les Hébreux au pied du Sinaï. — Le Dieu de l'humanité, Dieu national d'Israël. — La vérité placée sous la sauvegarde de la crainte. — Les femmes jurent l'alliance de Jéhova et du peuple élu. — Châtiment de la femme infidèle à ce pacte. — Moïse était-il déiste? — Le tabernacle; part de travail et de richesses qu'y apportent les femmes; types égyptiens des miroirs d'airain et des bijoux des femmes. — Fêtes sabbatiques, basées sur la charité, l'égalité, la liberté. — Fêtes de pèlerinage; leur sens symbolique, leur but politique et moral, leur caractère agronomique. — Pendant la fête des Cabanes, les femmes entendent la lecture de la loi. — Les sacrifices n'apparaissent qu'au second plan du code mosaïque. — Sacrifices offerts par les femmes. — Le sacerdoce. Les femmes de la tribu de Lévi. — Influence de la loi mosaïque sur le caractère de la femme. — Moïse avait-il l'idée de l'humanité? — Moïse et l'immortalité de l'âme................................ 25

CHAPITRE III

RÉVÉLATION PROPHÉTIQUE

Les Hébreux sur la Terre de promission. — Le prophétisme dégage le sens spirituel de la loi mosaïque, et prépare, avec l'avénement du Messie, le règne de la vérité sur toute la terre. — Les prophétesses; leur part dans le développement des idées messianiques. — Les premières prophétesses célèbrent le Dieu vengeur. L'image de la Divinité se rassérène dans l'hymne d'Anne, mère de Samuel, dans les Psaumes de David; — unit la tendresse du père à la sévérité du juge dans les prophéties d'Isaïe et de Holda; — s'assombrit de nouveau dans les menaces et les plaintes de Jérémie. Ézéchiel pressent dans le Christ le Bon Pasteur. — La Jérusalem nouvelle. Prophéties concernant le rôle des femmes à l'avénement du règne messianique.

— Prières, complaintes, chants et danses des femmes. — Les femmes au temple, — aux assemblées qui se tiennent chez les prophètes, — aux fêtes de pèlerinage. — Prédominance de la loi morale sur les sacrifices. — Le prophétisme devient le véritable sacerdoce des Hébreux. — Il s'élève à l'idée de l'humanité. — Les femmes proclament les premières l'immortalité de l'âme.................... 51

CHAPITRE IV

RÉVÉLATION ÉVANGÉLIQUE

Décadence politique et religieuse des Juifs. — Les sectes. La femme devant les pharisiens, les saducéens, les esséniens.—La Vierge amène le règne de la vérité sur l'humanité entière. — La Galilée. Appropriation de cette contrée à l'esprit de paix et à l'universalité de la prédication évangélique. — La nature âpre et heurtée de la Judée est le théâtre de la lutte de l'esprit nouveau contre la lettre morte. — Jésus et les femmes. — Amour de Dieu et de l'humanité. — L'idée de la Providence exclut-elle la nécessité du travail? — Prière de l'humanité. — Charité, miséricorde, tolérance. — Absence de lois cérémonielles dans l'Évangile. — Les nouveaux sacrifices. — Apostolat. — Mission de la femme. — Influence de la loi d'amour sur le caractère de la femme. — La mort, seuil de l'éternité....................... 63

LIVRE DEUXIÈME

LA JEUNE FILLE ET LE MARIAGE

CHAPITRE I

COUTUMES PATRIARCALES

Le sauveur des filles arabes, épisode de l'histoire antéislamique. — Par la naissance d'une fille, le patriarche hébreu voit s'anéantir la perspective de transmettre à la postérité son nom et son héritage. — Nom de la jeune fille. — Les plaines d'Aram-Naharaïm. — Liberté de la vierge araméenne. Ses occupations. — Puissance paternelle. — Pureté de la jeune Araméenne. — Le mariage, première obligation sociale de l'humanité à son berceau. — Recherche d'une femme. — La fille du Sémite ne jouit pas de la même liberté que la fille de l'Arya dans le choix d'un époux. — Mohar et Mattan. — Mariage de Rébecca... 75

CHAPITRE II

INSTITUTIONS MOSAÏQUES

Naissance d'une fille, déception patriotique et religieuse. — Droit d'héritage des filles. Les filles de Salphaad. — La vierge, symbole de la patrie. — Forte éducation de la jeune Israélite. — Ses habitudes deviennent plus sédentaires ; mais nulle atteinte n'est portée à sa liberté. — La vierge égyptienne et la vierge israélite. — Moïse restreint la puissance paternelle. — Le sacrifice de Jephté. Parallèle entre la fille de Jephté et l'Iphigénie d'Euripide. — Fille esclave. — La prisonnière de guerre. — Le mariage, obligation nationale et religieuse. — Mariages antinationaux. Leur danger chez les peuples naissants. Tristes souvenirs que rappelaient aux Hébreux les unions mixtes. Étrangers auxquels pouvaient s'allier les filles d'Israël. Les femmes transmettent les droits politiques. — Hors les mariages consanguins, les principales coutumes matrimoniales des patriarches se retrouvent chez les Israélites. — La fille de Caleb est dotée par son père. — Les fiançailles. — L'année des fiançailles. — Les sept jours des fêtes nuptiales. — L'épithalame. Le Cantique des Cantiques................ 95

CHAPITRE III

LOI ÉVANGÉLIQUE

Pourquoi la naissance d'une fille n'attriste pas le disciple de Jésus. — Le christianisme, en créant le type de la vierge, développe l'individualité de la femme. — La mission de Marie devient celle de toute vierge chrétienne. — L'éducation chrétienne anéantira-t-elle le mariage ? — Le mariage évangélique. — Transformation des coutumes nuptiales.. 120

LIVRE TROISIÈME

L'ÉPOUSE, LA MÈRE, LA VEUVE

CHAPITRE I

COUTUMES PATRIARCALES

La tente du nomade. — Le roi et la reine de la tente. — Occupations domestiques de la princesse. — Son caractère. Ses relations avec son époux. — Aimée et honorée de lui, trouve-t-elle en lui une protection assurée ? — Comment les descendants arabes des patriarche hébreux entendaient le respect de l'honneur conjugal. Voix du désert : Amr, fils de Colthoum ; Antara. Un épisode du Kitâb-al-Aghâni. — Monogamie primitive. Origine de la polygamie. — La mère. — Orgueil de la maternité. — Influence de la mère sur son fils. — En maudissant sa naissance, l'homme enveloppera-t-il sa mère dans son anathème ? — La veuve. — Les cheikhs la protégent. — Elle est soumise à l'autorité de son beau-père. — Origine du lévirat.................. 135

CHAPITRE II

INSTITUTIONS MOSAÏQUES

Le lendemain des fêtes nuptiales. — La hutte du pauvre. La ménagère. — La maison du riche. La femme forte. — Influence de l'épouse. — L'amour conjugal chez les Israélites et chez les Indiens. — L'homme et la femme égaux dans leur union chez les Hébreux et chez les Égyptiens. — L'époux placé entre « la femme de sa jeunesse » et la femme étrangère. — Culpabilité de l'épouse. — Moïse autorisa-t-il la répudiation de l'épouse fidèle ? Interprétations talmudiques d'un texte douteux. Dieu venge l'épouse injustement bannie du toit conjugal. Difficultés matérielles de l'acte de divorce. Droits de la femme répudiée. Réconciliation et nouvelles fiançailles des époux séparés. — Moïse restreint la polygamie. — Apre besoin de maternité. Hymne de triomphe d'une mère. Le jugement de Salomon. — Pitié de Moïse pour les mères d'animaux. — Part de la femme dans l'éducation de son fils. — Autorité de la mère. — Sans la participation de la mère, le père ne peut entraîner devant les juges son fils coupable. Exquise délicatesse de cette loi. — Prospérité de la nation hébraïque basée sur le respect filial. — Rachel pleurant ses enfants. — Jéhova et Israël protégent la veuve. — La veuve participe à la seconde dime de la troisième année. — La veuve appelée aux moissons, aux récoltes. — Jéhova, vengeur de la veuve. — Lévirat. Ruth. Théocrite et l'auteur du livre de Ruth. L'églogue grecque et l'églogue hébraïque. 153

CHAPITRE III

LOI ÉVANGÉLIQUE

Le christianisme développe les plus nobles et les plus doux penchants de la femme. — Apostolat de l'épouse. — Influence réciproque des époux. — L'union en Dieu. — Jésus et l'épouse infidèle. — Indissolubilité, unité du mariage. — La mère. — Son bonheur sans mélange. — Elle transmet à son fils une vie régénérée. Elle infuse dans l'âme de son fils ses qualités originales développées dans toute leur ampleur. Nos civilisations modernes témoignent de cette influence. — Reconnaissance filiale. — L'individualité que le christianisme imprime à la femme permet à la veuve le rôle de chef de famille ou celui de membre actif de l'humanité. — La veuve retrouve son époux en se recueillant en Dieu.— La veuve croira-t-elle que l'âme, dégagée de son enveloppe terrestre, abdique sa personnalité? Fusion des âmes en Dieu.. 213

LIVRE QUATRIÈME

LA FEMME DEVANT L'HISTOIRE

CHAPITRE I

ÉPOQUE PATRIARCALE

Figures antédiluviennes : Ève, Ada et Tsilla. — Sara. — Agar, les femmes d'Ismaël et les légendes arabes. — Rébecca. — Rachel et Lia. — Dina... 227

CHAPITRE II

ÉPOQUE NATIONALE

Miriam. — La fille de Ramsès-Meïamoun. — Jocabed. — Tharbis, princesse d'Éthiopie. — Les filles du cheikh de Midian. — Les femmes célèbrent le passage de la mer Rouge. — La Couschite. — Les filles de Moab et de Midian.— Rahab. — La mère de Micha.— Les vierges de Silo. — Débora et Jahel. — La vengeresse de Thèbes. — Influence des femmes sur Samson. — Anne, mère de Samuel. — La veuve de Phinées. — Jeunes filles de Rama montrant Samuel à Saül. — Michal. —Les femmes d'Israël exaltent la première victoire de David. Impression que produisent sur Saül leurs chants de triomphe. — Abigaïl. — La pythonisse d'Endor. — Bethsabée.— La messagère de Joab. — La fille des Pharaons sur le trône d'Israël. — Une reine de l'Yémen.— Les femmes du harem royal. — La première reine des dix tribus. — La régente Maacha. — Jézabel. — La veuve de Sarepta. — La femme de Sunem. — Deux mères à Samarie. — Athalie. — La mollesse et le luxe des femmes hébraïques leur attirent les sombres

avertissements d'Amos et d'Isaïe. — Judith. — La prophétesse Holda.
— Femmes de Juda menacées par Jérémie.—Vasthi et Esther, épouses
de Xerxès, roi de Perse. — Les femmes étrangères. — La mère des
Maccabées.................................... 277

CHAPITRE III

ÉPOQUE ÉVANGÉLIQUE

Marie, mère de Jésus. — Élisabeth. — Anne la prophétesse, fille de
Phanuel. — La Samaritaine.— Femmes secourues par le Rédempteur.
La belle-mère de Pierre. La fille de Jaïr. La veuve de Naïm. La péche-
resse. Marie de Magdala. — Femmes accompagnant le Christ. — La
Syro-Phénicienne. — La femme et la fille du tétrarque Antipas. —
Salomé, mère de Jacques et de Jean. — Marthe et Marie de Béthanie.
— Les femmes sur le Calvaire. — Dernière impression............ 433

FIN DE LA TABLE DES MATIÈRES.

Paris. Imprimerie de P.-A. BOURDIER et Cⁱᵉ, rue des Poitevins, 6.

www.ingramcontent.com/pod-product-compliance
Lightning Source LLC
Chambersburg PA
CBHW050251230426
43664CB00012B/1914